赵冬 刘锦祺 主编

中国象棋谱丛书

顺炮缓开车

刘锦祺 李志刚 编

经济管理出版社
ECONOMY & MANAGEMENT PUBLISHING HOUSE

图书在版编目(CIP)数据

顺炮缓开车/刘锦祺,李志刚编．—北京:经济管理出版社,2011.5

ISBN 978－7－5096－1412－9

Ⅰ.①顺…　Ⅱ.①刘…　②李…　Ⅲ.①中国象棋－布局(棋类运动)　Ⅳ.①G891.2

中国版本图书馆 CIP 数据核字(2011)第 080370 号

出版发行:经济管理出版社

北京市海淀区北蜂窝 8 号中雅大厦 11 层

电话:(010)51915602　　邮编:100038

印刷:三河文阁印刷厂　　经销:新华书店

组稿编辑:郝光明　　责任编辑:郝光明　史岩龙

责任印制:黄　铄　　责任校对:李玉敏

880mm×1230mm/32　　12 印张　　333 千字

2011 年 6 月第 1 版　　2011 年 6 月第 1 次印刷

定价:23.00 元

书号:ISBN 978－7－5096－1412－9

总序

历史的脚步迈入新世纪已整整十个年头了，美丽辽阔的神州大地上到处春意盎然、生机勃发。在改革开放浪潮的推动下，盛世的今天进入历史鼎盛时期。

国运昌，棋运兴。近年来，中国棋坛出现了前所未有的繁荣局面。欣闻经济管理出版社即将出版“中国象棋谱丛书”，十分惊喜。据悉，本丛书全套按布局分类，共43册，精选了近十年来国家级赛事特级大师、大师的精彩对局，并辅以优秀业余选手于弈天网的顶尖赛事棋局。这套丛书是棋坛的一朵奇葩，内容全是对局记录，没有一句评注。

什么样的棋谱是好棋谱，什么样的棋谱对初、中级象棋爱好者提高棋艺更有帮助？这个问题仁者见仁，智者见智。

经济管理出版社郝光明先生提出：按布局分类，用大师的看法注解大师的棋局，保持棋谱的“原法原味”，让读者自己去体会象棋的意境。

对此，有人深有疑虑。习惯于看对局评注中注解的初、中级象棋爱好者，能看懂没有注解的棋谱吗？能找到决定棋局胜负的关键之处吗？

记得中国象棋协会副主席胡荣华先生出席首届BGN世界象棋挑战赛，在谈论“绿林王”陶汉明的棋艺风格时说：“陶汉明当初学棋时，就是看我的对局集，这本书就没有棋评。正因为没有棋评，所以让他学棋时有了更大的理解和思维空间，不拘泥于一处，这非常有助于陶汉明形成独到的风格与认识，因此他才能从一名业余选手一跃登上全国象棋锦标赛（个人）冠军的宝座。”

"十连霸"胡荣华的见解与郝光明先生的见解何其相似！这真是英雄所见略同。

读谱俗称"打谱"。我们年逾花甲，回忆青年时期，都是在那贫穷落后的小山村度过的。那时的我们在一盏小煤油灯下，盘腿坐在北方农家的土炕上，抱着一本杨官璘主编的《中国象棋谱》，如获至宝，爱不释手，心中充满了神圣的感觉。

打谱可以提高棋艺水平，因为棋谱是棋手于实战中千锤百炼总结出的招法，大多经得起推敲。吸取别人成功的经验，记住别人失败的教训，可以少走弯路或避免重蹈覆辙。

靠打谱，无师自通的赵庆阁于1974年在全国象棋锦标赛（个人）上夺得季军。

当然，打谱时一定要有自己的见解，领会谱中的精髓，这样才能触类旁通、举一反三，从而事半功倍；打谱切忌死记硬背，否则将事倍功半。

今天，青年人登上了历史舞台，这套丛书由象棋大师、国家级裁判赵冬和青年象棋图书知名作家刘锦祺主编。他们与李志刚、李晓春、毕金玲、王静、陈广等组成一个团队，以科学、严谨的态度，在浩瀚的棋海里为棋友扬起精彩对局的风帆。他们试图求证一个真理：最简单的线条是最美的！

辉煌的业绩是用奋斗撞响的钟声。青春的主旋律是奋进。愿青年人用汗水与智慧拨动"中国象棋谱丛书"的主旋律，在象棋图书史上奏出美妙华章！

象棋大师　赵庆阁
国家级裁判　霍文会
2010年10月31日于辽宁

前 言

数百年来，顺炮布局战术均以快速出车为要务，不是顺炮横车对直车，就是顺炮直车对横车。20 世纪 60 年代东北棋手带头打破传统格局，将流行于街头巷尾的缓开车战术付诸实践，即在第三回合先进七卒或先进右马，形成我们现在常见的顺炮直车对缓开车的布局雏形。1973 年，上海、沈阳、哈尔滨三城市邀请赛中出现这种布局，引起了人们的兴趣，并成为国内邀请赛中的新式武器。1974 年盛夏，辽宁棋手赵庆阁、孟立国、郭长顺等人又将顺炮缓开车战术搬上全国大赛，并取得良好成绩。

几经变革以后，顺炮缓开车以其有刚有柔的变化，可成激烈对攻，又可转换成缠绵柔斗，成为顺炮布局体系中的一朵奇葩，是当代棋手必须掌握的一大套战略战术。

顺炮缓开车分“先缓”即红方缓开车，“后缓”即黑方缓开车，“双缓”即双方缓开车这三路，其中以“后缓”最为年轻，虽然只有几十年的时间，但是却以其魅力征服了一代又一代棋手。

全书共分四部分 399 则对局。选局时尽量以国内外重大比赛的对局为基础，精选较有代表性的网络比赛的对局，是初、中级爱好者学习象棋的较好材料。

由于编者的棋艺水平有限，资料收集不全，不尽善之处在所难免，请读者朋友提出宝贵意见。

在编写的过程中，多次得到郝光明老师、国家级裁判霍文会、宋玉彬老师的指导，得到大庆毕金玲、绥中王静等棋友的帮助，陈广先生提供许多资料，在此深表谢意。

目　录

第一部分　直车对缓开车

第一章　红双正马进七兵对黑起右横车

第1局　杨国章 负 吕钦

1. 炮二平五　炮8平5
2. 马二进三　马8进7
3. 车一平二　卒7进1
4. 兵七进一　马2进3
5. 马八进七　车1进1
6. 炮八平九　炮2进4
7. 车九平八　炮2平3
8. 车二进四　车9进1
9. 兵三进一　卒7进1
10. 车二平三　马7进6
11. 车三平四　马6退8
12. 炮五退一　车9平2
13. 车四平六　车2进6
14. 车六退二　车1平2
15. 车八平九　后车进3
16. 炮五平三　马8退6
17. 炮九退一　卒3进1
18. 兵七进一　后车平3
19. 仕六进五　马3进4
20. 兵一进一　炮5平4
21. 车六平四　象7进5
22. 炮九平六　炮4进6
23. 炮三平六　马6进7
24. 车四平六　马4退3
25. 马三进四　车3平6
26. 马四进六　马3进4
27. 炮六进四　马7进8
28. 炮六进三　马8进7
29. 帅五平六　车2退3
30. 车六进四　士6进5

31. 兵九进一　车2退1　32. 车六退四　炮3退4
33. 炮六退五　车6进1　34. 车九进二　车2进3
35. 炮六进四　士5进4　36. 马七进六　车2进3
37. 马六进五　车2平3　38. 帅六进一　车3退1
39. 帅六退一　车6平2　40. 车九退二　炮3平1
41. 车六平三　卒1进1

第2局　臧如意 负 李来群

1. 炮二平五　炮8平5　2. 马二进三　马8进7
3. 车一平二　卒7进1　4. 兵七进一　马2进3
5. 马八进七　车1进1　6. 炮八平九　炮2进4
7. 车九平八　炮2平3　8. 车二进四　车9进1
9. 兵三进一　卒7进1　10. 车二平三　马7进6
11. 车三平四　马6退8　12. 炮五平六　车1平2
13. 炮九平八　车2进5　14. 相七进五　车9平4
15. 车四进二　马8退7　16. 车四平三　炮3平1
17. 炮六进二　车2平3　18. 炮六平三　车3进1
19. 炮三进四　卒3进1　20. 炮八进四　马3进4
21. 炮八平七　马4进5　22. 马三进五　炮5进4
23. 仕四进五　卒5进1　24. 炮七平五　炮5退3
25. 车三平五　车4平5　26. 车五进二　士6进5
27. 兵七进一　车3退3　28. 车八进三　炮1进3
29. 车八退三　炮1退2　30. 车八进二　炮1退2
31. 车八进二　卒1进1　32. 炮三退四　卒5进1
33. 车八平五　炮1进4　34. 相五退七　车3进5
35. 车五平八　车3退3　36. 车八退四　炮1退3
37. 兵一进一　车3平7　38. 相三进一　车7平9
39. 车八进五　卒1进1　40. 炮三平五　象3进5
41. 相一进三　车9平5　42. 炮五平七　车5退1

43. 炮七退四 车5平7
44. 兵一进一 卒9进1
45. 车八平一 车7平3
46. 炮七平八 炮1平3
47. 仕五退四 车3平2
48. 炮八平七 车2平5
49. 仕四进五 炮3平5
50. 帅五平四 车5平6
51. 仕五进四 车6进2
52. 帅四平五 车6平5
53. 帅五平四 车5平3
54. 炮七平八 车3平2
55. 炮八平七 车2进2
56. 炮七进八 车2平4
57. 帅四进一 车4退4
58. 车一平五 炮5平3
59. 炮七平九 炮3退6

第3局 张国凤 负 苗永鹏

1. 炮二平五 炮8平5
2. 马二进三 马8进7
3. 车一平二 卒7进1
4. 兵七进一 马2进3
5. 马八进七 车1进1
6. 炮八进二 马7进6
7. 车二进四 马6进7
8. 炮五平六 车9进1
9. 相七进五 车9平8
10. 车二进四 车1平8
11. 马七进六 炮5平7
12. 仕六进五 炮2退1
13. 炮八退一 炮2平7
14. 炮八平三 前炮进4
15. 车九平八 车8进4
16. 马六进四 车8平6
17. 车八进七 马3退5
18. 车八退二 马5进7
19. 马四进六 士6进5
20. 相三进一 象7进5
21. 马六退五 马7进8
22. 炮六进四 车6退3
23. 炮六平九 卒3进1
24. 马五进六 前炮平8
25. 马三退一 车6进6
26. 马一退三 马8进7
27. 马三进二 车6平8
28. 炮九平五 马7退6
29. 炮五退一 车8退1
30. 车八进一 车8平9
31. 帅五平六 炮8进3
32. 帅六进一 炮8退1
33. 仕五进四 车9平6
34. 马六进四 将5平6

第4局　黎德志 胜 邓家荣

1. 炮二平五　炮8平5
2. 马二进三　马8进7
3. 车一平二　卒7进1
4. 马八进七　马2进3
5. 兵七进一　车1进1
6. 炮八进二　马7进6
7. 马七进六　马6进4
8. 炮八平六　炮2进5
9. 炮六退二　车1平4
10. 炮六平七　车4进6
11. 炮七进四　车4退4
12. 炮七进三　士4进5
13. 车九平八　炮2平7
14. 车二进二　炮5进4
15. 仕四进五　车9进2
16. 车八进三　炮5退2
17. 车二平三　车9平4
18. 帅五平四　后车平6
19. 炮五平四　象7进5
20. 炮七平九　炮5平1
21. 炮九退四　卒1进1
22. 兵七进一　卒5进1
23. 帅四平五　卒5进1
24. 炮四平九　马3进5
25. 炮九进三　车4平1
26. 车三平六　卒5平4
27. 车八进六　士5退4
28. 兵七平八　车6进4
29. 车八退二　象5退3
30. 车六平五　士6进5
31. 车八平一

第5局　刘永良 负 许银川

1. 炮二平五　炮8平5
2. 马二进三　马8进7
3. 车一平二　卒7进1
4. 兵七进一　马2进3
5. 马八进七　车1进1
6. 炮八进二　马7进6
7. 车九进二　车9进1
8. 车二进四　马6进7
9. 炮五平六　车9平8
10. 车二平六　炮5平7
11. 相七进五　车8进6
12. 车六平二　车8退2
13. 炮八平二　车1平8
14. 炮二平六　炮2退1
15. 车九平八　炮2平7
16. 车八进六　后炮平6

17. 车八平七 象3进5　18. 前炮进三 士6进5
19. 车七退一 士5进4　20. 车七退一 车8进2
21. 仕六进五 马7退6　22. 兵五进一 卒7进1
23. 马三退一 车8进5　24. 炮六退一 炮6平7

第6局 玉思源 和 杨伊

1. 炮二平五 炮8平5　2. 马二进三 马8进7
3. 车一平二 卒7进1　4. 兵七进一 马2进3
5. 马八进七 车1进1　6. 炮八进二 马7进6
7. 车九进一 车9进1　8. 车九平四 马6进7
9. 车四进二 炮5平7　10. 炮五平四 车9平8
11. 车二进八 车1平8　12. 炮四平六 象3进5
13. 相七进五 炮2平1　14. 仕六进五 车8平2
15. 车四进四 炮7退1　16. 炮八平九 炮1平2
17. 炮九平八 炮2平1　18. 炮八平九 炮1进3
19. 兵九进一 车2进3　20. 马七进六 卒3进1
21. 车四进一 炮7进2　22. 兵七进一 车2平3
23. 车四退二 炮7退1　24. 车四平一 车3平5
25. 车一平三 炮7平8　26. 炮六进一 马7退6
27. 马六进四 车5平6　28. 炮六退一 炮8平6
29. 兵一进一 车6平5　30. 车三平四 炮6平7
31. 车四退二 炮7进5　32. 炮六平三 车5进2
33. 兵一进一 卒5进1　34. 车四进二 车5平7
35. 车四平七 车7进1

第7局 靳玉砚 和 宋国强

1. 炮二平五 炮8平5　2. 马二进三 马8进7
3. 车一平二 卒7进1　4. 马八进七 马2进3

5. 兵七进一　车1进1
6. 炮八进二　马7进6
7. 车九进一　车1平4
8. 兵三进一　卒7进1
9. 炮八平三　车9进1
10. 马三进四　车9平6
11. 炮五平三　象7进9
12. 相三进五　炮2进4
13. 车九平二　马6进4
14. 前炮平六　车6进4
15. 前车进七　车4平8
16. 车二进八　马3退5
17. 车二退二　炮2平3
18. 炮六进三　象9退7
19. 仕六进五　车6平4
20. 炮六平八　车4退1
21. 车二平一　卒3进1
22. 车一退二　卒3进1
23. 车一平七　炮3平9
24. 车七平三　车4平3
25. 炮三平一　炮5平9
26. 车三平一　前炮平8
27. 车一平二　炮8平9

第8局　谢卓淼 负 邱东

1. 炮二平五　炮8平5
2. 马二进三　马8进7
3. 车一平二　卒7进1
4. 兵七进一　马2进3
5. 马八进七　车1进1
6. 炮八进二　马7进6
7. 车二进四　车1平4
8. 兵三进一　卒7进1
9. 车二平三　车9进1
10. 马三进四　车9平7
11. 车三进四　车4平7
12. 炮五平四　车7进3
13. 相七进五　炮5平6
14. 仕六进五　卒3进1
15. 车九平六　卒3进1
16. 相五进七　士6进5
17. 马四进六　马6退4
18. 马六进八　炮6进1
19. 炮八进三　马4退2
20. 马八退九　马3进2
21. 车六平八　后马进4
22. 车八进三　卒1进1
23. 马九退七　炮6进3
24. 前马进五　车7进5
25. 车八退二　卒5进1
26. 马五进七　炮6平8
27. 仕五退六　车7退2

第9局 廖二平 负 柳大华

1. 炮二平五 炮8平5
2. 马二进三 马8进7
3. 车一平二 卒7进1
4. 马八进七 马2进3
5. 兵七进一 车1进1
6. 炮八进二 马7进6
7. 车二进四 马6进7
8. 马七进六 车9进1
9. 炮五平七 车9平8
10. 车二进四 车1平8
11. 相七进五 炮5平7
12. 仕六进五 象3进5
13. 炮八退一 马7退8
14. 马六进四 车8平4
15. 马四进三 马8退7
16. 车九平六 车4进8
17. 帅五平六 炮2进3
18. 炮七进四 卒9进1
19. 炮八平六 马7进6
20. 帅六平五 士4进5
21. 炮六进二 卒7进1
22. 相五进三 炮2平7
23. 马三进四 炮7平3
24. 炮六平一 炮3平4
25. 炮一退一 炮4退4
26. 兵九进一 马3退1
27. 炮一平三 马1退3
28. 炮七进二 马3进1
29. 炮七退二 马1退3
30. 炮七进二 马3进1
31. 炮七退二 士5进4
32. 炮七退四 马1进3
33. 炮七平四 炮4平6
34. 炮四进三 炮6进4
35. 炮三退二 士4退5
36. 炮三平五 炮6平2
37. 炮四退二 炮2退4
38. 兵五进一 炮2平1
39. 炮四平五 马3进4
40. 前炮进三 马4进6
41. 前炮平八 炮1进4
42. 炮八退二 马6退7
43. 炮八退一 炮1进4
44. 炮八平五 马7进6
45. 兵一进一 卒1进1
46. 兵一进一 卒1进1
47. 兵五进一 卒1平2
48. 兵五进一 马6退4
49. 前炮进二 炮1退3
50. 帅五平六 卒2平3
51. 兵五进一 象7进5
52. 前炮平二 将5平4
53. 炮五进三 象5进7
54. 炮二进四 将4进1

55. 炮二退七 炮1平4
56. 兵一平二 象7退5
57. 兵二进一 士5进4
58. 兵二平三 将4退1
59. 兵三平四 马4进3
60. 炮二平七 马3进1
61. 炮五平六 将4平5
62. 炮七平五 士6进5
63. 兵四平五 炮4退1
64. 炮六平二 卒3进1
65. 炮二退四 卒3平4
66. 帅六平五 炮4平5
67. 帅五平六 马1进2
68. 炮五平一 马2退3
69. 帅六进一 炮5平1
70. 相三进五 炮1平4
71. 仕五进六 炮4退1
72. 帅六平五 马3退4
73. 兵五进一 马4进6
74. 炮一平四 卒4进1
75. 相五进七 马6退5
76. 帅五平四 马5进4
77. 炮四进一 炮4平6
78. 炮四平五 马4退5
79. 兵五平六 将5平6
80. 炮五进一 马5进3
81. 仕四进五 马3进5
82. 帅四退一 马5进7
83. 帅四平五 炮6平5
84. 兵六进一 卒4平5
85. 炮五进四 卒5进1
86. 帅五平六 卒5平4
87. 帅六进一 马7进6
88. 帅六退一 马6退8
89. 炮五退二 马8退6
90. 炮五平七 将6进1
91. 炮七退四 炮5平9
92. 炮七进六 将6进1
93. 炮七退六 将6平5
94. 炮七平五 炮9退3
95. 炮五进一 马6退4
96. 帅六平五 马4退3

第10局 王晓华 和 李智屏

1. 炮二平五 炮8平5
2. 马二进三 马8进7
3. 车一平二 卒7进1
4. 马八进七 马2进3
5. 兵七进一 车1进1
6. 炮八进二 车1平4
7. 兵三进一 车4进3
8. 马三进四 车4进3
9. 车九进二 卒7进1
10. 仕四进五 车4进1
11. 马四进三 卒7进1
12. 马七进六 车9进1

13. 马六进四　车 9 平 4
14. 车二进四　卒 7 进 1
15. 车二平四　炮 5 平 6
16. 马四退二　士 4 进 5
17. 马二退三　前车平 3
18. 炮五平七　象 7 进 5
19. 相三进五　车 3 平 2
20. 炮八退二　卒 1 进 1
21. 炮七进四　卒 1 进 1
22. 炮八平六　车 4 进 3
23. 车九平七　卒 1 进 1
24. 兵七进一　车 4 平 7
25. 车四平三　车 7 进 1
26. 相五进三　马 3 退 2
27. 兵七平六　炮 2 平 3
28. 炮七平九　马 2 进 1
29. 后马进四　卒 5 进 1
30. 炮九平六　车 2 退 5
31. 后炮平三　马 1 进 2
32. 相三退五　马 2 退 4
33. 兵六进一　车 2 平 4
34. 炮三进五　车 4 平 6
35. 炮三平二　炮 6 进 3
36. 炮二进二　象 5 退 7
37. 马三退四　车 6 进 2
38. 车七进五　象 3 进 5
39. 炮二平一　车 6 平 8
40. 车七退一　卒 1 平 2
41. 车七平一　车 8 进 4
42. 仕五退四　车 8 退 9
43. 炮一退一　车 8 进 1
44. 炮一进一　车 8 退 1
45. 兵一进一　卒 2 平 3
46. 兵一进一　卒 3 平 4
47. 仕六进五　卒 4 平 5

第 11 局　郑惟桐 和 谢业枧

1. 炮二平五　炮 8 平 5
2. 马二进三　马 8 进 7
3. 车一平二　卒 7 进 1
4. 马八进七　马 2 进 3
5. 兵七进一　车 1 进 1
6. 炮八进二　车 1 平 4
7. 兵三进一　车 4 进 3
8. 仕六进五　卒 7 进 1
9. 炮八平三　马 7 进 8
10. 车九平八　车 9 进 1
11. 兵五进一　马 8 进 7
12. 车八进三　马 7 退 5
13. 马三进五　炮 2 退 1
14. 炮三平一　车 9 平 7
15. 炮五进二　炮 5 进 3
16. 车二进四　炮 5 退 1
17. 相七进五　车 4 退 2
18. 车二平六　车 4 平 6

19. 车八进四　炮2平6　20. 炮一平三　车7进1
21. 马五进六　士6进5　22. 车八平七　车6平3
23. 马六进七　车7平3　24. 车六进二　车3平7
25. 炮三平五　车7进1　26. 帅五平六　炮6平8
27. 车六平五　车7平5　28. 炮五进二　象7进5
29. 马七进六　炮5平4　30. 马六进四　卒1进1
31. 帅六平五　炮4平2　32. 马四进二　卒9进1
33. 炮五退一　炮2退1　34. 马二退四　炮8平9
35. 炮五平一　炮9进5　36. 炮一平九　炮2进3
37. 兵九进一　炮9退1　38. 马四退六　炮2平4
39. 马六进七　炮9平1　40. 炮九进四　象5退7
41. 兵七进一　炮4平9　42. 炮九退三　炮9退5
43. 马七退五　象7进5　44. 兵七平六　象5进7
45. 马五退四　象7退5　46. 兵六进一　炮1平2
47. 兵六平五　炮2退4　48. 马四进二　炮2平1
49. 马二进四　炮9平8　50. 炮九退二　炮8平9
51. 仕五进六　炮9平8　52. 相五退七　炮8平7
53. 兵五平四　炮7平8　54. 炮九平五　将5平6
55. 兵四平三　将6平5　56. 帅五进一　炮8平6
57. 炮五进二　炮6平8　58. 马四退六　将5平6
59. 炮五平四　将6平5　60. 帅五平四　炮8平6
61. 炮四平五　将5平6　62. 帅四平五　士5进6
63. 相三进五　炮1平5

第12局　徐天红 胜 柳大华

1. 炮二平五　炮8平5　2. 马二进三　马8进7
3. 车一平二　卒7进1　4. 马八进七　马2进3
5. 兵七进一　车1进1　6. 炮八进二　车1平4
7. 车二进四　马7进6　8. 车二平四　车4进3

9. 兵五进一 马6退7
10. 马三进五 车4进2
11. 仕六进五 车9进1
12. 兵三进一 卒7进1
13. 车四平三 炮5退1
14. 车三平四 车9平8
15. 炮五平三 象7进5
16. 相七进五 车8进3
17. 炮三进一 车4进2
18. 相五进三 车4退5
19. 炮三进四 卒3进1
20. 车四进四 车8平7
21. 炮三平二 炮5平4
22. 相三退五 士6进5
23. 车四退六 马3进4
24. 炮二平八 车4平2
25. 后炮退四 车7进2
26. 兵七进一 马4进5
27. 马七进五 车7平5
28. 前炮平七 炮4平1
29. 炮八平六 象5进3
30. 炮七平一 车2退1
31. 炮六平七 象3退1
32. 炮一进二 车2平9
33. 炮一平二 车5平8
34. 炮二平三 象3进5
35. 炮三退三 车9平7
36. 车四进四 车8退3
37. 炮七进六 象1退3
38. 车九平六 炮1进5
39. 车六进三 炮1退2
40. 帅五平六

第13局 王瑞祥 和 苗永鹏

1. 炮二平五 炮8平5
2. 马二进三 马8进7
3. 车一平二 卒7进1
4. 马八进七 马2进3
5. 兵七进一 车1进1
6. 炮八进二 车1平4
7. 兵三进一 车4进3
8. 马三进四 车4进3
9. 车九进二 卒7进1
10. 仕四进五 车4退6
11. 马四进三 卒7进1
12. 车二进四 车9平8
13. 车二平三 炮5退1
14. 车三退一 炮5平7
15. 马七进六 车8进9
16. 炮五平三 车8平7
17. 仕五退四 车4平6
18. 仕六进五 车6进2
19. 相七进五 车6平7
20. 炮三进四 车7退3
21. 炮三进二 车7平5
22. 车九平六 士6进5

23. 马六进七	卒5进1	**24.** 兵七进一	卒5进1
25. 炮八平七	炮2进4	**26.** 马七退五	炮2平3
27. 兵七进一	马3进5	**28.** 兵七平六	卒5平4
29. 马五退三	车5平6	**30.** 兵六平五	卒4平3
31. 兵五平四	炮3平9	**32.** 马三退一	车6平9
33. 车六进三	象7进5	**34.** 相五进七	车9平6
35. 兵四平三	马7进5	**36.** 车六进一	车6平5
37. 车六平九	卒9进1	**38.** 车九平六	马5进6
39. 兵三进一	车5平1	**40.** 车六退四	卒9进1
41. 炮三平二	车1平7	**42.** 车六进二	马6进8
43. 帅五平六	卒9进1	**44.** 兵三平二	马8退7
45. 兵二平一	车7平2	**46.** 车六平三	马7退6
47. 炮二进一	象5进7	**48.** 兵一平二	士5进4
49. 车三平五	士4进5	**50.** 帅六平五	马6进4
51. 车五平六	马4进2	**52.** 车六进一	象3进5
53. 兵二进一	马2进1	**54.** 相七退五	卒9进1
55. 车六进一	车2进3	**56.** 仕五退六	车2退2
57. 仕四进五	车2平5	**58.** 车六退四	车5退1
59. 车六平一	马1退2	**60.** 兵二平三	车5平8
61. 车一进七	马2进4	**62.** 兵三平四	车8退5
63. 兵四平三	车8进8	**64.** 仕五退四	马4进2
65. 炮二退一	士5退6	**66.** 炮二进一	将5进1
67. 炮二退一	将5退1	**68.** 炮二进一	将5进1
69. 仕六进五	车8退3	**70.** 炮二退一	将5退1
71. 车一退七	象5退7	**72.** 车一平五	象7退5
73. 车五平八	象5退3	**74.** 炮二退四	马2退3
75. 车八平五	象3进5	**76.** 炮二平六	车8平4
77. 炮六平二	士4退5	**78.** 兵三平四	车4平6
79. 车五进五	车6退5	**80.** 车五退四	车6进4
81. 炮二退二	车6平5		

第14局 郑铁莹 和 阎超慧

1. 炮二平五 炮8平5
2. 马二进三 马8进7
3. 车一平二 卒7进1
4. 马八进七 马2进3
5. 兵七进一 车1进1
6. 炮八进二 车1平4
7. 兵三进一 车9平8
8. 兵三进一 车8进9
9. 马三退二 车4进3
10. 兵三进一 马7退5
11. 马二进三 卒3进1
12. 兵七进一 车4平3
13. 车九进二 炮2进1
14. 马三进四 车3进1
15. 马四进五 炮2平7
16. 马五进七 马5进3
17. 炮五进五 象7进5
18. 相七进五 车3进1
19. 炮八平三 马3进5
20. 炮三退一 车3退2
21. 炮三进一 车3进2
22. 炮三退一 车3退2
23. 炮三进一 炮7平8
24. 马七进八 车3平2
25. 车九平八 士6进5
26. 马八退六 车2平4
27. 马六进八 车4平2
28. 马八退六 车2平4
29. 马六进八

第15局 赵国荣 胜 苗永鹏

1. 炮二平五 炮8平5
2. 马二进三 马8进7
3. 车一平二 卒7进1
4. 马八进七 马2进3
5. 兵七进一 车1进1
6. 炮八进二 车1平4
7. 兵三进一 车4进3
8. 马三进四 车4进3
9. 车九进二 卒7进1
10. 仕四进五 车4退6
11. 马四进三 卒7进1
12. 马七进六 车9平8
13. 车二进九 马7退8
14. 马六进五 马3进5
15. 炮五进四 士4进5
16. 炮五平九 车4平1
17. 炮九退二 车1进3
18. 车九平六 炮2进1

19. 马三退四　马8进7　20. 马四进六　炮2退1
21. 兵七进一　卒3进1　22. 炮八平五　炮5进2
23. 马六进七　象7进5　24. 车六进三　炮2进2
25. 车六进三　马7进6　26. 相三进五　卒7平6
27. 炮五平三　卒3进1　28. 车六退三　炮2平3
29. 兵五进一　炮5退1　30. 炮三平七　马6进5
31. 炮七平八　炮5平2　32. 车六进一　炮2退1
33. 兵五进一　士5进4　34. 炮八平五　士6进5
35. 车六平一　炮3进2　36. 车一进三　士5退6
37. 兵五平六　象5退7　38. 车一退三　将5进1
39. 车一平八　炮2平1　40. 炮九平六　马5进3
41. 车八平五　将5平4　42. 兵六平五　士4退5
43. 车五平六　士5进4　44. 车六进一

第16局　吕钦 和 许银川

1. 炮二平五　炮8平5　2. 马二进三　马8进7
3. 车一平二　卒7进1　4. 马八进七　马2进3
5. 兵七进一　车1进1　6. 炮八进二　车1平4
7. 兵三进一　车4进3　8. 马三进四　车4进3
9. 车九进二　卒7进1　10. 仕四进五　车4进1
11. 马四进三　卒7进1　12. 马七进六　车9进1
13. 马六进四　车9平4　14. 炮八退四　卒7进1
15. 马四进三　卒7平6　16. 后马进五　卒6平5
17. 相三进五　象7进5　18. 车九平八　炮2进7
19. 车八退二　后车平7　20. 马三退一　车4退2
21. 车二进三　卒5进1　22. 车二进三　车4平5
23. 车八进六　车5平9　24. 车八平七　马3退5
25. 车二平五　马5进7　26. 马一进三　车7进1
27. 兵九进一　士6进5　28. 车五退一　车7进2

第17局 刘殿中 和 洪智

1. 炮二平五 炮8平5
2. 马二进三 马8进7
3. 车一平二 卒7进1
4. 马八进七 马2进3
5. 兵七进一 车1进1
6. 炮八进二 车1平4
7. 兵三进一 车4进3
8. 仕六进五 卒7进1
9. 炮八平三 卒3进1
10. 兵七进一 车4平3
11. 马七进六 炮2进1
12. 车九平八 炮2平4
13. 马三进四 士6进5
14. 马四进五 马7进5
15. 马六进五 马3进5
16. 炮五进四 车3平5
17. 炮三平一 象7进9
18. 炮五平九 车5进2
19. 相三进五 车5平1
20. 炮九平一 车9平7
21. 车八进六 炮4进5
22. 前炮平五 车1平3
23. 帅五平六 车3平4
24. 车二进六 炮4平1
25. 帅六平五 炮1进1
26. 相七进九 车4平9
27. 炮一平七 车9平3
28. 帅五平六 车7进6
29. 车八平六 车7平4
30. 车六退三 车3平4
31. 帅六平五 将5平6
32. 车二平四 将6平5
33. 车四平二 将5平6
34. 炮五平七 象3进1
35. 前炮进二 车4退5
36. 前炮退二 车4进3
37. 车二平四 将6平5
38. 前炮平五 炮1平2
39. 车四平二 将5平6
40. 车二平四 将6平5
41. 车四进一 象9进7
42. 车四平三 将5平6
43. 炮五平四 象1退3
44. 炮四退五 炮5进3
45. 车三进二 将6进1
46. 车三退三 将6退1
47. 车三平五 炮5平4
48. 车五平八 炮2平1
49. 仕五进六 车4平1
50. 车八平二 炮4平5
51. 相五进三 车1进3
52. 车二平五 炮5平4
53. 车五平六 车1平4
54. 仕四进五 车4退1

55. 炮七进一 象7退5　56. 炮七平五 车4平5
57. 炮五平四 炮4平6　58. 车六退二 炮6进1
59. 车六平四 炮6退2　60. 炮四进四 将6平5
61. 炮四平九 炮1平3　62. 炮九退三 炮3退2
63. 车四退二 炮3退3　64. 车四进二 炮3平5
65. 炮九平五 车5平7　66. 帅五平四 炮5进2
67. 仕五进六 士5进4　68. 车四进五 将5进1
69. 车四退一 将5退1　70. 车四进一 将5进1
71. 车四退五 象3进1　72. 炮五进五 象1进3
73. 炮五平三 车7平8　74. 车四平五 将5平4
75. 炮三退二 炮5平1　76. 帅四平五 炮1退4
77. 车五进一 车8平4

第18局 刘殿中 和 于幼华

1. 炮二平五 炮8平5　2. 马二进三 马8进7
3. 车一平二 卒7进1　4. 马八进七 马2进3
5. 兵七进一 车1进1　6. 炮八进二 车1平4
7. 兵三进一 车9平8　8. 车二进九 马7退8
9. 车九进一 车4进3　10. 炮五平四 卒3进1
11. 马三进四 车4平5　12. 兵七进一 车5平3
13. 相三进五 马3进4　14. 马四进六 车3平4
15. 车九平三 炮2平3　16. 炮八退三 卒7进1
17. 车三进三 车4进4　18. 炮八进三 炮3进7
19. 仕六进五 车4平3　20. 车三进五 炮3平1
21. 帅五平六 马8进9　22. 车三退二 马9退8
23. 车三进一 马8进9　24. 车三退一 马9退8
25. 车三进二 马8进9　26. 炮八进三 炮5平8
27. 炮八平一 炮8进7　28. 车三退九 炮8退1
29. 炮一进二 将5进1　30. 帅六平五 将5平4

31. 车三进八　士4进5
32. 仕五进六　车3退1
33. 炮一退一　将4进1
34. 车三退一　象3进5
35. 车三退三　炮8进1
36. 相五退三　车3平4
37. 帅五进一　车4进1
38. 帅五进一　车4退2
39. 炮四平二　车4平5
40. 帅五平四　象5进7
41. 帅四退一　车5平8
42. 炮二平六　车8进2
43. 帅四进一　炮1退2
44. 炮六退二　车8退2
45. 车三进一　士5退4
46. 炮六进四　车8平6
47. 帅四平五　车6退1
48. 炮六退一　炮8退3
49. 炮六平三　炮8平1
50. 车三平六　将4平5
51. 车六进一　车6退2
52. 帅五平六　士6进5
53. 炮一平四　车6平7
54. 炮四退七　车7进3
55. 车六平五　将5平6
56. 帅六平五　将6退1
57. 车五平四　士5进6
58. 车四平九　士6退5
59. 车九平四　士5进6
60. 车四平一　车7平6
61. 帅五退一　前炮平8
62. 车一平二　炮8退1
63. 兵一进一　炮1平5
64. 兵一进一　炮5退6
65. 车二进三　士4进5
66. 车二平五　炮8进2
67. 帅五退一　车6进2
68. 车五平二　炮8平9
69. 兵一进一　炮9进1
70. 车二退一　将6退1
71. 车二进一　将6进1
72. 车二退九　炮9退5
73. 车二进八　将6退1
74. 车二进一　将6进1
75. 兵一进一　炮9平4
76. 车二平三　车6平8
77. 兵一进一　车8退5
78. 仕四进五　炮4退3
79. 车三退七　车8退3
80. 车三进六　将6退1
81. 兵一平二　车8进1
82. 车三平二　炮4平8
83. 帅五平六　士5进4
84. 帅六进一　将6平5
85. 相三进一　将5进1
86. 相一进三　炮8退1
87. 相三退一　炮8平5
88. 仕五进六　将5平4
89. 仕六退五

第19局 玉思源 负 赵雅倩

1. 炮二平五	炮8平5	2. 马二进三	马8进7
3. 车一平二	卒7进1	4. 马八进七	马2进3
5. 兵七进一	车1进1	6. 炮八进二	车1平4
7. 兵三进一	车4进3	8. 马三进四	车4进3
9. 车九进二	卒7进1	10. 仕六进五	车4退6
11. 马四进三	卒7进1	12. 马七进六	车4进3
13. 马三退四	车4平7	14. 马四进五	马3进5
15. 马六进五	马7进5	16. 炮五进四	士6进5
17. 车九平四	车7平5	18. 车二进六	车5进2
19. 车二平四	象7进9	20. 炮八进二	车5平2
21. 相三进五	炮2平1	22. 兵七进一	卒3进1
23. 炮五退一	炮1进4	24. 相七进九	卒7平6
25. 后车平二	车9平7	26. 车二进二	炮1退2
27. 炮五退一	卒3进1	28. 炮八平五	炮1平5
29. 相五退七	卒3平4	30. 后炮退二	前炮进1
31. 车二进一	象9进7	32. 车四平一	卒6进1
33. 车二平三	车7平6	34. 车三平六	卒4进1
35. 车一退二	卒6平5	36. 车一平五	卒5进1
37. 仕四进五	车6进3	38. 车六退一	车2退3
39. 炮五退一	卒4进1	40. 帅五平六	将5平6
41. 车五平四	卒4平3	42. 炮五退二	车6进2
43. 车六平四	将6平5	44. 帅六平五	车2平5
45. 炮五进四	象3进5	46. 车四退二	车5平3
47. 车四进二	车3平5	48. 车四退二	卒3进1
49. 车四平五	车5平9	50. 车五进一	车9平7
51. 相七进五	卒1进1	52. 车五进一	车7平8
53. 车五平六	车8进6	54. 仕五退四	车8退1

55. 仕四进五　车8进1　　56. 仕五退四　车8退3
57. 兵一进一　车8平5　　58. 帅五进一　象5退7
59. 车六平七　车5平8　　60. 帅五退一　卒3平4
61. 车七平三　车8进2　　62. 车三平四　卒1进1
63. 车四平九　车8平6　　64. 车九平三　将5平6
65. 车三进五　将6进1　　66. 车三退九　车6退3
67. 兵一进一　车6平2

第20局　胡荣华 胜 于幼华

1. 炮二平五　炮8平5　　2. 马二进三　马8进7
3. 车一平二　马2进3　　4. 马八进七　卒7进1
5. 兵七进一　车1进1　　6. 炮八进二　车1平4
7. 车二进四　车9平8　　8. 车二平六　车8进1
9. 仕六进五　炮2平1　　10. 车九平八　炮1平2
11. 车八平九　炮2平1　　12. 车九平八　炮1平2
13. 车八平九　炮2平1　　14. 车九平八　炮1平2
15. 车八平九　马7进6　　16. 车六平四　车4进3
17. 兵五进一　马6退4　　18. 马三进五　车4进2
19. 相七进九　卒7进1　　20. 车四平三　车8进3
21. 车九平六　车4进3　　22. 帅五平六　炮2退1
23. 车三进五　卒3进1　　24. 兵五进一　炮5进2
25. 车三退二　炮5进3　　26. 相三进五　马4退5
27. 车三平六　卒3进1　　28. 相九进七　炮2进1
29. 车六进一　车8退2　　30. 帅六平五　车8平4
31. 车六平八　炮2进2　　32. 马五进四　炮2平5
33. 马七进五　马5进4　　34. 车八退二　马3进2
35. 车八平九　士6进5　　36. 兵九进一　车4平1
37. 车九进一　象3进1　　38. 马五进六　马2退3
39. 马六进八　士5进6　　40. 兵九进一　士4进5

41. 兵三进一　象1退3　42. 兵三进一　将5平6
43. 马四退三　炮5进2　44. 炮八退一　炮5平6
45. 炮八平六　将6平5　46. 兵三平四　马4进5
47. 兵一进一　马5进7　48. 炮六平三　炮6平4
49. 炮三平一　炮4退3　50. 炮一平七　马3退2
51. 炮七进六　马2进1　52. 炮七退四　将5平6
53. 相七退九　炮4退3　54. 兵四进一　炮4平1
55. 马八进九　卒5进1　56. 兵九进一　马1退3
57. 马九退七　炮1平3　58. 炮七进三　炮3进2
59. 炮七平八　炮3平2　60. 兵九平八　炮2平1
61. 炮八平七　卒5进1　62. 炮七退二

第21局　徐天红 胜 赵国荣

1. 炮二平五　炮8平5　2. 马二进三　马8进7
3. 车一平二　卒7进1　4. 马八进七　马2进3
5. 兵七进一　车1进1　6. 炮八进二　车1平4
7. 兵三进一　车4进3　8. 马三进四　车4进3
9. 车九进二　卒7进1　10. 仕四进五　车4进1
11. 马四进三　卒7进1　12. 马七进六　车9进1
13. 马六进四　车9平4　14. 兵七进一　卒3进1
15. 炮八平三　前车退4　16. 车九平六　前车进3
17. 仕五进六　马7退9　18. 仕六退五　炮5平7
19. 马四进三　炮2平7　20. 炮三平五　士4进5
21. 前炮平一　士5退4　22. 车二进七　车4平7
23. 炮一进四　卒7平6　24. 相三进一　卒6平5
25. 炮五平七　象3进5　26. 炮一进一　马3进4
27. 马三退二　炮7进4　28. 马二进四　前卒平4
29. 炮七平五　炮7平5　30. 马四退五　卒4平5
31. 炮五进四　士4进5　32. 车二平四　将5平4

33. 炮五进二 将4进1
34. 炮五进一 车7平9
35. 车四进二 将4平5
36. 车四退四 马4退3
37. 车四进一 象7进9
38. 车四平七 车9退1
39. 车七进一 将5退1
40. 车七平五 将5平6
41. 车五退四 车9进1
42. 车五进三 卒1进1
43. 车五平一 车9平8
44. 相一退三 车8进5
45. 车一进一 车8平1
46. 兵一进一 车1平7
47. 车一平四 将6平5
48. 车四平五 将5平4
49. 车五退二 卒3进1
50. 车五平九

第22局 杨伊 负 何静

1. 炮二平五 炮8平5
2. 马二进三 马8进7
3. 车一平二 卒7进1
4. 马八进七 马2进3
5. 兵七进一 车1进1
6. 炮八进二 车1平4
7. 兵三进一 车4进3
8. 马三进四 车4进3
9. 车九进二 卒7进1
10. 仕四进五 车4退6
11. 马四进三 卒7进1
12. 马七进六 车4进3
13. 马三退四 车4平7
14. 马四进五 马3进5
15. 马六进五 马7进5
16. 炮五进四 炮5进4
17. 车九平五 卒7平6
18. 相三进一 车7平5
19. 炮八进二 卒3进1
20. 炮五退三 卒6平5
21. 车五平七 车5退1
22. 炮八退三 炮2平5
23. 车二进三 车5平2
24. 炮八退一 卒3进1
25. 车二平五 车9平8
26. 相一退三 车8进6
27. 车五进二 车8退2
28. 车五退二 车8平7
29. 相三进一 车7平8
30. 相一退三 车8进5
31. 车七平三 车2进4
32. 车五进四 象7进5
33. 车三平八 车8平7
34. 仕五退四 车7退3
35. 车八进四 车7平1
36. 车八平一 卒1进1

37. 车一退二　车1平5　　38. 仕六进五　卒3进1
39. 车一平七　车5平9　　40. 帅五平六　卒3平2
41. 车七平六　士4进5　　42. 相七进五　车9平5
43. 相五退三　车5平3　　44. 帅六平五　车3退3
45. 相三进五　卒2平1　　46. 车六平八　车3平1
47. 车八平五　后卒进1　　48. 车五退一　后卒平2
49. 帅五平六　卒2进1　　50. 帅六平五　车1平3
51. 车五进一　车3进3　　52. 车五平九　车3进1
53. 相五进三　象5退7　　54. 仕五退六　车3退1
55. 仕六进五　车3平5　　56. 帅五平六　卒2进1
57. 车九平六　卒1平2　　58. 车六退二　车5平3
59. 相三退五　车3退2　　60. 车六进一　后卒平3
61. 车六进一　车3平5　　62. 相五进三　车5平1
63. 帅六平五　卒2进1　　64. 仕五退六　车1平5
65. 仕四进五　卒2平3　　66. 车六平九　前卒平4
67. 车九平六　卒4进1　　68. 车六退四　士5进4
69. 车六进一　车5进1　　70. 相三退一　车5进2
71. 相一进三　车5平7　　72. 相三退五　车7平5
73. 帅五平六　车5平2　　74. 帅六平五　车2进2
75. 车六退一　车2退1

第23局　许银川 胜 赵国荣

1. 炮二平五　炮8平5　　2. 马二进三　马8进7
3. 车一平二　卒7进1　　4. 马八进七　马2进3
5. 兵七进一　车1进1　　6. 炮八进一　车1平4
7. 炮八平七　象3进1　　8. 车九平八　车9进1
9. 车二进四　车9平6　　10. 仕六进五　车6进7
11. 炮五平六　车4进5　　12. 炮七进三　炮2进4
13. 兵七进一　象1进3　　14. 马七进八　炮2平5

15. 炮六平五 车4退3　16. 马三进五 炮5进4
17. 车二进三 马3退5　18. 车八进三 马7进6
19. 车八平七 象7进5　20. 车二退三 马5进7
21. 车七进二 卒7进1　22. 车二平三 车4进5
23. 车七平六 车4平3　24. 相七进九 士4进5
25. 车六退三 车6平7　26. 相三进一 车7平8
27. 车三平四 车8进1　28. 帅五平六 车3平5
29. 炮七退六 车5平3　30. 马八进六 炮5退2
31. 炮五进四 车3退4　32. 马六退七 马7进5
33. 炮七进五 炮5平4　34. 马七进六 马5进6
35. 炮七平四

第24局 潘振波 和 陶汉明

1. 炮二平五 炮8平5　2. 马二进三 马8进7
3. 车一平二 马2进3　4. 马八进七 卒7进1
5. 兵七进一 车1进1　6. 炮八进一 车1平4
7. 炮八平七 象3进1　8. 车九平八 车9进1
9. 车二进四 车9平6　10. 仕六进五 车6进7
11. 炮五平六 车4进5　12. 炮七进三 炮2进4
13. 马七进八 炮2平5　14. 马三进五 炮5进4
15. 炮六平五 车4退3　16. 马八退七 炮5退2
17. 车八进六 马7进6　18. 车二平五 炮5进3
19. 相七进五 马6进7　20. 车五平六 车4进2
21. 马七进六 卒5进1　22. 炮七平三 马7退8
23. 车八平七 卒5进1　24. 车七进一 卒5平4
25. 炮三平八 马8进7　26. 炮八进三 士4进5
27. 车七进二 士5退4　28. 车七退三 士4进5
29. 车七进三 士5退4　30. 车七退二 士4进5
31. 车七进二 士5退4　32. 车七退三 士4进5

33. 兵七进一　马 7 进 5　　34. 兵七平六　马 5 进 7
35. 炮八退八　车 6 退 2　　36. 炮八平三　车 6 平 7
37. 炮三平一　车 7 平 9　　38. 炮一进一　车 9 平 1
39. 车七进一　车 1 退 2　　40. 兵六进一　车 1 平 4
41. 炮一平五　卒 4 平 5　　42. 兵六平五　象 1 进 3
43. 车七进二　士 5 退 4　　44. 炮五平八　象 3 退 5
45. 车七退五　车 4 平 2　　46. 炮八平五　卒 5 进 1
47. 炮五平二　卒 5 平 6　　48. 炮二进七　车 2 进 5
49. 仕五退六　车 2 退 6　　50. 兵五进一　车 2 平 5
51. 仕六进五　车 5 平 8　　52. 炮二平一　车 8 退 3
53. 炮一退一　象 7 进 5　　54. 炮一平八　车 8 进 9
55. 炮八进一　象 5 退 3　　56. 车七进五　车 8 平 7
57. 车七退六　士 4 进 5　　58. 车七平四　车 7 退 4
59. 车四平七　车 7 平 2　　60. 车七进六　士 5 退 4
61. 炮八平六　卒 7 进 1　　62. 炮六退七　将 5 进 1
63. 车七退一　将 5 退 1　　64. 车七进一　将 5 进 1
65. 车七退四　车 2 平 5　　66. 帅五平六　卒 7 平 6
67. 车七平四　卒 9 进 1　　68. 仕五进四　卒 9 进 1
69. 仕四进五　将 5 退 1　　70. 帅六平五　卒 9 平 8
71. 炮六退二　士 6 进 5　　72. 帅五平四　卒 6 平 7
73. 车四平七　将 5 平 6　　74. 车七平四　将 6 平 5
75. 车四平七　将 5 平 6　　76. 帅四进一　车 5 平 6
77. 车七退二　卒 1 进 1　　78. 炮六平四　卒 1 进 1
79. 车七平五　士 5 进 6　　80. 仕五进六　卒 1 平 2
81. 车五进四　将 6 进 1　　82. 帅四平五　卒 2 平 3
83. 炮四进四　卒 7 平 6　　84. 车五平六　卒 8 平 7
85. 车六进一　将 6 退 1　　86. 车六退三　卒 6 平 5
87. 车六平四　将 6 进 1　　88. 车四平五　卒 7 平 6

第 25 局 伍霞 和 张梅

1. 炮二平五 炮 8 平 5
2. 马二进三 马 8 进 7
3. 车一平二 卒 7 进 1
4. 马八进七 马 2 进 3
5. 兵七进一 车 1 进 1
6. 炮八进一 车 1 平 4
7. 炮八平七 象 3 进 1
8. 车九平八 马 7 进 6
9. 车二进四 车 4 进 5
10. 炮七进三 车 4 退 2
11. 车八进六 马 6 进 7
12. 炮七平九 马 7 进 5
13. 相三进五 炮 2 退 2
14. 车二平六 车 4 平 1
15. 炮九平五 马 3 进 5
16. 车八平五 炮 2 平 3
17. 车五平七 车 9 进 2
18. 马三进四 炮 5 平 3
19. 车七平五 士 4 进 5
20. 马七进八 车 1 平 2
21. 兵七进一 象 1 进 3
22. 马八进六 车 9 平 4
23. 马六进七 车 4 进 3
24. 马七退八 车 4 平 6
25. 车五平一 车 6 进 1
26. 车一平五 车 6 平 9
27. 马八进七 车 9 平 6
28. 马七退六 卒 7 进 1
29. 马六进四 卒 7 进 1
30. 兵九进一 象 7 进 5
31. 马四进三 车 6 退 5
32. 马三退四 车 6 进 1
33. 兵九进一 士 5 进 4
34. 车五平八 士 6 进 5
35. 兵五进一 将 5 平 6
36. 兵五进一 将 6 进 1
37. 仕六进五 卒 7 进 1
38. 马四退三 象 5 进 7
39. 车八平二 将 6 退 1
40. 兵九平八 象 3 退 5
41. 兵八进一 卒 7 进 1
42. 兵八平七 炮 3 平 1
43. 相七进九 车 6 进 3
44. 兵七进一 象 5 退 7
45. 车二平八 炮 1 平 5
46. 车八进三 卒 7 平 6
47. 相九进七 车 6 退 2
48. 车八退六 车 6 进 2
49. 车八进六 车 6 退 2
50. 车八退六 车 6 进 2
51. 车八进二 象 7 进 9
52. 马三进一 车 6 退 3
53. 相七退九 士 5 退 4
54. 相九退七 士 4 退 5

55. 兵七进一　车6平3
56. 兵七平六　车3平4
57. 马一进三　车4退1
58. 马三进二　将6进1
59. 车八进一　卒6进1
60. 仕五退四　炮5进4
61. 仕四进五　士5进6
62. 车八平五　车4进3
63. 车五进三　车4退1
64. 车五平三　车4平8
65. 车三退一　将6退1
66. 车三进一　将6进1

第26局　金波 和 许银川

1. 炮二平五　炮8平5
2. 马二进三　马8进7
3. 车一平二　卒7进1
4. 马八进七　马2进3
5. 兵七进一　车1进1
6. 炮八进一　车1平4
7. 炮八平七　象3进1
8. 车九平八　车9进1
9. 车二进四　车9平6
10. 仕六进五　车4进5
11. 炮七进三　车6进5
12. 炮五平六　车6平7
13. 相七进五　卒7进1
14. 车二平三　车7退1
15. 相五进三　炮2进4
16. 炮六平五　马7进8
17. 兵七进一　炮2退6
18. 车八进六　炮5平7
19. 相三退一　马8进7
20. 相一进三　车4退3
21. 炮五平六　卒5进1
22. 马七退六　象7进5
23. 马六进五　士4进5
24. 马五进三　炮7进4
25. 相三进五　炮2平3
26. 车八进一　马3退4
27. 炮七平八　炮7平1
28. 马三进四　车4平6
29. 马四退六　炮1平5
30. 马六进五　象5进3
31. 相三退一　车6平4
32. 马五退三　炮5退4
33. 炮六退二　士5进4
34. 车八进一　马4进3
35. 炮八退三　车4平5
36. 相一退三　马3进4
37. 炮八平二　士6进5
38. 车八退五　车5平7
39. 炮二平五　马4进5
40. 车八平五　卒1进1
41. 车五进一

第27局 徐天红 胜 李来群

1. 炮二平五 炮8平5
2. 马二进三 马8进7
3. 车一平二 卒7进1
4. 马八进七 马2进3
5. 兵七进一 车1进1
6. 炮八进一 象3进1
7. 炮八平七 炮2进4
8. 兵七进一 象1进3
9. 车二进四 车9进1
10. 车九平八 车1平2
11. 兵三进一 马7进6
12. 炮七进三 卒7进1
13. 车二平三 车2平7
14. 车三平四 车7进6
15. 车八进三 车7退3
16. 马七进六 马6进4
17. 车四平六 士6进5
18. 炮五平七 炮5平7
19. 相七进五 象7进5
20. 前炮平八 车9平6
21. 仕六进五 车6进7
22. 相三进一 车6退2
23. 车六进四 将5平6
24. 炮七进五 炮7平3
25. 炮八进三 将6进1
26. 炮八退一 炮3退2
27. 车八平六 象3退1
28. 后车平八 将6退1
29. 炮八进一 将6平5
30. 车八进四 车6退4
31. 炮八平九 车7平3
32. 相一退三 象5进7
33. 车八平四 士5进6
34. 车六进一 将5进1
35. 车六平五 将5平6
36. 车五退三 卒9进1
37. 兵五进一

第28局 张丽涵 和 张婷婷

1. 炮二平五 炮8平5
2. 马二进三 马8进7
3. 车一平二 卒7进1
4. 马八进七 马2进3
5. 兵七进一 车1进1
6. 炮八进一 象3进1
7. 炮八平七 炮2进4
8. 车九平八 车1平2
9. 车二进六 车9平8
10. 车二平三 车8进5

11. 兵五进一　马7退5　12. 炮七平五　炮5进3
13. 车三退一　炮5进2　14. 相三进五　车8平5
15. 车三平四　马5退3　16. 车四退一　车5退1
17. 马七进六　士4进5　18. 兵七进一　炮2进1
19. 兵七进一　前马退4　20. 炮五进三　马4进5
21. 兵七平六　车2进1　22. 马三退五　车5平4
23. 马六进四　炮2退3　24. 马四进五　象7进5
25. 兵六平七　车4进4　26. 车四平五　车2平4
27. 炮五平六　马3进2　28. 马五退三　炮2平7
29. 仕四进五　炮7进5　30. 相五退三　马2进4
31. 兵七平六　前车退5　32. 车五退一　前车进3

第29局　唐丹 胜 何静

1. 炮二平五　炮8平5　2. 马二进三　马8进7
3. 车一平二　卒7进1　4. 马八进七　马2进3
5. 兵七进一　车1进1　6. 炮八进一　象3进1
7. 炮八平七　炮2进4　8. 车九平八　车1平2
9. 仕四进五　车9进1　10. 车二进六　马7进6
11. 车二平三　马6进4　12. 炮七平六　炮2平3
13. 车三进三　车9平6　14. 车三退二　马4退6
15. 车三平二　车2平4　16. 炮五平四　炮3平5
17. 马七进五　炮5进4　18. 相七进五　马6退5
19. 炮四进五　车4进5　20. 马三进五　车4平5
21. 炮四平七　象1退3　22. 车八进九　马5进7
23. 车八平七　车5平4　24. 炮七平三　车6平7
25. 车七退三　车4平5　26. 炮三退二　马7退6
27. 车二平五　士6进5　28. 炮三平七　将5平6
29. 车七平八

第30局 蒋凤山 负 苗永鹏

1. 炮二平五 炮8平5
2. 马二进三 马8进7
3. 车一平二 卒7进1
4. 马八进七 马2进3
5. 兵七进一 车1进1
6. 炮八进一 象3进1
7. 炮八平七 炮2进4
8. 车九平八 车1平2
9. 仕六进五 车9平8
10. 车二进九 马7退8
11. 相三进一 马8进7
12. 兵三进一 卒7进1
13. 相一进三 车2退1
14. 炮七进三 卒9进1
15. 相三退一 马7进8
16. 车八进二 士4进5
17. 马七进六 车2进5
18. 炮五平七 卒5进1
19. 相七进五 卒5进1
20. 兵五进一 马8进7
21. 相一进三 马7退5
22. 马三进四 炮2平4

第31局 靳玉砚 和 李鸿嘉

1. 炮二平五 炮8平5
2. 马二进三 马8进7
3. 车一平二 卒7进1
4. 马八进七 马2进3
5. 兵七进一 车1进1
6. 炮八进一 象3进1
7. 炮八平七 炮2进4
8. 仕六进五 车9进1
9. 车九平八 车1平2
10. 车二进四 车9平4
11. 兵七进一 象1进3
12. 兵三进一 卒7进1
13. 车二平三 马7进6
14. 车三进五 车4平7
15. 车三退一 车2平7
16. 马三进四 车7进4
17. 马四进六 炮5平7
18. 相三进一 炮7平8
19. 炮五平二 车7进2
20. 车八进三 车7平8
21. 马六进四 炮8平6
22. 炮七进三 象3退5
23. 马七进八 车8平3
24. 相七进九 车3退2
25. 车八退一 车3退1
26. 车八平六 马6进5

27. 马四退三　马5退7　　28. 相一进三　卒9进1
29. 车六进四　炮6平8　　30. 相三退五　车3平5
31. 相九退七　士6进5　　32. 车六退二　车5平3
33. 车六平二　炮8平6　　34. 炮七平六

第32局　卜凤波 负 李群

1. 炮二平五　炮8平5　　2. 马二进三　马8进7
3. 车一平二　卒7进1　　4. 马八进七　马2进3
5. 兵七进一　车1进1　　6. 炮八进一　象3进1
7. 炮八平七　炮2进4　　8. 车九平八　车1平2
9. 仕四进五　车9进1　　10. 车二进六　马7进6
11. 车二平三　马6进4　　12. 炮七平六　炮2平3
13. 车三进三　车2进7　　14. 炮五平六　马4退6
15. 车三退四　车9平6　　16. 相七进五　车2平3
17. 车八进二　象1退3　　18. 车三平二　马6进5
19. 马三进五　炮5进4　　20. 前炮进三　炮5平9
21. 前炮平一　车6平9　　22. 炮一平四　车9平6
23. 炮四平一　车6平9　　24. 炮一平四　炮9进3
25. 车二退五　炮3平5　　26. 炮四退五　车3进1
27. 炮六进一　炮5退2　　28. 车八平九　车9进6
29. 马七进六　车3退3　　30. 车九平六　炮5平2
31. 车六平八　炮2平5　　32. 车八平六　炮5平2
33. 车六平八　炮2平5　　34. 炮六退一　车3平7
35. 炮四退一　车9退2　　36. 马六进七　炮5进1
37. 车八进五　炮9平7　　38. 炮四进一　车9平6
39. 炮四平一　车6平9　　40. 炮一平四　车9退3
41. 兵七进一　炮7退1　　42. 车八退三　车7平5
43. 车二平三　车9平7　　44. 相五退七　车5进2
45. 帅五平四　车5平4　　46. 炮六平五　车4进1

47. 炮五退二 车7进3 48. 兵七平六 士4进5
49. 相七进九 炮5平6 50. 炮四平五 炮7平6
51. 帅四进一 车7进4 52. 车八平四 将5平4

第33局 郭莉萍 和 伍霞

1. 炮二平五 炮8平5 2. 马二进三 马8进7
3. 车一平二 卒7进1 4. 马八进七 马2进3
5. 兵七进一 车1进1 6. 炮八进一 象3进1
7. 炮八平七 炮2进4 8. 车九平八 车1平2
9. 仕四进五 车9进1 10. 兵七进一 象1进3
11. 车二进四 车9平4 12. 兵三进一 卒7进1
13. 车二平三 马7进6 14. 炮七进三 炮5平6
15. 车三进五 车4平7 16. 车三退一 车2平7
17. 仕五进四 车7平2 18. 仕六进五 车2退1
19. 炮七平一 象3退5 20. 兵一进一 士6进5
21. 炮一进三 将5平6 22. 兵一进一 车2进4
23. 兵一平二 炮2平3 24. 炮一退四 炮6平7
25. 车八进五 马3进2 26. 炮一平四 马2进4
27. 兵五进一 马4进3 28. 炮五进四 炮7进4
29. 仕五退六 炮7平1 30. 相三进五 炮3平7
31. 仕四退五 马3退4 32. 炮五平四 将6平5
33. 马三进五 炮7平6 34. 前炮退三 炮1平6
35. 马五进七 象5进3 36. 兵二平三 炮6平2
37. 兵三进一 炮2退4 38. 炮四退一 炮2进3
39. 炮四进二 卒1进1 40. 炮四平八 士5进4
41. 马七退六 卒1进1 42. 相五进七 卒1进1
43. 兵三平四 士4进5 44. 马六进四 马4进3
45. 相七退五 炮2退1 46. 炮八平七 马3退2
47. 炮七平五 将5平4 48. 炮五平八 炮2平1

49. 兵五进一 马2进4
50. 炮八平六 将4平5
51. 炮六退二 卒1平2
52. 兵五进一 卒2平3
53. 炮六平一 炮1进1
54. 炮一平五 马4退6
55. 兵五平六 将5平6
56. 马四进二 马6退8
57. 马二进四 马8退6
58. 炮五平四 炮1退1
59. 马四进二 马6进8
60. 炮四退二 将6平5
61. 炮四平一 炮1退3
62. 相五进三 卒3平4
63. 炮一进三 象3退1
64. 仕五进四 将5平4
65. 兵六平七 象1退3
66. 炮一进四 象3进5
67. 马二退四 马8退9
68. 兵七进一 马9退7
69. 炮一退一 炮1进3
70. 马四进三 炮1退1
71. 炮一退三 炮1平6
72. 炮一平九 炮6退1
73. 炮九进一 马7进9
74. 马三退四 马9进7
75. 马四退六 马7进5
76. 炮九平六 将4平5
77. 马六进四 炮6进1
78. 炮六平五 将5平4
79. 马四进二 炮6退2
80. 仕六进五 炮6进2
81. 相七进五 炮6退2
82. 马二进三 卒4平3
83. 帅五平六 卒3平4
84. 炮五平一 马5退7
85. 相三退一 马7进6
86. 相一退三 马6退5
87. 兵七平八 马5进3
88. 炮一平六 将4平5
89. 兵八平七 马3退5
90. 马三退一 炮6进1
91. 马一进三 炮6退1
92. 马三退二 将5平6
93. 马二退三 象5进7
94. 马三进五 炮6进1

第34局 朱晓虎 负 洪智

1. 炮二平五 炮8平5
2. 马二进三 马8进7
3. 车一平二 卒7进1
4. 马八进七 马2进3
5. 兵七进一 车1进1
6. 炮八进一 象3进1
7. 炮八平七 炮2进4
8. 车九平八 车1平2

9. 仕六进五 车9进1　10. 车二进四 车9平4
11. 兵七进一 象1进3　12. 兵三进一 卒7进1
13. 车二平三 马7进6　14. 炮七进三 卒9进1
15. 炮五平六 炮5平7　16. 相七进五 象7进5
17. 车三平四 炮2退2　18. 马三进二 炮7平6
19. 车四平五 卒5进1　20. 车五平六 车4进4
21. 马七进六 马6进8　22. 车八进五 车2平7
23. 车八退一 车7进2　24. 炮六平七 卒5进1
25. 兵五进一 马8进6　26. 马六退八 车7平4
27. 马八退六 马6进7　28. 帅五平六 炮6进4
29. 车八退一 炮6平4　30. 马六退七 马7退6
31. 帅六平五 马6进7　32. 帅五平六 马7退8
33. 帅六平五 炮4平3　34. 马七进六 马8进7
35. 帅五平六 炮3平4　36. 马六退七 象3退1
37. 后炮退一 马7退5　38. 相三进五 炮4平8
39. 仕五进六 车4进4　40. 帅六平五 车4平5
41. 仕四进五 车5平3　42. 车八进四 炮8退4
43. 前炮平五 马3进5

第35局 谢靖 负 熊学元

1. 炮二平五 炮8平5　2. 马二进三 马8进7
3. 车一平二 马2进3　4. 马八进七 卒7进1
5. 兵七进一 车1进1　6. 炮八进一 象3进1
7. 炮八平七 炮2进4　8. 车九平八 车1平2
9. 仕六进五 车9进1　10. 车二进四 车2进3
11. 兵三进一 车9平2　12. 炮七进三 后车进2
13. 马七进六 炮2退1　14. 兵三进一 前车平7
15. 车二进二 车7进3　16. 车二平三 车7退4
17. 炮七平三 车2退3　18. 炮三进三 士6进5

19. 马六进七　炮5进4　20. 车八进四　车2进5
21. 马七退八　马3进2　22. 马八退七　炮5平3
23. 马七进五　炮3平9　24. 马五进三　炮9平7
25. 炮五平二　马2进1　26. 相七进五　马1进2
27. 炮二退一　马2退3　28. 炮二进六　士5进4
29. 炮二平六　士4进5　30. 炮六平七　马3进4
31. 炮三退一　马4退2　32. 炮三平四　炮7平4
33. 炮四退二　卒1进1　34. 炮四进一　士5进6
35. 炮七平三　士6退5　36. 炮三平二　马2退3
37. 炮二退六　马3进2　38. 仕五进四　马2退1
39. 炮二平一　马1退3　40. 相三进一　炮4退3
41. 马三退五　马3进5　42. 仕四进五　卒1进1
43. 马五进七　象1进3　44. 马七退六　马5进7
45. 相五进三　卒1平2　46. 马六进四　卒2平3
47. 马四进三　卒5进1　48. 炮一进五　卒5进1
49. 炮一退一　象3退1　50. 马三进二　卒3平4
51. 马二退四　马7退9　52. 炮一平二　马9进8
53. 炮二退一　马8进9　54. 马四退五　马9退7
55. 帅五平四　卒4平5　56. 炮二平五　将5平6
57. 炮五进二　炮4进1　58. 炮五退一　炮4进1
59. 炮五退一　炮4退3　60. 仕五进六　炮4平6
61. 仕四退五　马7退8　62. 炮五退一　士5退4
63. 炮五平三　炮6退1　64. 帅四平五　马8进7
65. 帅五平四　马7退6　66. 帅四平五　将6平5
67. 炮三退一　马6进4　68. 帅五平四　马4退2
69. 炮三平五　马2进3　70. 炮五平七　士4进5
71. 相一退三　象1进3　72. 相三退一　士5进6
73. 炮七平四　炮6平8　74. 炮四平七　炮8进8
75. 帅四进一　马3退5　76. 相一进三　马5进7
77. 仕五进四　炮8退8　78. 相三退五　将5平4

79. 炮七平八 炮8平6
80. 帅四平五 炮6平5
81. 帅五平四 马7退6
82. 帅四退一 马6进4
83. 炮八平七 炮5平6
84. 帅四进一 马4退5
85. 帅四退一 马5进7
86. 帅四平五 炮6平5
87. 帅五平四 马7进8
88. 帅四进一 象3退5
89. 帅四平五 象5进7
90. 帅五平四 马8退7
91. 帅四退一 将4平5
92. 炮七退一 炮5平6
93. 炮七进一 马7进8
94. 帅四平五 将5平4
95. 帅五进一 炮6平9
96. 炮七平八 炮9平5
97. 帅五平四 将4平5
98. 炮八退一 马8退7
99. 帅四退一 炮5平6
100. 炮八进一 马7退5
101. 炮八平七 马5进7
102. 帅四平五 将5平4
103. 炮七平九 炮6平5
104. 帅五平四 马7进8
105. 帅四进一 将4平5
106. 炮九退一 马8退6
107. 炮九平五 象7退5
108. 炮五进六 将5平4
109. 炮五平九 马6退5
110. 帅四退一 炮5平6
111. 帅四平五 马5进4
112. 帅五进一 马4退2
113. 炮九平六 马2退4
114. 帅五退一 炮6平5
115. 帅五平四 炮5平8
116. 相五进七 炮8平6
117. 帅四平五 炮6平5
118. 帅五平四 马4进6
119. 炮六退六 马6退8
120. 帅四平五 炮5退1
121. 炮六平四 将4进1
122. 炮四进一 将4进1
123. 炮四退一 马8进7
124. 炮四进一 马7退6
125. 帅五平四 马6进4
126. 炮四进三 将4平5
127. 炮四进一 士6退5
128. 炮四平五 炮5平6
129. 炮五退三 马4进5
130. 炮五进五 马5退7
131. 帅四进一 将5退1

第36局 黄芳 负 张国凤

1. 炮二平五 炮8平5
2. 马二进三 马8进7
3. 车一平二 马2进3
4. 马八进七 卒7进1
5. 兵七进一 车1进1
6. 炮八进一 象3进1
7. 炮八平七 车1平2
8. 车九平八 炮2进4
9. 仕四进五 车9进1
10. 车二进六 马7进6
11. 车二平四 车2进3
12. 马七退九 车9平2
13. 车八进三 前车进2
14. 马九进八 车2进5
15. 车四退一 车2平3
16. 车四平三 车3进3
17. 车三进四 车3退4
18. 兵三进一 卒3进1
19. 车三退二 象1退3
20. 马三进二 马3进4
21. 马二进三 炮5进4
22. 帅五平四 马4进6
23. 马三进一 士4进5
24. 马一进三 将5平4
25. 炮五平六 象3进5
26. 马三退五 炮5平2
27. 马五进七 马6进7
28. 帅四进一 马7退5
29. 帅四进一 炮2进1
30. 炮六进一 马5退7
31. 帅四退一 马7进8

第37局 徐健秒 负 洪智

1. 炮二平五 炮8平5
2. 马二进三 马8进7
3. 车一平二 卒7进1
4. 马八进七 马2进3
5. 兵七进一 车1进1
6. 炮八进一 象3进1
7. 炮八平七 炮2进4
8. 车九平八 车1平2
9. 仕四进五 车9进1
10. 车二进四 车9平4
11. 车二平四 车4进3
12. 兵三进一 士4进5
13. 炮七进三 车2进2
14. 炮七退一 马7进8
15. 马三进二 车2退1
16. 兵三进一 车4平7

17. 炮七平二　车7平8　　18. 车四平三　炮2平3
19. 炮五平二　车8平2　　20. 车八平九　马3进4
21. 马二退三　马4进2　　22. 马七退九　炮3平9
23. 炮二平一　炮9平1　　24. 马九进七　炮1平3
25. 马七退八　象1退3　　26. 车九进三　马2进3
27. 车九平七　炮5平3　　28. 车七平六　马3退5
29. 相七进五　马5退7　　30. 相五进三　前车进5
31. 马三进四　前车退3　　32. 车六进一　炮3平8

第38局　吕钦 和 苗永鹏

1. 炮二平五　炮8平5　　2. 马二进三　马8进7
3. 车一平二　卒7进1　　4. 马八进七　马2进3
5. 兵七进一　车1进1　　6. 炮八进一　象3进1
7. 炮八平七　炮2进4　　8. 车二进四　车1平2
9. 车九进一　车9平8　　10. 车二进五　马7退8
11. 车九平六　士4进5　　12. 兵七进一　象1进3
13. 车六进四　炮5平7　　14. 车六退一　炮7进4
15. 炮七平三　炮2平7　　16. 相三进一　象3退5
17. 马七进八　卒3进1　　18. 炮五平八　车2平1
19. 兵九进一　马8进7　　20. 仕四进五　车1退1
21. 炮八平七　车1平4　　22. 车六进五　马3退4
23. 马八进六　马4进2　　24. 相七进五　马2进4
25. 马六进七　马7进6　　26. 炮七平九　马6进4
27. 相一退三　前马进2　　28. 炮九进四　卒9进1
29. 炮九平六　卒5进1　　30. 帅五平四　马2进3
31. 兵九进一　马3退4　　32. 兵九平八　卒3进1
33. 马七退六　象5退3　　34. 仕五进六　后马进6
35. 炮六平五　象3进5　　36. 仕六进五　卒7进1
37. 相五进三　马6进7　　38. 相三进五　马7退6

39. 马六进八 将5平4
40. 炮五平六 将4平5
41. 兵八平七 卒3进1
42. 兵七平六 马6进8
43. 帅四平五 马8进6
44. 马三退一 炮7退3
45. 马八进七 将5平4
46. 兵六平五 马4退5
47. 兵五进一 马5退6
48. 相五进三 炮7退2
49. 马七退八 将4平5
50. 马一进二 前马退7
51. 相三退五 马6进7
52. 马二进三 象5进7
53. 马八退六 炮7平9
54. 马六退七 炮9进5
55. 马七进六 象7退5
56. 马六进四 马7进6
57. 相五进三 炮9平5
58. 帅五平六 炮5平2
59. 炮六退二 马6退7
60. 兵五进一 炮2退5
61. 兵五平六 马7进6
62. 炮六平五 马6退5
63. 炮五进一 马5退3
64. 兵六进一 将5平4
65. 兵六平七 马3进1
66. 帅六平五 卒9进1
67. 炮五退一 卒9进1
68. 炮五平六 将4平5
69. 相三退五 卒9平8
70. 相五进七 马1进3
71. 炮六进一 炮2平4
72. 炮六平五 将5平4
73. 炮五平六 士5进4
74. 炮六平二 士4退5
75. 炮二进四 马3退5
76. 兵七平六 马5进6
77. 马四进五 马6退8
78. 兵六进一 马8退9
79. 炮二平四 将4平5
80. 马五退三 炮4平6
81. 兵六平五 炮6平7
82. 炮四退一 马9进7
83. 兵五平六 马7进5
84. 马三退五 炮7进5
85. 相七退五 炮7平5
86. 马五退七 将5进1
87. 炮四退四 马5进7
88. 帅五平六 马7退6
89. 马七进五 卒8平7
90. 炮四平九 卒7平6
91. 炮九进三 炮5平4
92. 帅六平五 炮4退3
93. 炮九进一 象7进5
94. 炮九退三 炮4进1
95. 马五进七 象5退3
96. 炮九进一 炮4平9
97. 炮九平五 马6进8
98. 马七进六 马8退7

99. 兵六平五　将5平4　　100. 马六退四　炮9退2
101. 炮五平二　炮9平5　　102. 炮二进二　马7退5

第39局　王斌 和 柳大华

1. 炮二平五　炮8平5　　2. 马二进三　马8进7
3. 车一平二　马2进3　　4. 马八进七　卒7进1
5. 兵七进一　车1进1　　6. 炮八进一　象3进1
7. 炮八平七　炮2进4　　8. 仕四进五　车9进1
9. 车九平八　车1平2　　10. 车二进四　车9平4
11. 兵三进一　车4进3　　12. 炮七进三　士4进5
13. 炮五平四　卒5进1　　14. 兵三进一　卒5进1
15. 车二平三　卒5进1　　16. 马七进五　车4平5
17. 炮四平五　炮5进4　　18. 兵三进一　马7退9
19. 炮七平一　象7进5　　20. 兵一进一　炮5退1
21. 炮一退一　炮2退1　　22. 车三退一　车2平4
23. 车三平五　车4进2　　24. 车八进四　炮5平2
25. 车五进二　象1退3　　26. 兵七进一　车4平7
27. 马三退一　车7进2　　28. 炮一进二　马3退4
29. 兵一进一　车7平3　　30. 车五退二　车3退1
31. 马一进二　炮2进4　　32. 车五平八　车3进5
33. 马二进四　车3退4　　34. 车八退三　车3平6
35. 车八进六　车6平7　　36. 相三进一　车7平5
37. 相一退三　卒1进1　　38. 车八退一　车5平7
39. 相三进一　车7退3　　40. 炮一退一　车7进5
41. 炮五进二　马4进3　　42. 车八平七　车7平5
43. 车七进二　车5退2　　44. 炮一平八　车5退1
45. 车七退三　车5平9　　46. 兵九进一　卒1进1
47. 车七平九　车9进3　　48. 炮八平四　马9进7
49. 炮四退四　马7进5　　50. 车九平五　马5进3

51. 车五平七

第40局　卜凤波 胜 万春林

1. 炮二平五　炮8平5　2. 马二进三　马8进7
3. 车一平二　卒7进1　4. 马八进七　马2进3
5. 兵七进一　车1进1　6. 炮八进一　象3进1
7. 炮八平七　炮2进4　8. 车九平八　车1平2
9. 仕四进五　车9进1　10. 车二进六　马7进6
11. 车二平三　马6进4　12. 炮七平六　炮2平3
13. 车三进三　车2进8　14. 马七退八　车9平2
15. 车三退二　马4退6　16. 车三退二　车2进8
17. 车三平四　车2平3　18. 车四进二　象1退3
19. 炮六进五　将5进1　20. 帅五平四　炮3平2
21. 炮六退一　炮2退3　22. 车四进一　将5退1
23. 车四进一　将5进1　24. 车四退一　将5退1
25. 车四进一　将5进1　26. 车四退一　将5退1
27. 车四平八　炮2进6　28. 帅四进一　炮2平1
29. 炮五进四　炮5平7　30. 炮五退二　炮1退1
31. 帅四退一　车3退2　32. 相三进五　炮1退1
33. 车八平四　炮1平5　34. 车四退六　炮7平6
35. 车四平五　车3退2　36. 车五平六

第41局　李家华 负 申鹏

1. 炮二平五　炮8平5　2. 马二进三　马8进7
3. 车一平二　卒7进1　4. 马八进七　马2进3
5. 兵七进一　车1进1　6. 炮八进一　车9进1
7. 炮八平七　车1平6　8. 车九平八　车6进4
9. 兵五进一　车9平4　10. 兵七进一　车4进5

11. 炮七进三 象3进1
12. 车八进六 车6退1
13. 兵五进一 车6平5
14. 车二进四 炮2退2
15. 车二平七 马7进6
16. 仕六进五 马6进7
17. 马三进五 车5进2
18. 马七进五 炮5进4
19. 炮七平一 卒5进1
20. 炮一平四 士4进5
21. 兵七平六 马7进8
22. 炮四退五 炮2平4
23. 兵六平五 士5进4
24. 兵五平六 象7进5
25. 兵六进一 马3进4
26. 车八进二 士4退5
27. 车八平六 马4进3
28. 兵六平五 车4退5
29. 车七退一 炮5退1
30. 兵五进一 炮4平2
31. 车七平八 炮2进1
32. 车八平五 炮2进8
33. 相七进九 炮5进2
34. 车五退一 马8退7
35. 车五平三 车4进5
36. 炮四平三 将5平4
37. 仕五进六 车4平5
38. 帅五平六 炮2退2
39. 炮三平六 将4平5
40. 仕六退五 炮2退4

第42局 冯世傲 负 申鹏

1. 炮二平五 炮8平5
2. 马二进三 马8进7
3. 车一平二 马2进3
4. 马八进七 卒7进1
5. 兵七进一 车1进1
6. 炮八进一 车9进1
7. 炮八平七 车1平6
8. 兵七进一 车6进3
9. 兵七平六 车9平3
10. 兵六平五 炮5进2
11. 炮五进三 车6平5
12. 相七进五 车5平2
13. 车二进四 车2进2
14. 车二平七 马3退5
15. 炮七进三 马7进6
16. 车九平七 车2退3
17. 马七退五 车2进5
18. 前车平四 车2平4
19. 车四进一 车3进2
20. 车四平六 车4退4
21. 车七进六 炮2进7
22. 马五退七 车4进5
23. 帅五进一 象7进5
24. 马七进八 马5进7

25. 车七退六　车4平3　26. 马八退七　炮2退8
27. 马七进六　炮2平7　28. 兵三进一　卒7进1
29. 相五进三　炮7进4　30. 相三进五　炮7进1
31. 兵九进一　马7进8　32. 兵五进一　炮7退5

第43局　潘振波 胜 申鹏

1. 炮二平五　炮8平5　2. 马二进三　马8进7
3. 车一平二　卒7进1　4. 马八进七　马2进3
5. 兵七进一　车1进1　6. 炮八进一　车9进1
7. 炮八平七　车1平6　8. 车九平八　车6进4
9. 车八进四　车9平4　10. 仕四进五　卒3进1
11. 兵三进一　车6平7　12. 相三进一　车7进2
13. 兵七进一　炮2平1　14. 炮七进四　车4进1
15. 炮七平五　炮1平5　16. 马七进六　炮5进4
17. 车二进三　炮5退2　18. 马六进五　马7进5
19. 车二进三　车4进1　20. 车二平四　士4进5
21. 帅五平四　将5平4　22. 车八平七　车4进3
23. 兵七平六　象7进5　24. 兵六平五　马5进3
25. 车四退二　车7平9　26. 车四平六　车4退1
27. 车七平六　将4平5　28. 兵五平六　马3进2
29. 车六平七　将5平4　30. 车七退一　马2进1
31. 炮五平六　将4平5　32. 帅四平五　卒7进1
33. 相七进九　卒1进1　34. 兵六进一　卒9进1
35. 兵六平七　车9平7　36. 车七退二　士5退4
37. 车七平九　象5退7　38. 帅五平四　车7进2
39. 帅四进一　车7退1　40. 帅四退一　车7进1
41. 帅四进一　车7退3　42. 车九平七　车7平6
43. 仕五进四　车6平1　44. 相九退七　象7进5
45. 炮六平五　士6进5　46. 车七进四　车1平9

47. 车七平三 将5平6　48. 车三退一 车9退1
49. 车三进二 车9平6　50. 仕六进五 卒9进1
51. 兵七进一 车6平3　52. 车三平四 将6平5
53. 兵七平六 卒9平8　54. 车四平二 将5平6
55. 兵六进一 车3平4　56. 兵六平七 车4平3
57. 兵七平六 车3平4　58. 兵六平七 车4平3
59. 兵七平六 车3平4　60. 兵六平七 车4平3
61. 兵七平六 车3平4　62. 兵六平七 车4平3
63. 兵七平六 车3平4　64. 兵六平七 车4平5
65. 兵七进一 卒8平7　66. 兵七平六 士5退4
67. 车二平四 将6平5　68. 车四平九 将5平6
69. 车九退一 车5平6　70. 车九退二 车6退1
71. 车九平五 象5进3　72. 炮五平九 卒7平6
73. 炮九进一 车6平8　74. 相七进五 车8进4
75. 帅四退一 车8进1　76. 帅四进一 车8退1
77. 帅四退一 车8进1　78. 帅四进一 车8平1
79. 仕五进六 士4进5　80. 仕四退五 将6平5
81. 车五平七 象3退5　82. 相五退七 卒6平5
83. 炮九退一 卒5平4　84. 仕五退六 车1平2
85. 仕六退五 车2退5　86. 车七平四 车2进3
87. 车四进一 卒4进1　88. 车四退一 车2退1
89. 车四平二 将5平4　90. 炮九平一 卒4平5
91. 炮一进一 将4进1　92. 帅四退一 象5退7
93. 车二进六 车2进3　94. 车二退六 车2退3
95. 炮一进五 将4进1　96. 车二平三 象7进5
97. 车三进三

第44局　柳大华　党斐 胜 申鹏　张江

1. 炮二平五 炮8平5　2. 马二进三 马8进7

3. 车一平二　卒 7 进 1
4. 马八进七　马 2 进 3
5. 兵七进一　车 1 进 1
6. 炮八进一　车 9 进 1
7. 炮八平七　车 1 平 6
8. 车九平八　车 6 进 4
9. 兵五进一　车 9 平 4
10. 仕六进五　车 4 进 5
11. 炮七进三　炮 2 进 4
12. 炮七进三　士 4 进 5
13. 兵七进一　车 6 平 5
14. 兵七进一　马 3 退 2
15. 马三进五　车 5 进 1
16. 马七进五　炮 5 进 4
17. 车二进四　象 7 进 5
18. 车二平八　将 5 平 4
19. 相七进九　马 2 进 1
20. 兵七平六　象 5 退 3
21. 后车平六　车 4 平 3
22. 车六进五　将 4 平 5
23. 帅五平六　马 1 退 3
24. 兵六平五

第 45 局　王斌 和 申鹏

1. 炮二平五　炮 8 平 5
2. 马二进三　马 8 进 7
3. 车一平二　马 2 进 3
4. 马八进七　卒 7 进 1
5. 兵七进一　车 1 进 1
6. 炮八进一　车 9 进 1
7. 炮八平七　车 1 平 6
8. 车九平八　车 6 进 4
9. 相七进九　车 9 平 4
10. 仕六进五　车 4 进 5
11. 炮七进三　象 3 进 1
12. 车二进六　炮 2 进 4
13. 兵七进一　马 3 退 5
14. 车二平四　车 6 退 2
15. 炮七平四　炮 5 平 2
16. 炮四退三　后炮进 7
17. 炮四平六　前炮平 1
18. 帅五平六　象 1 进 3
19. 兵五进一　马 5 进 3
20. 兵五进一　士 6 进 5
21. 马三进五　炮 2 平 5
22. 马七进五　炮 1 退 3
23. 炮六进三　卒 5 进 1
24. 兵三进一　马 3 进 5
25. 马五进七　炮 1 退 2
26. 炮五进四　马 7 进 5
27. 炮六平一

第46局 蒋凤山 胜 邱东

1. 炮二平五 炮8平5
2. 马二进三 马8进7
3. 车一平二 卒7进1
4. 马八进七 马2进3
5. 兵七进一 车1进1
6. 炮八进一 车9进1
7. 炮八平七 车1平6
8. 车九平八 车6进4
9. 兵五进一 车9平4
10. 车八进六 炮2平1
11. 仕四进五 马3退1
12. 炮七进三 炮1平3
13. 车八平九 车6进1
14. 车二进六 车6平7
15. 马三进五 车7进3
16. 仕五退四 车7退3
17. 仕六进五 炮5退1
18. 车二进二 炮3平5
19. 车二平四 马7进6
20. 炮七平一 前炮平8
21. 炮五平二 车7平9
22. 车四退三 车9退3
23. 车四平三 炮5进4
24. 车三进二 炮8进4
25. 车三进二 马1进3
26. 车九平七 车9退1
27. 车三退五 卒5进1
28. 兵七进一 马3进5
29. 兵七平六 车9进2
30. 兵九进一 象3进1
31. 兵九进一 士4进5
32. 兵九平八 车9平7
33. 车三平二 炮8平7
34. 炮二平三 炮7平9
35. 炮三平一 车7进3
36. 车二平五 车7平9
37. 车五平三 马5退6
38. 兵六平五 车4进5
39. 马五进六 炮9平8
40. 马六进八 炮8进3
41. 车三退四 炮8退4
42. 车七退二 车9退2
43. 马八进七 车4退5
44. 相七进五 马6进8
45. 兵八进一 马8进9
46. 兵五进一 车9进1
47. 前马退九 炮8退3
48. 车七进四 车4退1
49. 车七退三 炮8进6
50. 兵五进一 炮8退7
51. 兵五进一 士6进5
52. 车三进九 士5退6
53. 车七平四

第 47 局　蒋川 胜 程进超

1. 炮二平五　炮 8 平 5
2. 马二进三　马 8 进 7
3. 车一平二　卒 7 进 1
4. 马八进七　马 2 进 3
5. 兵七进一　车 1 进 1
6. 炮八进一　象 3 进 1
7. 炮八平七　炮 2 进 4
8. 车九平八　车 1 平 2
9. 仕四进五　车 9 进 1
10. 车二进六　马 7 进 6
11. 车二平三　马 6 进 4
12. 炮七平六　炮 2 平 3
13. 车三进三　炮 5 平 4
14. 炮五平六　炮 4 进 4
15. 炮六进二　车 2 进 6
16. 相七进五　车 9 平 2
17. 车八进二　车 2 进 6
18. 帅五平四　士 4 进 5
19. 车三退二　炮 4 平 1
20. 车三平七　炮 1 进 3
21. 帅四进一　车 2 平 3
22. 车七平八　卒 5 进 1
23. 炮六平二　将 5 平 4
24. 炮二进五　将 4 进 1
25. 车八进一　将 4 进 1
26. 炮二退七　炮 3 平 7
27. 兵五进一　卒 5 进 1
28. 车八退五　卒 7 进 1
29. 相三进一　炮 1 退 5
30. 相一进三　炮 1 平 6
31. 帅四退一　炮 7 平 6
32. 帅四平五　后炮平 1
33. 马三退四　车 3 进 1
34. 车八平四　炮 1 进 5
35. 相五退七　车 3 进 1
36. 车四平六　卒 5 平 4
37. 车六平九　卒 4 平 3
38. 炮二平六　车 3 平 2
39. 马四进五　将 4 平 5
40. 马五进四

第 48 局　阎文清 负 苗利明

1. 炮二平五　炮 8 平 5
2. 马二进三　马 8 进 7
3. 车一平二　卒 7 进 1
4. 马八进七　马 2 进 3
5. 兵七进一　车 1 进 1
6. 炮八进一　车 9 进 1
7. 炮八平七　车 9 平 6
8. 车九平八　车 6 进 4

9. 兵五进一　车1平4
10. 仕六进五　车6进1
11. 炮七进三　炮2进4
12. 兵五进一　炮5进2
13. 车二进四　马3退5
14. 兵七进一　炮2平7
15. 相三进一　象7进5
16. 车八进四　象5进3
17. 车二平六　车4进4
18. 车八平六　马5退7
19. 车六进二　士6进5
20. 炮七平八　前马进6
21. 车六平五　马7进6
22. 车五平一　象3退5
23. 车一进三　士5退6
24. 车一退五　士6进5
25. 兵九进一　炮7平8
26. 车一平二　车6平7
27. 马七进八　卒7进1
28. 车二进五　士5退6
29. 马八进七　炮5进1
30. 车二退二　士4进5
31. 马三退二　车7平3

第49局　蒋川 胜 邱东

1. 炮二平五　炮8平5
2. 马二进三　马8进7
3. 车一平二　卒7进1
4. 马八进七　马2进3
5. 兵七进一　车1进1
6. 炮八进一　车9进1
7. 炮八平七　车1平6
8. 兵七进一　车6进3
9. 兵七平六　车9平3
10. 兵六进一　卒3进1
11. 车二进四　车6平4
12. 炮七进四　车3进1
13. 兵六平七　车3平4
14. 车九平八　炮5退1
15. 车八进四　炮5平3
16. 车八平六　前车进1
17. 车二平六　车4进3
18. 马七进六　炮3平5
19. 马六进五　马7进6
20. 马五退七　炮2平7
21. 炮五进六　士6进5
22. 相三进五　马6进4
23. 兵七平八　马4进6
24. 马七进五　炮7进4
25. 仕六进五　卒1进1
26. 帅五平六　象7进5
27. 马五退六　马6进7
28. 兵五进一　炮7平8
29. 兵五进一　马7退9
30. 马六进四　士5进4

31. 兵五进一　炮8退5　32. 兵八平七　炮8平1
33. 相五退三　马9进7　34. 相七进五　卒9进1
35. 兵七进一　炮1平4　36. 兵五平六　士4退5
37. 兵六平五　象5退7　38. 兵七进一　炮4进1
39. 兵五平四　象3进5　40. 兵七平六　象5进3
41. 兵四平三　炮4平6　42. 马四进六　炮6进4
43. 兵三进一　炮6平4　44. 马六退五　士5进4
45. 兵六平七　象7进5　46. 兵三进一　士4进5
47. 兵三平四　炮4平6　48. 兵七平六　士5进6
49. 马五进四　炮6平4　50. 兵六平七　将5平4
51. 马三进四　炮4平3　52. 兵七平八　马7退6
53. 后马进六　士4退5　54. 仕五进四　炮3平5
55. 仕四进五　炮5退2　56. 兵八平七　马6退8
57. 帅六平五　马8退7　58. 兵四平三　炮5平6
59. 马六退五　炮6进1　60. 马五进七　炮6退1
61. 马七进五　将4平5　62. 兵七平六　将5平6
63. 相三进一　将6平5　64. 马五退四　炮6进1
65. 后马进二　马7退9　66. 兵三平四　士5进4
67. 马二进一　马9退8　68. 兵四平三　马8进9
69. 兵三平四　马9退8　70. 兵四平三　士6退5
71. 马一进二　炮6平4　72. 兵六平七　炮4退2
73. 马四进二　炮4平9　74. 兵七平六　炮9退2
75. 后马退四　炮9进5　76. 马四退二　卒9进1
77. 相一进三　炮9平8　78. 后马进一　炮8退4
79. 马一进二　炮8退2　80. 兵三平四

第50局　徐健秒 和 张强

1. 炮二平五　炮8平5　2. 马二进三　马8进7
3. 车一平二　卒7进1　4. 马八进七　马2进3

5. 兵七进一 车1进1
6. 炮八进一 车9进1
7. 炮八平七 车9平6
8. 车九平八 车6进4
9. 车八进四 卒3进1
10. 炮七进二 象3进1
11. 炮七进一 车1平4
12. 车二进六 车4进2
13. 兵七进一 车6进2
14. 车二平三 象1进3
15. 仕六进五 车6平7
16. 马七进六 炮5进4
17. 马六进四 炮5退2
18. 马四退五 炮5进3
19. 相三进五 车7平8
20. 车八进三 马7退5
21. 车八退一 卒5进1
22. 车三平六 马5进4
23. 炮七平一 卒5进1
24. 车八平六 卒5进1
25. 车六平七 卒5进1
26. 相七进五 马3退1
27. 车七退一 车8平5
28. 车七平三 马1进3
29. 兵三进一 车5退1
30. 车三平七 马3进5
31. 车七退一 车5平9
32. 炮一平二 车9平8
33. 炮二平三 马5退6
34. 车七平五 士4进5
35. 炮三退一 车8平1
36. 车五进三 将5平4
37. 炮三平六 车1平4
38. 车五平六 将4平5
39. 车六退一 马6进5

第51局 侯太玲 胜 伍霞

1. 炮二平五 炮8平5
2. 马二进三 马8进7
3. 车一平二 卒7进1
4. 马八进七 马2进3
5. 兵七进一 车1进1
6. 车二进四 车9进1
7. 车九进一 车1平4
8. 兵三进一 卒7进1
9. 车二平三 炮5退1
10. 车三平六 炮5进1
11. 车九平六 车4进4
12. 车六进三 车9平6
13. 马三进四 马7进6
14. 车六进一 马6退7
15. 车六退一 马7进6
16. 车六进一 马6退7
17. 车六退一 卒5进1
18. 马四进六 马7进5

19. 马六进七　马5退3　　20. 车六进二　炮2进4
21. 炮五进三　士6进5　　22. 相七进五　车6进3
23. 炮五退一　车6平5　　24. 车六平七　炮2平3
25. 车七平八　车5退1　　26. 车八平五　马3进5
27. 炮五进三　象7进5　　28. 兵一进一　马5进7
29. 炮八平九　马7进9　　30. 炮九进四

第52局　李鸿嘉 和 阎文清

1. 炮二平五　炮8平5　　2. 马二进三　马8进7
3. 车一平二　卒7进1　　4. 马八进七　马2进3
5. 兵七进一　车1进1　　6. 车二进四　车9进1
7. 炮八进二　车9平8　　8. 车二进四　车1平8
9. 车九进一　车8平4　　10. 马七进六　卒3进1
11. 车九平七　炮2平1　　12. 马六进七　车4平2
13. 炮八平九　炮1进3　　14. 兵九进一　卒3进1
15. 马七进五　象7进5　　16. 车七进三　马3进4
17. 车七平六　车2进3　　18. 兵三进一　马4退6
19. 车六平四　马6进8　　20. 炮五平九　卒7进1
21. 车四平三　马7进6　　22. 仕四进五　卒9进1
23. 炮九平五　马8退7　　24. 炮五平九　马7进8
25. 炮九平五　马8退7　　26. 炮五平九　马7进8
27. 炮九进四　车2平5　　28. 相三进五　马6进5

第53局　徐天红 和 邱东

1. 炮二平五　炮8平5　　2. 马二进三　马8进7
3. 车一平二　卒7进1　　4. 马八进七　马2进3
5. 兵七进一　车1进1　　6. 车二进四　车9进1
7. 炮八进二　车9平8　　8. 车二进四　车1平8

9. 马七进六　卒3进1
10. 兵七进一　车8平4
11. 马六进七　车4进4
12. 兵七平八　车4平3
13. 炮八进三　车3退2
14. 炮八平五　象7进5
15. 车九平八　马7进6
16. 兵八进一　车3平4
17. 炮五平九　车4进3
18. 兵八平七　马3退5
19. 炮九进四　马5进7
20. 车八进四　车4平1
21. 兵七平八　马6进5
22. 马三进五　车1平5
23. 相三进五　车5平7
24. 兵一进一　卒7进1
25. 相五进三　车7平6
26. 仕六进五　士6进5
27. 相三退一　车6退2
28. 相七进五　车6平7
29. 兵八进一　卒9进1
30. 炮九退二　卒9进1
31. 车八平一　车7平3
32. 兵八进一　马7进6
33. 相一退三　马6进7
34. 车一进五　士5退6
35. 炮九进五　车3平2
36. 车一退一　马7退5
37. 炮九平八　车2平1
38. 相五退七　车1退4
39. 车一进一　车1平2
40. 兵八进一　马5退3
41. 车一退二　士4进5
42. 车一平二　马3退4
43. 帅五平六　马4进3
44. 相三进五　马3退4
45. 相五进七　马4进3
46. 车二退二　象3进1
47. 车二平六　马3退4
48. 车六进一　卒5进1
49. 仕五进四　象1进3
50. 车六平九　象5退7

第54局　玉思源 负 伍霞

1. 炮二平五　炮8平5
2. 马二进三　马8进7
3. 车一平二　卒7进1
4. 马八进七　马2进3
5. 兵七进一　车1进1
6. 车二进四　车1平4
7. 车二平六　车9进1
8. 车九进一　马7进6
9. 车六平四　车4进3
10. 兵五进一　马6退7
11. 兵三进一　卒7进1
12. 车四平三　炮5退1

13. 兵五进一　卒5进1　14. 炮五进六　车9平5
15. 车三平六　车4进1　16. 马七进六　车5平4
17. 炮八平五　士6进5　18. 马六进七　车4进2
19. 车九平八　车4平3　20. 车八进六　车3进2
21. 马三进五　车3退1　22. 马五进三　马7进5
23. 马三进四　卒5进1　24. 车八退一　卒5平4
25. 车八退三　车3平6　26. 马四进三　车6退3
27. 马三退二　车6进2　28. 马二进三　车6退2
29. 马三退二　车6进2　30. 马二进三　车6退2
31. 马三退二　卒4平5　32. 车八平三　象7进9
33. 车三进五　车6平7　34. 马二进三　将5平6
35. 炮五进四　马3进5　36. 马三退一　马5进6
37. 马一进二　马6退8　38. 兵一进一　卒1进1
39. 相七进五　卒5进1　40. 仕六进五　卒5平4
41. 帅五平六　卒4平3　42. 帅六平五　卒3平2
43. 帅五平六　卒2平1　44. 帅六平五　前卒平2
45. 帅五平六　象3进5　46. 帅六平五　卒2平3
47. 仕五进四

第55局　尚威　和　苗利明

1. 炮二平五　炮8平5　2. 马二进三　马8进7
3. 车一平二　卒7进1　4. 马八进七　马2进3
5. 兵七进一　车1进1　6. 车二进四　车1平4
7. 兵三进一　车4进3　8. 兵三进一　车4平7
9. 炮五退一　马7进6　10. 车二退二　马6进7
11. 炮五平三　炮5平7　12. 相七进五　卒3进1
13. 兵七进一　车7平3　14. 马七进六　马7退8
15. 车九平七　车3进5　16. 相五退七　马8退9
17. 马三进四　象7进5　18. 相三进五　车9平8

19. 车二进七　马9退8　**20.** 炮八进四　卒9进1
21. 炮八平七　炮2退1　**22.** 炮三平七　马8进6
23. 马四进六　马3退1　**24.** 后炮平九　炮7进1
25. 前马进四　马6进8　**26.** 马四进三　马8退6
27. 马三退二　炮7平3　**28.** 马六进七　炮2平3
29. 马七退六　马1进3　**30.** 炮九平一　马6进8
31. 炮一进四　炮3平8　**32.** 马六进四　象5进7
33. 炮一进四　士6进5　**34.** 炮一平二　马8进6
35. 兵一进一　马3进4　**36.** 仕六进五　炮8进1
37. 兵一进一　卒5进1　**38.** 兵一进一　炮8平5
39. 马二进一　马6退7　**40.** 兵一平二　炮5进4
41. 马四退五　马4进5　**42.** 兵二进一　马5退6
43. 兵二平三　马7进5　**44.** 兵三平四　马5进3
45. 兵四进一　象7退9　**46.** 马一进三　士5退6
47. 马三退四　士6进5　**48.** 马四进二　士5进4
49. 马二进四　象9退7　**50.** 兵四平三　将5进1
51. 仕五进四　卒5进1　**52.** 炮二退八　将5退1
53. 炮二进八　将5进1　**54.** 炮二退八　将5退1

第二章　红跳肋马对右炮过河

第56局　黄海林 和 阎文清

1. 炮二平五　炮8平5　　2. 马二进三　马8进7
3. 车一平二　卒7进1　　4. 马八进七　马2进3
5. 兵七进一　炮2进4　　6. 马七进六　炮2平7
7. 车九平八　车9进1　　8. 炮八平七　车9平4
9. 马六进七　车4进2　　10. 相三进一　车1平2
11. 车八进九　马3退2　　12. 车二进四　炮5平3
13. 马七退六　炮3进5　　14. 马六退七　象3进5
15. 兵九进一　车4进3　　16. 马七进六　马2进4
17. 仕四进五　炮7退1　　18. 相一进三　车4退1
19. 相三退一　车4平8　　20. 马三进二　马4进3
21. 炮五平九　马3进5　　22. 相七进五　马5进4
23. 炮九进四　马4进3　　24. 帅五平四　马3退5
25. 炮九平一　马7进9　　26. 马二进一　马5退7
27. 帅四平五　马7退6　　28. 兵五进一　士4进5
29. 兵一进一　马6进7　　30. 马一进三　士5进6
31. 兵一进一　马7退5　　32. 马三退四　卒5进1
33. 兵九进一　马5进3　　34. 相一退三　士6进5
35. 兵一平二　马3退1　　36. 相三进五　马1进3
37. 相五退七　马3退1　　38. 兵九平八　卒7进1

第57局　孙浩宇 胜 武俊强

1. 炮二平五　炮8平5　　2. 马二进三　马8进7

3. 车一平二 卒7进1
4. 马八进七 马2进3
5. 兵七进一 炮2进4
6. 马七进六 炮2平7
7. 车九平八 车9进1
8. 炮八平七 车9平4
9. 马六进七 车4进2
10. 相三进一 车1平2
11. 车八进九 马3退2
12. 车二进四 炮5平3
13. 兵九进一 象3进5
14. 马七退六 炮3进5
15. 马六退七 车4进4
16. 马七进八 马2进3
17. 马八进七 士4进5
18. 车二平四 车4退3
19. 车四退一 马7进8
20. 兵五进一 车4平2
21. 车四平七 卒9进1
22. 仕四进五 车2平4
23. 炮五平七 马3退2
24. 兵七进一 车4进1
25. 兵七平八 车4退2
26. 炮七平九 马2进4
27. 马七进六 车4退2
28. 炮九进四 车4进4
29. 兵九进一 车4平5
30. 炮九进三 士5进4
31. 兵九进一 车5退1
32. 车七平八 车5进1
33. 兵八进一 车5平3
34. 兵八进一 车3退2
35. 兵九进一 卒5进1
36. 兵八进一 士6进5
37. 兵八平九 将5平6
38. 车八进六 将6进1
39. 车八退五 炮7平1
40. 车八平九 炮1平2
41. 车九平四 士5进6
42. 前兵平八 马8退7
43. 帅五平四 士4退5
44. 炮九退一 将6退1
45. 炮九平五 将6平5
46. 炮五退三 士6退5
47. 车四平八 炮2平4
48. 马三进四 炮4退6
49. 炮五平一 象5进3
50. 炮一进四 象7进5
51. 炮一平六 士5退4
52. 兵九进一 车3平9
53. 马四退三 车9平6
54. 帅四平五 车6进3
55. 兵八平七 车6平7
56. 兵七平六 车7平4
57. 兵六进一 车4退6
58. 马三进四 车4进1
59. 车八进五 将5进1
60. 车八退三 车4平1
61. 车八平三 车1进5
62. 马四进二 将5退1

63. 车三进一　车1平8　　64. 车三平二　象5退7
65. 相七进五　象3退5　　66. 兵一进一　车8退1
67. 兵一进一　车8平9　　68. 车二平四　车9退1
69. 马二进三　将5平4　　70. 车四进二　将4进1
71. 车四退一　将4退1　　72. 马三退五

第58局　黄海林 和 李少庚

1. 炮二平五　炮8平5　　2. 马二进三　马8进7
3. 车一平二　卒7进1　　4. 马八进七　马2进3
5. 兵七进一　炮2进4　　6. 马七进六　炮2平7
7. 车九平八　车9进1　　8. 炮八平七　车9平4
9. 马六进七　车4进2　　10. 相三进一　炮7平1
11. 车二进四　车1平2　　12. 车八进九　马3退2
13. 车二平六　车4进2　　14. 马七退六　象3进1
15. 马六进五　马7进5　　16. 炮五进四　士6进5
17. 马三进四　马2进4　　18. 炮五退一　炮1平9
19. 仕四进五　炮9退2　　20. 炮五退一　马4进2
21. 炮七平二　炮5进2　　22. 炮二进七　象7进9
23. 炮二退三　将5平6　　24. 炮五平六　马2进4
25. 炮六进一　炮5退2　　26. 炮二平九　炮9平4
27. 马四进六　卒9进1　　28. 相七进九　炮5平4
29. 马六进四　马4进6　　30. 兵五进一　马6进7
31. 相一退三　炮4进4　　32. 仕五进四　卒9进1
33. 仕六进五　士5进6　　34. 兵五进一　士4进5
35. 炮九平八　卒9平8　　36. 兵七进一　卒7进1
37. 兵七进一　卒7平6　　38. 炮八退二　卒8平7
39. 相九进七　炮4平5　　40. 帅五平六　马7退5
41. 马四退二　炮5退2　　42. 马二进一　马5进3
43. 相三进五　马3进2　　44. 帅六平五　炮5进1

45. 炮八退二 卒6进1
46. 帅五平四 卒7进1
47. 马一退二 炮5退1
48. 马二进四 炮5平6
49. 帅四平五 炮6平5
50. 马四退五 卒7进1
51. 帅五平四 卒7平6
52. 仕五进四 炮5平6
53. 帅四进一 马2退4
54. 马五退六 炮6进3
55. 马六退七 炮6平2
56. 马七进八 象1进3
57. 马八进六 象3退1
58. 马六进五 卒6平5
59. 相五退七 象1退3
60. 相七退九 象3进1
61. 兵七平六 象1退3
62. 兵六平五 象3进1
63. 兵五平四 将6平5
64. 马五退七 卒5平6
65. 帅四平五 将5平4
66. 马七进五 卒6平5
67. 兵四平五 象1退3
68. 兵五平六 象3进5
69. 兵六平七 象5退7
70. 兵七进一 将4平5
71. 帅五平四 将5平6
72. 兵七进一 象7进5
73. 兵七平六 士5退4
74. 马五进七 卒5平6
75. 马七进五 士6退5
76. 马五退三 卒6进1
77. 帅四平五 卒6进1
78. 帅五进一 卒6平7
79. 马三退四 卒7平8
80. 马四退二 卒8进1
81. 马二进一 卒8平9
82. 帅五退一 卒9平8
83. 相七进五 卒8平9
84. 相五退三 卒9平8
85. 相三进一 卒8平9
86. 马一进三 卒9平8
87. 马三退四 卒8平9
88. 马四进三 卒9平8
89. 马三进五 将6进1
90. 马五退三 将6退1
91. 马三退四 卒8平9
92. 帅五平四 卒9平8

第59局 汪洋 胜 李少庚

1. 炮二平五 炮8平5
2. 马二进三 马8进7
3. 车一平二 卒7进1
4. 马八进七 马2进3
5. 兵七进一 炮2进4
6. 马七进六 炮2平7

7. 车九平八　车9进1　8. 炮五平七　车1平2
9. 相三进五　车9平4　10. 车二进四　车2进6
11. 仕四进五　车2平4　12. 马六进七　炮5平6
13. 炮八进四　后车进3　14. 马七退八　后车平2
15. 炮八平七　象3进5　16. 兵七进一　车2平3
17. 马八退六　炮7平4　18. 车八进二　车3退1
19. 车二平六　卒7进1　20. 车六退一　卒7进1
21. 马三退二　卒5进1　22. 炮七进五　炮6平3
23. 车八平六　士6进5　24. 前车进三　车3进5
25. 马二进四　马7进8　26. 后车进二　卒7平6
27. 后车平二　炮3进2　28. 车六平五　卒6进1
29. 马四进二　卒6平5　30. 相七进五　车3平4
31. 仕五进四　马8退9　32. 车二进二

第60局　黄海林　和　杨德琪

1. 炮二平五　炮8平5　2. 马二进三　马8进7
3. 车一平二　卒7进1　4. 马八进七　马2进3
5. 兵七进一　炮2进4　6. 马七进六　炮2平7
7. 车九平八　车9进1　8. 炮八平七　车9平4
9. 马六进七　车4进2　10. 相三进一　车1平2
11. 车八进九　马3退2　12. 车二进四　炮5平3
13. 马七退六　炮3进5　14. 马六退七　象3进5
15. 兵九进一　车4进3　16. 马七进六　马2进4
17. 仕六进五　士4进5　18. 车二平四　炮7平8
19. 车四平二　炮8平7　20. 兵一进一　炮7退1
21. 相一进三　车4退1　22. 相三退一　车4进1
23. 车二平四　车4平3　24. 马三进二　车3平5
25. 马二进三　马4进3　26. 车四进四　卒5进1
27. 兵七进一　象5进3　28. 车四退二　马3退2

29. 车四平六　卒 5 进 1	**30.** 马三退五　马 7 进 6
31. 车六平八　马 2 退 4	**32.** 车八平九　马 6 进 7
33. 相一退三　马 7 退 9	**34.** 车九平一　马 9 进 8

第 61 局　汤卓光 和 张江

1. 炮二平五　炮 8 平 5	**2.** 马二进三　马 8 进 7
3. 车一平二　卒 7 进 1	**4.** 马八进七　马 2 进 3
5. 兵七进一　炮 2 进 4	**6.** 马七进六　炮 2 平 7
7. 车九平八　车 9 进 1	**8.** 炮八平七　车 9 平 4
9. 马六进七　车 4 进 2	**10.** 相三进一　车 1 平 2
11. 车八进九　马 3 退 2	**12.** 车二进四　炮 5 平 3
13. 马七退六　炮 3 进 5	**14.** 马六退七　象 3 进 5
15. 兵九进一　车 4 进 3	**16.** 马七进六　马 2 进 3
17. 马六进七　士 4 进 5	**18.** 仕四进五　车 4 退 2
19. 马三退二　马 7 进 6	**20.** 马二进四　卒 7 进 1
21. 车二平三　炮 7 平 8	**22.** 车三平四　炮 8 退 3
23. 马七进九　炮 8 平 6	**24.** 马九进七　将 5 平 4
25. 炮五平六　车 4 进 3	**26.** 车四进一　车 4 退 6
27. 车四进一　车 4 平 3	**28.** 车四平一　车 3 平 4
29. 马四进二　车 4 进 5	**30.** 马二进三　车 4 平 1
31. 车一退一　车 1 退 1	**32.** 兵七进一　车 1 平 3
33. 兵七平八　车 3 平 2	**34.** 兵八平七　车 2 平 3
35. 兵七平八　车 3 平 2	**36.** 兵八平七　车 2 平 3
37. 兵七平八　车 3 平 4	**38.** 兵八进一　马 3 进 4
39. 兵八平九　车 4 进 1	**40.** 马三退四　车 4 退 1
41. 车一进一　马 4 退 3	**42.** 兵九平八　车 4 退 2
43. 兵八进一　马 3 进 4	**44.** 马四进三　车 4 退 1
45. 兵八进一　车 4 退 1	**46.** 兵八进一　车 4 进 2
47. 车一退一　马 4 退 2	**48.** 车一平九　马 2 退 4

49. 兵一进一　车4平2　　50. 车九进四　卒5进1
51. 兵一进一　车2平5　　52. 车九退五　马4进3
53. 车九平七　卒5进1　　54. 兵五进一　马3进5
55. 车七平六　将4平5　　56. 兵一平二　马5退6
57. 马三进二　马6退8　　58. 马二退四　马8进6
59. 马四进六　车5平4　　60. 车六进二　马6进8
61. 仕五进四　马8进7　　62. 帅五进一　马7退5
63. 车六平七　马5退3　　64. 帅五平六　士5进4
65. 相七进九　士6进5　　66. 相九进七　将5平6
67. 兵八平七　将6平5　　68. 仕四退五　将5平6
69. 仕五退四　将6平5　　70. 帅六平五　将5平6
71. 相一退三　象7进9

第62局　张江 和 陶汉明

1. 炮二平五　炮8平5　　2. 马二进三　马8进7
3. 车一平二　马2进3　　4. 马八进七　卒7进1
5. 兵七进一　炮2进4　　6. 马七进六　炮2平7
7. 车九平八　车9进1　　8. 炮八平七　车9平4
9. 马六进七　车4进2　　10. 相三进一　车1平2
11. 车八进九　马3退2　　12. 车二进四　炮5平3
13. 马七退六　炮3进5　　14. 马六退七　象3进5
15. 兵九进一　车4进1　　16. 车二平四　马2进4
17. 仕四进五　车4平6　　18. 车四平六　马4进2
19. 车六平二　车6平4　　20. 马七进六　士4进5
21. 车二平四　卒1进1　　22. 炮五平六　卒7进1
23. 车四平三　车4平7　　24. 车三进一　象5进7
25. 兵九进一　马2进1　　26. 兵七进一　象7退5
27. 兵七平八　马1进2　　28. 马六退八　炮7平2
29. 炮六平五　马7进6　　30. 炮五进四　马6进4

31. 炮五平八 炮2退3
32. 兵八进一 马4退5
33. 马三进二 马5进7
34. 马二进四 卒9进1
35. 马四退三 马7进6
36. 兵五进一 将5平4
37. 马三进二 马6进8
38. 马二退三 马8退6
39. 兵八平七 将4进1
40. 帅五平四 将4退1
41. 马三进四 马6退7
42. 马四退三 马7进6
43. 兵七平六 将4进1
44. 兵六平五 将4退1
45. 前兵平四 将4进1
46. 兵四平三 将4退1
47. 兵三进一 象5退3
48. 兵三进一 象7进5
49. 兵三平四 象5进7
50. 仕五进四 象3进5
51. 帅四平五 象5退3
52. 帅五进一 象7退5
53. 相七进九 象5进7
54. 马三进四 马6退8
55. 马四进三 马8进7
56. 马三退二 马7退6
57. 相一进三 象3进5
58. 相九退七 将4进1
59. 兵四平三 将4退1
60. 相七进五 将4进1
61. 相五退三 将4退1
62. 相三进一 将4进1
63. 兵三平四 将4退1
64. 帅五退一 将4进1
65. 仕六进五 将4退1
66. 马二进三 马6进7
67. 马三退五 马7退9
68. 马五进七 将4进1

第63局 孙树成 负 陈信安

1. 炮二平五 炮8平5
2. 马二进三 马8进7
3. 车一平二 卒7进1
4. 马八进七 马2进3
5. 兵七进一 炮2进4
6. 马七进六 炮2平7
7. 车九平八 车9进1
8. 炮八平七 车9平4
9. 马六进七 车4进2
10. 仕四进五 车1平2
11. 车八进九 马3退2
12. 兵九进一 马2进1
13. 马七退八 车4平2
14. 马八退九 车2进1
15. 相三进一 士4进5
16. 车二进四 炮5平4

17. 车二平四　炮7平8
18. 炮七进七　炮4平3
19. 车四平二　炮8平7
20. 炮五平七　炮3退1
21. 兵七进一　车2退4
22. 后炮进六　马1退3
23. 炮七平四　士5退6
24. 马九进八　马3进5
25. 相七进五　车2进3
26. 车二平七　马7进6
27. 车七平四　马6退7
28. 马三退二　士6进5
29. 马二进四　炮7平8
30. 车四平二　炮8平6
31. 马四进二　炮6退6
32. 马八进六　马7进6
33. 马二进四　车2进3
34. 马四进三　象7进9
35. 车二进二　马5退7
36. 车二进二　象9进7
37. 车二平三　马6进4
38. 相五进七　马4进6
39. 仕五进四　炮6进7
40. 车三进一　士5退6
41. 车三退三　炮6平1
42. 车三平五　士6进5
43. 帅五平四　炮1进2
44. 帅四进一　车2进2
45. 帅四进一　车2退1
46. 帅四退一　马6进8
47. 帅四平五　车2进1
48. 帅五进一　马8进6
49. 马六进四　马6进4
50. 帅五平六　马4退6
51. 帅六平五　车2平4

第64局　郭莉萍 和 刚秋英

1. 炮二平五　炮8平5
2. 马二进三　马8进7
3. 车一平二　卒7进1
4. 马八进七　马2进3
5. 兵七进一　炮2进4
6. 马七进六　炮2平7
7. 炮八平七　车1平2
8. 马六进七　炮5平4
9. 仕四进五　士4进5
10. 兵七进一　车2进6
11. 炮七进二　炮4进4
12. 相七进九　卒7进1
13. 兵五进一　象3进5
14. 兵七平六　炮4平3
15. 炮七平三　炮3进2
16. 车九平七　车2平3
17. 兵六进一　马7进6
18. 兵五进一　卒5进1

19.	炮三平七	炮7退4	20.	炮七退三	卒5进1
21.	炮七平六	车3平7	22.	马七进九	马6退4
23.	车七进六	马3退4	24.	车七平六	炮7平1
25.	炮六进八	士5退4	26.	车二进二	车9进1
27.	炮五平六	车9平7	28.	相三进五	炮1进4
29.	车六平九	炮1平2	30.	车九平五	卒5平4
31.	车五平八	炮2平3	32.	车八平六	卒4平5
33.	车六平七	炮3退2	34.	车二进四	卒5进1
35.	相九退七	卒5平4	36.	炮六平九	后车平1
37.	车二平三	炮3平7	38.	车七退二	卒9进1
39.	马三退四	车1进3	40.	车七平四	士4进5
41.	兵一进一	卒9进1	42.	车四平一	卒4平5
43.	车一平八	卒5进1	44.	马四进五	车7进3
45.	仕五退四	车7平8	46.	马五进三	炮7平5
47.	车三平六	象5退3	48.	帅五进一	车8退3
49.	车八退一	炮5退2	50.	车八平七	士5退4
51.	帅五平六	士6进5	52.	炮九平七	象3进1
53.	炮七平五	车1平5	54.	炮五平八	炮5平4
55.	车六平三	象7进5	56.	炮八平五	车8平7
57.	炮五进五	车5退2	58.	车三退三	炮4退1
59.	仕六进五	车5平4	60.	仕五进六	车4平3
61.	帅六平五	车3平5	62.	帅五平四	车5平6
63.	帅四平五	车6平5	64.	帅五平四	士5退6
65.	车三平四	士4进5	66.	车七进五	炮4退1
67.	车七退五	炮4平3	68.	车四平五	车5进4
69.	车七平五	炮3进2	70.	车五平九	炮3平4

第65局　万春林 胜 申鹏

1.	炮二平五	炮8平5	2.	马二进三	马8进7

3. 车一平二　卒7进1　4. 马八进七　马2进3
5. 兵七进一　炮2进4　6. 马七进六　炮2平7
7. 车九平八　车1平2　8. 炮八进四　车9进1
9. 炮八平五　马3进5　10. 车八进九　马5进4
11. 炮五进五　象7进5　12. 兵五进一　车9平6
13. 车八退六　卒7进1　14. 仕四进五　车6进4
15. 车八平五　马7进6　16. 相三进五　马4进3
17. 车五平七　马6进4　18. 相五进三　车6平7
19. 兵九进一　炮7平6　20. 车七平四　车7进2
21. 车二平四　士4进5　22. 前车平七　车7退2
23. 兵五进一　马3进1　24. 兵五平六　卒9进1
25. 车四进二　车7进4　26. 仕五退四　车7退5
27. 兵六进一　车7退1　28. 兵六平七　车7平3
29. 车四平六　马4进3　30. 仕四进五　车3平2
31. 兵七进一　象5进3　32. 车七进二　象3进5
33. 车七退二　车2进1　34. 车六平五　车2平3
35. 车七进二　象5进3　36. 车五进三　马1退2
37. 车五平一　马3退5　38. 车一平三　象3退5
39. 车三退二　马2进3　40. 帅五平四　马5退4
41. 兵一进一　马4退2　42. 车三平九　马2退4
43. 相七进九　象5退7　44. 相九退七　马4进3
45. 车九平三　后马进1　46. 车三进六　马1退3
47. 车三退五　卒1进1　48. 车三平七　前马退4
49. 兵一进一　卒1进1　50. 兵一平二　卒1平2
51. 车七平六　卒2进1　52. 兵二平三　卒2平3
53. 兵三平四　马3退4　54. 仕五进六　前马进6
55. 仕六进五　马6退8　56. 车六平三　马8退9
57. 车三退一　卒3进1　58. 相七进五　卒3进1
59. 仕五进四　马4进3　60. 车三平七　马3进5
61. 车七退二　马5进6　62. 车七进二

第66局 陶汉明 和 吕钦

1. 炮二平五 炮8平5
2. 马二进三 马8进7
3. 车一平二 卒7进1
4. 马八进七 马2进3
5. 兵七进一 炮2进4
6. 马七进六 炮2平7
7. 车九平八 车1平2
8. 炮八进四 车9进1
9. 马六进五 车2进3
10. 车八进六 马3进5
11. 兵五进一 马5进6
12. 炮五进五 象7进5
13. 车二进二 车9平4
14. 车八退三 卒7进1
15. 相七进五 车4进4
16. 相五进三 车4平5
17. 仕四进五 马6进7
18. 车八平三 前马退5
19. 相三退五 马7进6
20. 车三进三 卒9进1
21. 车三平七 卒9进1

第67局 郑乃东 胜 许银川

1. 炮二平五 炮8平5
2. 马二进三 马8进7
3. 车一平二 卒7进1
4. 马八进七 马2进3
5. 兵七进一 炮2进4
6. 马七进六 炮2平7
7. 车九平八 车1平2
8. 炮八进四 车9进1
9. 马六进五 车2进3
10. 车八进六 马3进5
11. 仕四进五 车9平6
12. 兵五进一 卒7进1
13. 车八退三 车6进7
14. 相三进一 马5进6
15. 炮五进五 象3进5
16. 车二平四 车6平7
17. 相一进三 马7进8
18. 车八平四 车7退1
19. 后车平二 马8退7
20. 车四进一 炮7平5
21. 帅五平四 炮5平2
22. 兵五进一 士4进5
23. 相三退五 炮2退4
24. 车四平三 车7平9
25. 车二进三 卒9进1
26. 车二平八 炮2平4

27. 车三进二　车9进2　28. 相五退三　卒9进1
29. 车八进六　士5退4　30. 兵五平六　士6进5
31. 车八退二　象5进7　32. 车三退一　马7退6
33. 兵一进一　车9退4　34. 相七进五　象7进9
35. 车三进一　车9平6　36. 帅四平五　炮4平6
37. 车三平七　象9进7　38. 车八退一　卒1进1
39. 车七平四　车6平8　40. 车八平九　炮6平9
41. 车四平一　炮9平2　42. 车一平八　炮2平9
43. 车九退一　马6进8　44. 车九进一　马8进6
45. 车八平一　炮9平8　46. 车九平四　炮8退2
47. 兵九进一　车8平4　48. 兵六平七　炮8平6
49. 车四平五　车4平8　50. 兵九进一　车8退3
51. 前兵平六　象7退9　52. 兵七进一

第68局　吴贵临 和 陶汉明

1. 炮二平五　炮8平5　2. 马二进三　马8进7
3. 车一平二　卒7进1　4. 马八进七　马2进3
5. 兵七进一　炮2进4　6. 马七进六　炮2平7
7. 炮八平七　车1平2　8. 马六进七　炮5平4
9. 兵七进一　车2进6　10. 炮七进二　炮4进5
11. 马三退五　车9进1　12. 车九进二　车9平4
13. 车二进四　炮4平2　14. 兵七平六　车4进3
15. 马七退六　马3进2　16. 炮七进一　车2平3
17. 车九平八　车3退2　18. 炮五平六　车4平5
19. 车八进二　象7进5　20. 车二退一　炮7退1
21. 马六进八　车5平4　22. 炮六平三　车4进4
23. 马五进四　马7进6　24. 仕四进五　马6进4
25. 车八退二　车3平2　26. 车八进三　马4退2
27. 相三进五　炮7平6　28. 车二进三　马2进4

29. 车二平四 卒7进1
30. 马四退二 马4进5
31. 马二进三 炮6平3
32. 马三进二 士4进5
33. 车四退二 炮3退2
34. 马二进三 将5平4
35. 车四平七 炮3进1
36. 炮三平四 炮3平5
37. 车七退二 马5退3
38. 炮四平六 卒1进1
39. 兵一进一 士5进6
40. 马三退二 士6退5
41. 马二进三 士5进6
42. 马三退二 士6退5
43. 马二进三 士5进6

第69局 张晓平 负 胡荣华

1. 炮二平五 炮8平5
2. 马二进三 马8进7
3. 车一平二 卒7进1
4. 马八进七 马2进3
5. 兵七进一 炮2进4
6. 马七进六 炮2平7
7. 炮八平七 车1平2
8. 马六进七 炮5平4
9. 兵七进一 车2进6
10. 相七进九 车9平8
11. 兵七平六 车8进9
12. 马三退二 马3退1
13. 车九平七 士6进5
14. 仕六进五 车2平5
15. 兵六进一 炮4平6
16. 马七退六 卒5进1
17. 兵六平七 卒5进1
18. 马六进八 马7进6
19. 炮七进三 卒5平4
20. 炮七平三 象7进5
21. 炮三退一 炮6平7
22. 炮五平六 车5退1
23. 炮三进二 前炮退2
24. 马八进六 马6退4
25. 炮六进四 车5退2
26. 炮六平九 前炮平3
27. 相三进五 车5平3
28. 炮三退二 车3平1
29. 车七进三 车1平8
30. 马二进四 马1进2
31. 车七平四 卒4平5

第70局 曾东平 负 许银川

1. 炮二平五 炮8平5
2. 马二进三 马8进7
3. 车一平二 卒7进1
4. 马八进七 马2进3
5. 兵七进一 炮2进4
6. 马七进六 炮2平7
7. 炮八平七 车1平2
8. 马六进七 炮5平4
9. 兵七进一 车2进6
10. 相七进九 车2平3
11. 车九平七 车3退2
12. 炮七进二 象7进5
13. 炮五平七 车3平6
14. 前炮进三 车6进3
15. 马三退一 车6退1
16. 兵五进一 车9进1
17. 仕四进五 车9平6
18. 后炮进一 炮7退1
19. 相三进五 炮7进3
20. 车七进二 炮4进6
21. 前炮平三 炮7退6
22. 马一退三 炮4退6
23. 兵五进一 炮7进1
24. 马七退六 前车平4
25. 马六进五 车4平5
26. 炮七进三 炮7平3
27. 车七进四 车5进1
28. 兵五平六 车5平1
29. 车二进二 车1退1
30. 车二平五 车6进7
31. 马五退七 士6进5
32. 马三进二 车6退3
33. 车七平九 炮4平2
34. 车九平八 炮2平1
35. 马七进八 车1平4
36. 马八进九 车4平3
37. 车五平九 炮1进3
38. 车九平四 炮1进4
39. 车八退六 车6平1
40. 马九退八 士5进4
41. 车四平八 车3平5
42. 马八退六 士4进5
43. 马六退四 车5平1
44. 兵六进一 后车平6
45. 前车平四 车6平2
46. 车八平七 炮1平2
47. 马四进三 车1平3
48. 车七平八 车2进4
49. 兵六进一 车3平4
50. 兵六平五 象3进5
51. 车四进六 车4平5
52. 马三进五 车2平3
53. 马二进四 车3退8
54. 车四退二 车3平5

第三章　红跳外肋马对右炮过河

第71局　黄仕清 胜 宇兵

1. 炮二平五　炮8平5
2. 马二进三　马8进7
3. 车一平二　卒7进1
4. 马八进七　马2进3
5. 兵七进一　炮2进4
6. 马七进八　炮2平7
7. 车九进一　车9平8
8. 车二进九　炮7进3
9. 仕四进五　马7退8
10. 车九平六　士4进5
11. 车六进三　马8进7
12. 炮八平七　车1平2
13. 马八进七　炮5平6
14. 马三进四　车2进6
15. 马四进六　马7进6
16. 车六退二　炮7退2
17. 炮五进四　马3进5
18. 炮七平三　象3进5
19. 兵五进一　马5进6
20. 马六退四　炮6进3
21. 车六进三　炮6平3
22. 车六平四　车2平7
23. 马七进九

第72局　蒋川 和 申鹏

1. 炮二平五　炮8平5
2. 马二进三　马8进7
3. 车一平二　卒7进1
4. 兵七进一　炮2进4
5. 马八进七　马2进3
6. 马七进八　炮2平7
7. 车九进一　车9平8
8. 车二进九　炮7进3
9. 仕四进五　马7退8
10. 车九平六　炮5平9
11. 兵五进一　象3进5
12. 兵五进一　士4进5
13. 兵五进一　马3进5
14. 车六进四　马8进7
15. 车六平五　马5退3
16. 兵七进一　卒3进1

17. 炮八平七　车1进2
18. 车五平七　马7进5
19. 车七进一　马5进4
20. 马八进六　马3退1
21. 炮七平六　马4进5
22. 相七进五　炮7平9
23. 炮六进一　车1平2
24. 炮六平五　后炮平8
25. 车七平二　马1进3
26. 马六进四　炮8平6
27. 马四退五　马3进4
28. 马五进六　马4进5
29. 马六进八　马5进7
30. 马八退六　卒7进1
31. 仕五进四　卒7进1
32. 马六进七　将5平4
33. 车二平六　士5进4
34. 车六平九　象5退3
35. 车九平三　炮6平5
36. 马七退五　象3进5
37. 车三退三　马7进9
38. 帅五进一　卒9进1
39. 帅五平六　卒9进1
40. 车三平六　士6进5
41. 兵一进一　炮9退4
42. 车六平一　炮9平6
43. 车一退二　炮6平2
44. 兵九进一　将4平5
45. 兵九进一　炮2退5
46. 兵九进一　士5退6

第73局　苗利明 胜 陈翀

1. 炮二平五　炮8平5
2. 马二进三　马8进7
3. 车一平二　卒7进1
4. 马八进七　马2进3
5. 兵七进一　炮2进4
6. 马七进八　炮2平7
7. 车九进一　车9平8
8. 车二进九　炮7进3
9. 仕四进五　马7退8
10. 车九平六　炮5平9
11. 车六进三　马8进7
12. 车六平二　象3进5
13. 炮五平七　卒7进1
14. 车二退四　炮7退1
15. 车二平三　卒7进1
16. 马三退一　炮7平8
17. 兵七进一　象5进3
18. 车三进三　马7进6
19. 车三进六　马3退5
20. 车三退四　马5进7
21. 炮七平三　车1进2
22. 马八进六　炮9退2
23. 马六进四　车1平6
24. 炮三进五　车6进1

25. 炮三平七　马6进4　　26. 炮八进七　将5进1
27. 炮八退一　将5退1　　28. 炮七进二　将5进1
29. 车三进三

第74局　蒋凤山 和 宇兵

1. 炮二平五　炮8平5　　2. 马二进三　马8进7
3. 车一平二　卒7进1　　4. 马八进七　马2进3
5. 兵七进一　炮2进4　　6. 马七进八　炮2平7
7. 车九进一　车9平8　　8. 车二进九　炮7进3
9. 仕四进五　马7退8　　10. 车九平六　士4进5
11. 车六进三　马8进7　　12. 马三进四　炮5平6
13. 马四进五　炮6进7　　14. 帅五平四　马3进5
15. 车六进二　马5进6　　16. 马八进七　象3进5
17. 兵七进一　车1平2　　18. 炮八进六　马6进5
19. 相七进五　炮7退3　　20. 兵五进一　马7进8
21. 兵七平八　马8进9　　22. 车六退三　马9进8
23. 帅四平五　车2平3　　24. 兵八进一　车3进2
25. 兵五进一　卒9进1　　26. 炮八进一　卒9进1
27. 仕五退四　卒9平8　　28. 仕六进五　炮7平9
29. 帅五平六　士5进4　　30. 兵五进一　卒7进1
31. 相五进三　卒8平7　　32. 车六进一　炮9进3
33. 帅六进一　炮9退8　　34. 兵五平六　炮9平4
35. 仕五进六　马8进6　　36. 帅六平五　马6退7
37. 帅五退一　炮4平5　　38. 帅五平六　炮5平4
39. 帅六平五　炮4平5　　40. 帅五平六　炮5平4
41. 帅六平五　炮4平5　　42. 帅五平六

第75局　黄仕清 负 宇兵

1. 炮二平五　炮8平5
2. 马二进三　马8进7
3. 车一平二　卒7进1
4. 马八进七　马2进3
5. 兵七进一　炮2进4
6. 马七进八　炮2平7
7. 车九进一　车9平8
8. 车九平四　车8进9
9. 马三退二　车1进1
10. 炮八平七　车1平8
11. 马二进一　炮7平1
12. 炮七进四　车8进4
13. 马八退七　炮1退2
14. 炮七进三　士4进5
15. 相七进九　马7进8
16. 炮五平三　象7进9
17. 马一进三　卒7进1
18. 马三进五　卒5进1
19. 马五进七　车8进2
20. 炮三退一　车8平3
21. 马七进五　车3平4
22. 马五进七　车4退5
23. 车四平八　车4平3
24. 车八进八　炮5进4
25. 炮三平二　卒5进1
26. 兵七进一　车3进2

第76局　万春林 负 刘殿中

1. 炮二平五　炮8平5
2. 马二进三　马8进7
3. 车一平二　卒7进1
4. 马八进七　马2进3
5. 兵七进一　炮2进4
6. 马七进八　炮2平7
7. 车九进一　车9平8
8. 车二进九　炮7进3
9. 仕四进五　马7退8
10. 车九平六　士4进5
11. 车六进三　马8进7
12. 马三进四　炮5平6
13. 马四进五　炮6进7
14. 帅五平四　马3进5
15. 车六平二　炮7退4
16. 兵五进一　马5进6
17. 车二退一　炮7平5
18. 车二平四　卒7进1
19. 马八进七　象3进5
20. 马七退五　马7进6
21. 炮八进三　后马进8
22. 炮八退三　车1平2

23. 炮八平六　马 8 退 7	**24.** 兵七进一　车 2 进 9
25. 炮六进二　卒 7 进 1	**26.** 车四平三　马 6 进 5
27. 相七进五　马 7 进 5	**28.** 车三平五　炮 5 进 2
29. 车五进二　炮 5 平 1	**30.** 车五平四　炮 1 进 2
31. 帅四进一　炮 1 退 1	**32.** 仕五进六　车 2 退 1
33. 帅四退一　炮 1 进 1	**34.** 仕六进五　车 2 进 1
35. 帅四进一　炮 1 退 1	**36.** 仕五退四　车 2 退 4
37. 炮六进二　车 2 平 5	**38.** 车四进一　卒 9 进 1
39. 兵七进一　车 5 进 1	**40.** 兵七进一　车 5 平 3
41. 炮六平七　炮 1 平 2	**42.** 炮七平五　炮 2 退 8
43. 兵七平八　车 3 平 2	**44.** 兵八平七　车 2 退 3
45. 兵七进一　将 5 平 4	**46.** 炮五平七　车 2 进 5
47. 仕四进五　车 2 平 3	**48.** 兵七平八　炮 2 平 3
49. 车四平六　将 4 平 5	**50.** 炮七进二　车 3 平 2
51. 兵八平九　车 2 退 2	**52.** 后兵进一　车 2 平 9
53. 车六平九　车 9 平 6	**54.** 仕五进四　卒 9 进 1
55. 车九平六　卒 9 进 1	**56.** 车六进二　车 6 平 2
57. 前兵进一　卒 9 平 8	**58.** 炮七平八　炮 3 进 4
59. 炮八进一　卒 8 平 7	**60.** 帅四平五　卒 7 平 6
61. 帅五平六　炮 3 退 2	**62.** 仕六退五　炮 3 平 4
63. 帅六退一　车 2 进 3	**64.** 帅六进一　卒 6 平 5
65. 车六平七　卒 5 平 4	**66.** 仕五进六　车 2 退 1
67. 帅六退一　卒 4 进 1	**68.** 帅六平五　士 5 进 6
69. 车七进一　将 5 进 1	**70.** 车七退二　车 2 进 1
71. 帅五进一　车 2 退 1	**72.** 帅五退一　炮 4 进 2
73. 炮八平三　卒 4 平 5	**74.** 车七进一　炮 4 退 3
75. 炮三退九　车 2 平 7	**76.** 炮三平四　车 7 退 3

第77局 廖二平 负 阎文清

1. 炮二平五 炮8平5
2. 马二进三 马8进7
3. 车一平二 卒7进1
4. 马八进七 马2进3
5. 兵七进一 炮2进4
6. 马七进八 炮2平7
7. 车九进一 车9平8
8. 车二进九 炮7进3
9. 仕四进五 马7退8
10. 车九平六 士4进5
11. 车六进三 马8进7
12. 车六平二 炮5平6
13. 车二退四 炮7退1
14. 车二进一 炮7进1
15. 炮五平七 象3进5
16. 相七进五 车1平4
17. 相五退三 车4进6
18. 车二进三 车4平2
19. 兵七进一 车2进1
20. 兵七进一 马3退2
21. 炮七平六 马7进6
22. 马八进六 车2退3
23. 马六进四 马2进1
24. 兵七进一 马1进3
25. 兵七进一 马6进4
26. 马四进二 炮6平7
27. 马三退一 车2平6
28. 炮六平四 炮7退1
29. 兵七进一 士5进4
30. 马一进二 炮7平2
31. 仕五进六 车6进2
32. 前马进一 卒7进1
33. 车二进二 卒7进1
34. 马一退三 炮2平6
35. 炮四平五 卒7平8
36. 炮五进四 马4退5
37. 车二平五 马3进4
38. 车五进一 士6进5
39. 马三退二 车6平7

第78局 徐天红 胜 李来群

1. 炮二平五 炮8平5
2. 马二进三 马8进7
3. 车一平二 卒7进1
4. 马八进七 马2进3
5. 兵七进一 炮2进4
6. 马七进八 炮2平7
7. 车九进一 车9平8
8. 车二进九 炮7进3

9. 仕四进五 马7退8
10. 车九平六 士4进5
11. 车六进三 马8进7
12. 马三进四 马7进6
13. 车六进一 卒7进1
14. 车六平四 卒7平6
15. 车四退一 炮7平9
16. 炮八平七 车1进2
17. 马八进七 车1平2
18. 马七退六 将5平4
19. 马六进四 马3进4
20. 车四平六 车2进4
21. 车六进一

第79局 杨剑 胜 蒋全胜

1. 炮二平五 炮8平5
2. 马二进三 马8进7
3. 车一平二 卒7进1
4. 马八进七 马2进3
5. 兵七进一 炮2进4
6. 马七进八 炮2平7
7. 车九进一 车9平8
8. 车二进九 炮7进3
9. 仕四进五 马7退8
10. 车九平六 士4进5
11. 车六进三 炮5平6
12. 马三进四 马8进7
13. 马四进五 炮6进7
14. 帅五平四 马3进5
15. 炮五进四 马7进5
16. 车六平五 马5退7
17. 车五平四 象3进5
18. 炮八平五 车1平3
19. 车四进四 车3进2
20. 炮五平七 卒3进1
21. 兵五进一 车3平2
22. 马八进七 卒3进1
23. 兵五进一 象5退3
24. 炮七平五 卒7进1
25. 兵五平六 将5平4
26. 车四退二 马7进8
27. 车四平六 士5进4
28. 车六平一 马8进6
29. 车一平四 士6进5
30. 兵六进一 马6进5
31. 相七进五 炮7退3
32. 兵六进一 将4平5
33. 兵六进一 车2平4
34. 车四退三 卒3平4
35. 车四平五 车4平6
36. 帅四平五 车6退1
37. 相五进三

第80局 林益生 胜 李轩

1. 炮二平五 炮8平5
2. 马二进三 马8进7
3. 车一平二 卒7进1
4. 马八进七 马2进3
5. 兵七进一 炮2进4
6. 马七进八 炮2平7
7. 车九进一 车9平8
8. 车二进九 炮7进3
9. 仕四进五 马7退8
10. 车九平六 士4进5
11. 车六进五 炮5平8
12. 车六退二 马8进7
13. 车六平二 炮8平9
14. 车二退四 炮7退1
15. 车二进七 马7进6
16. 兵七进一 象3进5
17. 兵七进一 马3退1
18. 马三进四 炮9进4
19. 炮五进四 炮9退2
20. 马四进六 车1平4
21. 炮五退二 马6进5
22. 炮八平六 车4平2
23. 车二平五 象7进5
24. 马六进五 马5退3
25. 炮六进一 马3进2
26. 马五进三 将5平4
27. 炮五平六 马2退4
28. 马八进六 士5进4
29. 马六进七

第81局 刘殿中 胜 陶汉明

1. 炮二平五 炮8平5
2. 马二进三 马8进7
3. 车一平二 马2进3
4. 马八进七 卒7进1
5. 兵七进一 炮2进4
6. 马七进八 炮2平7
7. 车九进一 车9平8
8. 车二进九 炮7进3
9. 仕四进五 马7退8
10. 车九平六 炮5平9
11. 车六进三 马8进7
12. 炮五平七 炮7平9
13. 马三进二 车1进1
14. 炮七平三 马7退9
15. 车六平四 卒7进1
16. 车四平三 象3进5
17. 马八进七 车1平2
18. 炮八平四 后炮平6

19. 兵七进一 象5进3
20. 炮三进七 马9退7
21. 车三进五 士4进5
22. 炮四平二 炮6进1
23. 车三退四 士5退4
24. 马二退四 车2平8
25. 车三平七 炮6平3
26. 车七进一 车8进5
27. 车七进一 车8平6
28. 车七平五 士6进5
29. 车五退一 车6平8
30. 炮二平五 车8进3
31. 仕五退四 卒9进1
32. 车五平三 将5平6
33. 车三平四 将6平5
34. 车四退四

第82局 吕钦 胜 宗永生

1. 炮二平五 炮8平5
2. 马二进三 马8进7
3. 车一平二 卒7进1
4. 马八进七 马2进3
5. 兵七进一 炮2进4
6. 马七进八 炮2平7
7. 车九进一 车9平8
8. 车二进九 炮7进3
9. 仕四进五 马7退8
10. 车九平六 炮5平9
11. 车六进三 马8进7
12. 车六平二 象3进5
13. 马三进四 炮7退4
14. 车二进三 士4进5
15. 马四进六 炮9进4
16. 马六进七 炮9平6
17. 马七退九 炮6退4
18. 车二退一 炮6进3
19. 炮八平九 车1平4
20. 马八进七 炮7平3
21. 炮五平三 车4进3
22. 炮三进五 车4平3
23. 车二平四 炮6平7
24. 炮三平二 炮3平4
25. 相七进五 车3进4
26. 相五进三 车3平1
27. 车四平五 卒7进1
28. 马九退八 车1退1
29. 马八进六 车1退2
30. 马六进八 车1平3
31. 炮二进一 炮4退3
32. 兵五进一 卒9进1
33. 兵五进一 炮4平2
34. 仕五退四 卒7进1
35. 兵五平六 车3进4
36. 炮二平四 象5退3
37. 车五平六 象3进5
38. 炮四退三 炮2平1

39. 炮四平五　炮1进7　40. 仕六进五　车3进1
41. 仕五退六　车3退1　42. 仕六进五　车3进1
43. 仕五退六　车3退7　44. 仕六进五　炮1退6
45. 马八退九　车3进7　46. 仕五退六　炮1退1
47. 马九进七　炮1退1　48. 车六平九　将5平4
49. 车九进二

第83局　杨德琪 胜 孙勇征

1. 炮二平五　炮8平5　2. 马二进三　马8进7
3. 车一平二　卒7进1　4. 马八进七　马2进3
5. 兵七进一　炮2进4　6. 马七进八　炮2平7
7. 车九进一　车9平8　8. 车二进九　炮7进3
9. 仕四进五　马7退8　10. 车九平六　士4进5
11. 车六进三　马8进7　12. 炮五平七　象3进1
13. 相七进五　炮7平9　14. 马八进七　炮5平6
15. 马三进二　车1平2　16. 炮八进二　卒9进1
17. 马二进三　炮9退1　18. 车六平四　炮9平8
19. 兵一进一　卒9进1　20. 车四进一　卒9进1
21. 车四平三　炮8平9　22. 相五退七　炮6进1
23. 炮八进一　卒9平8　24. 兵七进一　象1进3
25. 车三平七　车2进3　26. 相七进五　炮9退2
27. 马三进一　象7进9　28. 马七进五　炮6退2
29. 炮七进五　炮9平5　30. 马五进三　象9退7
31. 炮七进一　士5退4　32. 车七平三　车2退1
33. 炮七平九　炮5平7　34. 炮八平七　车2平1
35. 炮九平八　车1平2　36. 炮八平九　车2平3
37. 炮七退一　卒5进1　38. 车三平五　士4进5
39. 车五平三　马7进5　40. 车三平八　卒8进1
41. 车八进一　将5平4　42. 炮九平四　马5退6

43. 车八平六 士5进4
44. 车六平九 士4退5
45. 车九平六 士5进4
46. 炮七平一 象7进9
47. 车六平四 士4退5
48. 车四进二 车3平7
49. 马三进一 炮7平5
50. 车四平三 车7平4
51. 炮一退四 车4进5
52. 车三退二 士5进4
53. 帅五平四 车4平5
54. 车三平六 士6进5
55. 车六退四 车5平4
56. 仕五进六

第84局 杨德琪 和 宇兵

1. 炮二平五 炮8平5
2. 马二进三 马8进7
3. 车一平二 卒7进1
4. 马八进七 马2进3
5. 兵七进一 炮2进4
6. 马七进八 炮2平7
7. 车九进一 车9平8
8. 车二进九 炮7进3
9. 仕四进五 马7退8
10. 车九平六 士4进5
11. 车六进三 马8进7
12. 马三进四 炮5平6
13. 马四进六 马7进6
14. 车六平二 象3进5
15. 炮五平四 卒3进1
16. 马八进七 炮6进5
17. 仕五进四 车1平4
18. 兵七进一 象5进3
19. 马六进七 车4平3
20. 车二平四 马6退5
21. 前马退五 车3进3
22. 炮八平五 象3退1
23. 马五退三 车3进6
24. 仕四退五 车3退2
25. 炮五进五 象7进5
26. 马三退五 炮7退7
27. 车四进二 车3平5
28. 车四平三 炮7平8
29. 车三平二 炮8平7
30. 马五退三

第85局 陈孝坤 负 许波

1. 炮二平五 炮8平5
2. 马二进三 马8进7
3. 车一平二 卒7进1
4. 兵七进一 炮2进4

5. 马八进七　马2进3　**6.** 马七进八　炮2平7
7. 车九进一　车9平8　**8.** 车二进九　马7退8
9. 相三进一　士4进5　**10.** 车九平四　炮5平7
11. 兵五进一　象3进5　**12.** 车四进七　车1平4
13. 仕四进五　马8进9　**14.** 兵五进一　车4进6
15. 兵五平四　象5退3　**16.** 炮八平六　车4平3
17. 相七进九　后炮平5　**18.** 炮五进五　象3进5
19. 兵四平三　象5进7　**20.** 马八进七　炮7平1
21. 帅五平四　车3平7　**22.** 炮六平五　将5平4
23. 车四退六　马9进7　**24.** 兵七进一　象7退5
25. 兵七平八　马7进5　**26.** 马七退五　卒5进1
27. 兵八进一　马3进4　**28.** 炮五平六　马4退2
29. 车四进四　马2进1　**30.** 马三退二　马1退3
31. 车四平一　将4平5　**32.** 兵一进一　车7平6
33. 帅四平五　炮1平5　**34.** 炮六平五　马3进2
35. 车一平六　马2进3　**36.** 车六退五　马3退1

第86局　宋国强 胜 李来群

1. 炮二平五　炮8平5　**2.** 马二进三　马8进7
3. 车一平二　卒7进1　**4.** 马八进七　马2进3
5. 兵七进一　炮2进4　**6.** 马七进八　炮2平7
7. 车九进一　车9平8　**8.** 车二进九　炮7进3
9. 仕四进五　马7退8　**10.** 车九平六　炮5平9
11. 车六进三　马8进7　**12.** 车六平二　象3进5
13. 马三进四　炮7退4　**14.** 车二进三　马7进6
15. 炮五平四　马6进4　**16.** 马四进六　炮9进4
17. 炮四进六　炮9进3　**18.** 帅五平四　马4退6
19. 车二平四　马6进7　**20.** 车四平五　士4进5
21. 车五平二　马7进9　**22.** 帅四进一　车1平4

23. 兵七进一 马9退7　24. 帅四进一 卒3进1
25. 炮八平六 车4进4　26. 马八进六 马3进4
27. 车二退四 炮7平6　28. 车二平三 炮6退3
29. 车三进二 马4进5　30. 车三进四 炮9退4
31. 车三退二 马5退4　32. 帅四平五 卒3进1
33. 车三退三 炮9退1　34. 炮四平二 士5进4
35. 仕五退四 炮6平5　36. 帅五平四 炮5平6
37. 炮二进一 将5进1　38. 车三进四 将5进1
39. 炮六平五 马4进5　40. 炮二退四 炮9进1
41. 车三退二 炮9平6　42. 炮二平四 后炮进1
43. 帅四退一 士4退5　44. 帅四平五 将5平4
45. 炮四进四 马5进3　46. 帅五退一 前炮退5
47. 车三平四 炮6平5　48. 车四进二 马3退4
49. 车四平五 炮5平8　50. 炮五平六 马4进6
51. 炮六退一 卒5进1　52. 仕四进五 炮8进5
53. 车五平四

第87局 王斌 胜 万春林

1. 炮二平五 炮8平5　2. 马二进三 马8进7
3. 车一平二 卒7进1　4. 兵七进一 炮2进4
5. 马八进七 马2进3　6. 马七进八 车9进1
7. 车九进一 车9平4　8. 车九平七 车4进6
9. 炮八平九 车1平2　10. 马八进七 炮2平7
11. 仕四进五 车4平2　12. 马七进五 象7进5
13. 兵七进一 卒7进1　14. 兵七进一 马3退1
15. 相三进一 后车进5　16. 兵七平六 士4进5
17. 兵六平五 象5进7　18. 兵九进一 炮7平6
19. 相一进三 后车平7　20. 车二平四 炮6退4
21. 车四进二 炮6平3　22. 前兵平四 车2进2

23. 仕五进六 马7进8
24. 兵四进一 将5平4
25. 兵四进一 炮3进7
26. 仕六进五 马8进9
27. 炮五进六 马9进8
28. 车四进二 车7平6
29. 马三进四 车2退4
30. 车七退一 车2平6
31. 炮五平八 马1进2
32. 炮九退一 车6平3
33. 车七进四 马2进3
34. 炮九平二 马3进5
35. 仕五进四 象7退5
36. 炮二平九 马5退3
37. 炮九进五 卒9进1
38. 仕六退五 卒9进1
39. 炮九进三 将4进1
40. 炮九平四

第88局 谢业枧 胜 阎文清

1. 炮二平五 炮8平5
2. 马二进三 马8进7
3. 车一平二 卒7进1
4. 兵七进一 炮2进4
5. 马八进七 马2进3
6. 马七进八 车9进1
7. 车九进一 车9平4
8. 车九平七 车4进6
9. 炮八退一 炮2平7
10. 仕四进五 车4平2
11. 马八进七 卒7进1
12. 兵七进一 炮7平1
13. 炮八平九 车1平2
14. 马七进五 象3进5
15. 兵七进一 马3退5
16. 炮九进五 炮1进3
17. 车二进七 卒7进1
18. 车七进三 前车进2
19. 帅五平四 炮1平3
20. 车七退四 前车平3
21. 炮九平五 车2进4
22. 车二平三 车2平6
23. 帅四平五 卒7进1
24. 车三退五 车3退6
25. 兵五进一 车6退1
26. 兵五进一 车3进1
27. 车三进三 车3平2
28. 兵一进一 象7进9
29. 车三平四 车6进1
30. 兵五平四 象9退7
31. 前炮平九 车2平1
32. 炮九平八 车1平2
33. 炮八平九 车2平1
34. 炮九平八 车1平2
35. 炮八平九 象7进9
36. 兵四进一 车2退1

37. 炮九进三 车2退3　38. 炮九退三 车2平1
39. 炮九平八 车1平2　40. 炮八平九 车2进3
41. 炮九进三 车2退3　42. 炮九退三 象9退7
43. 兵四进一

第89局 黎德志 胜 郑惟桐

1. 炮二平五 炮8平5　2. 马二进三 马8进7
3. 车一平二 卒7进1　4. 马八进七 马2进3
5. 兵七进一 炮2进4　6. 马七进八 车9进1
7. 车九进一 车9平4　8. 车九平七 车4进6
9. 炮八平九 车4退5　10. 仕四进五 炮2平7
11. 马八进七 炮5退1　12. 相三进一 车1平2
13. 车二平四 车2进6　14. 车四进三 炮7平5
15. 兵七进一 车2平4　16. 马三进五 前车平5
17. 车七进二 车5平3　18. 车四平七 象7进5
19. 炮九平六 马3退2　20. 车七平八 马2进1
21. 马七进八 炮5平3　22. 相七进九 士4进5
23. 兵七进一 卒5进1　24. 炮六进一 马1进3
25. 马八退七 车4进1　26. 马七进八 卒5进1
27. 车八平七 卒5进1　28. 炮五平三 卒5平4
29. 车七进五 马7进8　30. 炮三平二 车4平2
31. 炮二进二 卒7进1　32. 相一进三 车2退1
33. 相三退一 马8退7　34. 兵一进一 卒1进1
35. 相九退七 士5退4　36. 车七平三 马7进8
37. 炮二平五 士4进5　38. 车三退三 车2退1
39. 车三平二 车2进4　40. 炮五平三 卒1进1
41. 炮三平九 象3进1　42. 车二退二 车2平4
43. 车二平一 象1进3　44. 相七进五 象3退1
45. 相一进三 象1进3　46. 炮九进一 车4退2

47. 车一平二 士5进6
48. 车二平四 士6进5
49. 车四进一 象3退1
50. 兵九进一 象1进3
51. 车四平八 象3退1
52. 炮九平八 车4平1
53. 车八平六 象1进3
54. 炮八退三 卒4平5
55. 相五退七 车1平8
56. 相三退五 车8进1
57. 炮八进三 车8进5
58. 仕五退四 车8退6
59. 兵九进一 车8平2
60. 车六平二 士5退6
61. 车二退一 车2平5
62. 炮八退四 车5进2
63. 炮八平五 车5平9
64. 车二平五 车9平2
65. 车五进三 卒9进1
66. 车五平六 车2退3
67. 兵九平八 车2进2
68. 炮五进六 车2进2
69. 炮五退三 车2平5
70. 炮五平九 士6进5
71. 车六平八 将5平4
72. 炮九退二 车5平4
73. 仕六进五 车4平3
74. 车八进三 将4进1
75. 炮九平六 象3退1
76. 炮六退二 象1退3
77. 仕五进六 士5进4
78. 车八退二 将4平5
79. 仕四进五 将5退1
80. 车八平六 士6退5
81. 车六平一 车3退2
82. 相七进九 车3平5
83. 相九进七 象3进5
84. 炮六进一 象5退3
85. 仕五退四 车5平6
86. 车一平七 将5平6
87. 仕四进五 车6平8
88. 炮六退一

第90局 蒋川 胜 李艾东

1. 炮二平五 炮8平5
2. 马二进三 马8进7
3. 车一平二 卒7进1
4. 马八进七 马2进3
5. 兵七进一 炮2进4
6. 马七进八 车9进1
7. 车九进一 车9平4
8. 车九平七 车4进6
9. 炮八平九 车4退4
10. 仕四进五 炮2平7
11. 马八进七 炮5退1
12. 兵七进一 车1平2

13. 车七进三　车 2 进 7
14. 炮五平六　马 7 进 6
15. 相三进五　车 4 进 2
16. 车二平四　车 4 平 3
17. 相五进七　马 6 退 7
18. 车四进八　车 2 平 3
19. 相七进五　炮 5 平 1
20. 车四退一　象 3 进 5
21. 马七进九　马 3 退 2
22. 马九进七　马 2 进 4
23. 车四退四　卒 7 进 1
24. 兵五进一　象 5 进 3
25. 车四平六　将 5 进 1
26. 相五进三　马 7 进 8
27. 相三退五　象 7 进 5
28. 炮九进四　炮 7 平 1
29. 相七退九　前炮退 2
30. 炮九平八　车 3 平 2
31. 相九退七　卒 9 进 1
32. 炮六进六　后炮平 4
33. 车六平九　炮 4 进 3
34. 马七退六　将 5 平 4
35. 炮八平五　马 8 退 7
36. 炮五平三　炮 4 平 7
37. 车九平六　车 2 退 2
38. 马三进五　炮 1 退 2
39. 兵五进一　炮 1 平 4
40. 车六平九　士 4 进 5
41. 马五进三　炮 4 平 3
42. 相七进九　炮 3 平 1
43. 车九平二　将 4 退 1
44. 兵五平四　车 2 平 4
45. 马六退八　车 4 退 2
46. 兵四平三　象 5 进 7
47. 马八进九　象 3 退 1
48. 马三进一

第 91 局　阎文清 和 李少庚

1. 炮二平五　炮 8 平 5
2. 马二进三　马 8 进 7
3. 车一平二　卒 7 进 1
4. 兵七进一　炮 2 进 4
5. 马八进七　马 2 进 3
6. 马七进八　车 9 进 1
7. 车九进一　车 9 平 4
8. 车九平七　车 4 进 6
9. 炮八平九　车 4 退 5
10. 仕四进五　炮 2 平 7
11. 马八进七　炮 5 退 1
12. 兵七进一　车 1 平 2
13. 兵五进一　车 2 进 6
14. 兵五进一　车 4 进 4
15. 兵五平六　车 2 平 3
16. 车七进二　车 4 平 3
17. 炮五进六　士 4 进 5
18. 相三进五　象 7 进 5

19. 车二进四　象5进3　20. 兵九进一　象3退5
21. 马七退八　车3平1　22. 马八进七　车1平3
23. 马七退八　车3平1　24. 马八进七　车1平3
25. 马七退八　车3平1　26. 马八退七　车1平4
27. 马七进八　车4平1　28. 炮九平七　车1退1
29. 兵六平七　马3退2　30. 兵七进一　车1进1
31. 兵七平八　马2进3　32. 兵八平七　马3退2
33. 兵七平八　马2进3　34. 兵八平七　马3退2
35. 兵七平八　马2进3　36. 兵八平七　马3退2
37. 兵七平八　马2进3　38. 兵八平七

第92局　王斌 和 陶汉明

1. 炮二平五　炮8平5　2. 马二进三　马8进7
3. 车一平二　马2进3　4. 马八进七　卒7进1
5. 兵七进一　炮2进4　6. 马七进八　车9进1
7. 车九进一　车9平4　8. 车九平七　车4进6
9. 炮八平九　炮2进3　10. 仕四进五　车4平2
11. 马八退七　车2退1　12. 车二进六　马7进6
13. 车七平六　士4进5　14. 车二平三　炮2平1
15. 车三退一　车2平3　16. 马七退九　炮1退2
17. 相七进九　马6进5　18. 马三进五　炮5进4
19. 车三进四　象3进5　20. 车三退五　车1平2
21. 马九退七　车2进4　22. 车六进三　车2平8
23. 车三平二　车8进1　24. 车六平二　炮5退2
25. 车二平五　车3平7　26. 炮五进三　卒5进1
27. 车五进一　车7进3　28. 仕五退四　车7退6

第93局 张国凤 胜 欧阳婵娟

1. 炮二平五 炮8平5
2. 马二进三 马8进7
3. 车一平二 卒7进1
4. 兵七进一 炮2进4
5. 马八进七 马2进3
6. 马七进八 车9进1
7. 车九进一 车9平4
8. 车九平七 车4进6
9. 炮八平九 炮2进3
10. 仕四进五 车4平2
11. 马八退七 车2退3
12. 车二进六 马7进6
13. 车二平三 象7进9
14. 兵三进一 卒7进1
15. 车三退二 车1进1
16. 车七平六 炮2平1
17. 马三进四 卒3进1
18. 车六进六 车1平3
19. 马四进六 马3进4
20. 车六退二 车3进2
21. 车六平四 车2进5
22. 马七退九 炮1退2
23. 相七进九 车2退1
24. 炮五平二 炮5进4
25. 帅五平四

第94局 张国凤 胜 伍霞

1. 炮二平五 炮8平5
2. 马二进三 马8进7
3. 车一平二 卒7进1
4. 兵七进一 炮2进4
5. 马八进七 马2进3
6. 马七进八 车9进1
7. 车九进一 车9平4
8. 车九平七 车4进6
9. 炮八平九 车4退5
10. 仕四进五 炮2进3
11. 车七平八 炮2平1
12. 马八进七 车4进1
13. 炮九平七 车1平2
14. 车八进八 马3退2
15. 车二进四 炮5平3
16. 炮五平六 车4进3
17. 相三进五 马2进1
18. 兵三进一 马1进3
19. 炮七进四 象3进5
20. 兵三进一 象5进7
21. 车二进二 象7进5
22. 车二平三 车4退1

23. 炮六平八　士4进5　**24.** 炮八进二　车4退2
25. 兵七进一　车4进5　**26.** 炮八平二　将5平4
27. 马三进四　象5进3　**28.** 马四进五　马7进5
29. 炮二进五　将4进1　**30.** 车三平五　卒9进1
31. 炮二退八　车4退2　**32.** 炮二进七　将4退1
33. 炮二进一　将4进1　**34.** 炮七平八　炮3平5
35. 炮二退六　车4退1　**36.** 炮二进五　士5进6
37. 炮八退四　车4平8　**38.** 炮二平一　车8进4
39. 仕五退四　车8退3　**40.** 车五平六　将4平5
41. 车六平三　将5平4　**42.** 车三平六　将4平5
43. 车六平五　将5平4　**44.** 炮一退二　将4退1
45. 炮八进一　车8进1　**46.** 仕四进五　车8进2
47. 仕五退四　车8退2　**48.** 仕四进五　车8退2
49. 车五退一　车8进4　**50.** 仕五退四　车8退2
51. 仕四进五　车8退4　**52.** 炮一进三　士6进5
53. 车五平六　将4平5　**54.** 车六平七　炮5进5
55. 仕五进四　炮5平2　**56.** 炮八进六　士5进4
57. 车七进四　将5进1　**58.** 车七退七　车8进6
59. 帅五进一　车8退1　**60.** 帅五退一　炮2进2
61. 炮一平七　车8平2　**62.** 车七进六　将5进1
63. 炮八退九　车2进1　**64.** 炮七平五　炮1平3
65. 帅五进一　车2退1　**66.** 帅五进一　车2退3
67. 车七退八

第95局　廖二平 胜 李望祥

1. 炮二平五　炮8平5　**2.** 马二进三　马8进7
3. 车一平二　卒7进1　**4.** 马八进七　马2进3
5. 兵七进一　炮2进4　**6.** 马七进八　车9进1
7. 车九进一　车9平4　**8.** 车九平七　车4进6

9. 炮八退一 车4退5
10. 车二进四 车1进1
11. 兵七进一 卒3进1
12. 车七进四 车1平6
13. 炮五平七 象3进1
14. 车七退二 炮2进1
15. 相七进五 马3进2
16. 仕六进五 车4进6
17. 炮七退一 车4退3
18. 车二平六 马2进4
19. 马八进六 车6进3
20. 马六进八 士6进5
21. 车七进一 马4进5
22. 相三进五 炮2平7
23. 马八进七 将5平6
24. 炮八进八 象1退3
25. 马七退八 将6进1
26. 炮八退一 将6进1
27. 炮七进八 炮5进4
28. 帅五平六 象7进5
29. 炮七退二 士5进4
30. 车七平六 士4进5
31. 车六平二 卒7进1
32. 车二进四 士5退4
33. 炮七进一 象5退3
34. 车二平四

第96局 胡庆阳 负 陈信安

1. 炮二平五 炮8平5
2. 马二进三 马8进7
3. 车一平二 卒7进1
4. 马八进七 马2进3
5. 兵七进一 炮2进4
6. 马七进八 车9进1
7. 车九进一 车9平4
8. 车九平七 车4进6
9. 炮八退一 马3退5
10. 车二进八 车1进1
11. 兵七进一 炮5平3
12. 车二平四 象3进5
13. 车七进二 炮2进1
14. 车七平八 炮2平5
15. 马八进七 车1平4
16. 炮八退一 炮5平6
17. 仕四进五 前车平3
18. 马七进五 炮6退5
19. 相三进五 车3退3
20. 车八平六 炮3进7
21. 相五退七 车4进5
22. 炮八进九 车3退4
23. 马五进七 车4退5
24. 炮八退二 车4平3
25. 炮八平三 前车进6

第97局 于幼华 负 李少庚

1. 炮二平五 炮8平5
2. 马二进三 马8进7
3. 车一平二 卒7进1
4. 兵七进一 炮2进4
5. 马八进七 马2进3
6. 马七进八 车9进1
7. 车九进一 车9平4
8. 仕四进五 炮2平7
9. 车九平七 象3进1
10. 马八进七 车1平2
11. 炮八平六 车4进2
12. 兵七进一 象1进3
13. 车七进四 车2进3
14. 车七平三 炮7平1
15. 车三进二 炮1进3
16. 车二进八 士4进5
17. 马三进二 车4平3
18. 炮五平三 士5进6
19. 炮三进七 士6进5
20. 车三退四 车3进6
21. 帅五平四 车3平4
22. 帅四进一 车2进5
23. 炮三平一 将5平4
24. 炮一退一 车4平5
25. 马二退三 车5平7
26. 车三进六 士5退6
27. 车二退七 炮1退1
28. 车三平四 将4进1
29. 车四退一 将4退1
30. 车二进八 炮5退2
31. 车四进一 车7退1
32. 帅四进一 炮1退1
33. 炮六退一 车2退1
34. 仕五进六 车7平4
35. 车四平五 将4进1

第98局 苗利明 胜 李少庚

1. 炮二平五 炮8平5
2. 马二进三 马8进7
3. 车一平二 卒7进1
4. 马八进七 马2进3
5. 兵七进一 炮2进4
6. 马七进八 车9进1
7. 车九进一 车9平4
8. 仕四进五 炮2平7
9. 车九平七 象3进1
10. 相三进一 车4进5
11. 车二平四 车4平2
12. 马八进七 车2进1

13. 车四进三 马7进8
14. 兵七进一 卒7进1
15. 相一进三 士4进5
16. 马七进五 象7进5
17. 兵七进一 马3退4
18. 马三退二 车2退2
19. 马二进一 车2平7
20. 车七进一 炮7进3
21. 炮五进四 车1平3
22. 炮五退二 车7退2
23. 车七平四 车7平5
24. 兵七平六 车5进1
25. 兵六进一 车3进9
26. 兵六进一 车3退3
27. 帅五平四 马8退7
28. 马一进三 炮7平4
29. 仕五退六 车3平4
30. 马三进二

第99局 何刚 和 李少庚

1. 炮二平五 炮8平5
2. 马二进三 马8进7
3. 车一平二 卒7进1
4. 马八进七 马2进3
5. 兵七进一 炮2进4
6. 马七进八 车9进1
7. 车九进一 车9平4
8. 仕四进五 炮2平7
9. 车九平七 炮5退1
10. 车二进八 车1进1
11. 相三进一 车4进3
12. 车二平四 炮5平3
13. 车四退五 马7进8
14. 兵五进一 象3进5
15. 相七进九 卒7进1
16. 相一进三 车4平7
17. 相三退一 士4进5
18. 车四平五 卒1进1
19. 炮八平六 车1平2
20. 马八退七 车7平4
21. 兵五进一 卒5进1
22. 炮五进三 卒3进1
23. 炮六平四 马8进6
24. 炮五退一 马6退8
25. 相一进三 卒3进1
26. 相九进七 车2进2
27. 相三退五 炮7退3
28. 车五平四 车4平5
29. 炮五平二 马3进5
30. 车七平六 炮3进6
31. 炮四平七 马5进7
32. 车四进五 炮7进4
33. 炮七平三 象7进9
34. 炮三平二 车5进1
35. 前炮平三 车5退1
36. 车四退五 象9退7

37. 车四平二　马8退9　38. 炮二平三　马7退6
39. 后炮退二　卒9进1　40. 前炮退三　车5平6
41. 车六进二　马9进8　42. 相五进三　车2平5
43. 车六平八　士5退4　44. 相七退五　士6进5
45. 仕五进四　车5进1　46. 仕六进五　车5平2
47. 车八平六　车6平4　48. 车六平五　车4平5
49. 车五平七　车5平3　50. 车七平五　车3平5
51. 车五平七　车5平3　52. 相五进七　马8退6
53. 相三退五　车3平8　54. 车二平四　前马进4
55. 车七退二　马4退2　56. 后炮平四　马2退4
57. 车四平三　马6进7　58. 车七平六　马4进5
59. 车六进五　马5进3　60. 车六平四　车8进2
61. 车三进一　马3进5　62. 车三平六　车8平7
63. 炮三平二　马7进8　64. 车六退一　车2平4
65. 车六平七　马8进7　66. 炮四进一　车7平8
67. 车七平五　车8进2　68. 仕五退四　车8退2
69. 车五平二　马7退8　70. 车四退三　车4平8
71. 车四平三　马8退7　72. 炮四平八　马7进5
73. 车三平五　马5退4　74. 炮八平一　车8平4
75. 车五进三　马4退2　76. 车五平八　马2退3

第100局　郝继超　胜　曹岩磊

1. 炮二平五　炮8平5　2. 马二进三　马8进7
3. 车一平二　卒7进1　4. 兵七进一　炮2进4
5. 马八进七　马2进3　6. 马七进八　车9进1
7. 车九进一　车9平4　8. 仕四进五　炮2平7
9. 车九平七　象3进1　10. 相三进一　士4进5
11. 车二平四　车4进3　12. 车四进三　马7进8
13. 马八进七　车1平2　14. 马七进五　象7进5

15. 炮八平七　象1进3　16. 兵五进一　车2进4
17. 车四平五　车2进1　18. 兵五进一　卒5进1
19. 炮七进三　卒7进1　20. 炮七平五　马8进6
21. 兵七进一　车4进2　22. 兵七进一　马3退4
23. 前炮平二　马6进5　24. 相七进五　车4平5
25. 马三进五　卒7平6　26. 马五进六　车2平4
27. 马六进四　士5进6　28. 车七进二　炮7平6
29. 炮二退一　车4进3　30. 炮二进五　将5进1
31. 马四退五　马4进6　32. 马五进六　将5平4
33. 炮二退一　马6进8　34. 车七平五　马8进7
35. 相一进三　将4退1　36. 炮二退四　车4退3
37. 车五进四　士6进5　38. 车五平八　将4平5
39. 马六进七　车4退4　40. 马七退六　卒6平7
41. 车八进二　车4退1　42. 车八退四　卒7平8
43. 车八平三　车4进2　44. 车三进一　卒9进1
45. 车三平一　炮6平3　46. 车一进三　士5退6
47. 车一退四　士6退5　48. 车一平七　炮3平2
49. 车七平八　炮2平7　50. 马六退五　炮7退5
51. 兵七平六　车4平9　52. 马五进四　炮7平6
53. 车八进四　士5退4　54. 车八退六　士4进5
55. 车八平五　将5平4　56. 车五平七　将4平5
57. 车七平五　将5平4　58. 车五平七　将4平5
59. 兵六进一　车9平6　60. 车七进六　士5退4
61. 兵六进一　士6进5　62. 兵六平五　将5进1
63. 马四退六　将5退1　64. 车七退三　炮6平5
65. 车七平九　车6平7　66. 帅五平四　车7平6
67. 帅四平五　将5平6　68. 车九平四　车6进1
69. 马六进四　炮5进5　70. 马四退六　炮5平7
71. 马六进五　将6平5　72. 兵九进一　炮7进2
73. 兵九进一　炮7平9　74. 马五退三

第101局 郝继超 和 程进超

1. 炮二平五 炮8平5
2. 马二进三 马8进7
3. 车一平二 卒7进1
4. 兵七进一 炮2进4
5. 马八进七 马2进3
6. 马七进八 车9进1
7. 车九进一 车9平4
8. 仕四进五 炮2平7
9. 车九平七 象3进1
10. 相三进一 车4进5
11. 车七进一 车4平2
12. 马八进七 士4进5
13. 车二平四 车2平3
14. 车七进一 炮7平3
15. 马七进五 象7进5
16. 兵五进一 车1平2
17. 车四进三 车2进7
18. 车四平七 马3进2
19. 车七平六 车2平3
20. 马三进四 车3退2
21. 马四进三 车3进1
22. 车六进二 车3退2
23. 车六退二 象5退7
24. 兵五进一 卒5进1
25. 车六平五 象1退3
26. 马三退五 象3进5
27. 马五进四 士5进6
28. 车五平七 车3平5
29. 车七进六 将5进1
30. 车七退四 车5进3
31. 车七进三 将5退1

第102局 景学义 和 李少庚

1. 炮二平五 炮8平5
2. 马二进三 马8进7
3. 车一平二 卒7进1
4. 马八进七 马2进3
5. 兵七进一 炮2进4
6. 马七进八 车9进1
7. 车九进一 车9平4
8. 仕四进五 炮2平7
9. 车九平七 象3进1
10. 兵五进一 士4进5
11. 车七进二 卒7进1
12. 马八进七 车4进2
13. 兵七进一 象1进3
14. 炮八进二 车4进2
15. 车七进二 车4平2
16. 马七进五 象7进5

17. 车七进二　车2平5　18. 车七平五　马7进6
19. 车五平七　马6进4　20. 车七退三　车5平6
21. 马三进五　马4进5　22. 相三进五　炮7平1
23. 马五进三　车6平3　24. 相五进七　车1平4
25. 车二进三　车4进5　26. 相七退五　炮1退2
27. 车二平八　炮1平5　28. 马三进二　将5平4
29. 帅五平四　车4平6　30. 帅四平五　车6退2
31. 马二退三　车6进2　32. 马三进二　车6平4
33. 帅五平四　车4平6　34. 帅四平五　车6退2
35. 马二退三　车6进2　36. 马三进二　车6退2
37. 马二退三　车6平7　38. 帅五平四　炮5平6
39. 车八平六　将4平5　40. 车六进三　卒1进1
41. 车六平九　炮6退2　42. 车九进三　士5退4
43. 车九退四　炮6平7　44. 马三退二　炮7平9
45. 车九退二　卒5进1

第103局　谢卓淼 负 李少庚

1. 炮二平五　炮8平5　2. 马二进三　马8进7
3. 车一平二　卒7进1　4. 马八进七　马2进3
5. 兵七进一　炮2进4　6. 马七进八　车9进1
7. 车九进一　车9平4　8. 仕四进五　炮2平7
9. 车九平七　象3进1　10. 兵五进一　士4进5
11. 马八进七　车4进2　12. 兵七进一　象1进3
13. 车七进四　车1平2　14. 炮八平七　车2进6
15. 车二进三　卒7进1　16. 兵五进一　炮5进2
17. 马七进九　将5平4　18. 帅五平四　车4进6
19. 帅四进一　车4退7　20. 马三进五　车2平5
21. 炮五平六　将4平5　22. 炮七进五　车5平6
23. 炮六平四　炮5平6　24. 炮七平三　车4平1

25. 炮三退二　炮6进1　26. 车七平四　车1平6
27. 车四进二　士5进6　28. 炮三退二　卒7进1

第104局　郑铁莹 和 石一佐

1. 炮二平五　炮8平5　2. 马二进三　马8进7
3. 车一平二　卒7进1　4. 马八进七　马2进3
5. 兵七进一　炮2进4　6. 马七进八　车9进1
7. 车九进一　车9平4　8. 仕四进五　炮2平7
9. 车九平七　象3进1　10. 相三进一　车4进5
11. 兵七进一　车4平2　12. 马八进六　卒3进1
13. 马六进七　车2进1　14. 车二平四　车2退2
15. 车四进八　车1平3　16. 马七退五　士4进5
17. 帅五平四　车2退3　18. 车四退五　卒7进1
19. 相一进三　车3进3　20. 马五退六　车3平4
21. 炮五进五　象7进5　22. 车四平三　车4进2

第105局　蒋川 胜 陶汉明

1. 炮二平五　炮8平5　2. 马二进三　马8进7
3. 车一平二　马2进3　4. 马八进七　卒7进1
5. 兵七进一　炮2进4　6. 马七进八　车9进1
7. 车九进一　车9平4　8. 仕四进五　炮2平7
9. 车九平七　炮5退1　10. 车二进八　车1进1
11. 相三进一　卒7进1　12. 兵五进一　炮5进4
13. 车二平六　车1平4　14. 车七进二　象7进5
15. 马八进七　马7进8　16. 相一进三　车4平7
17. 车七平五　炮5平6　18. 兵七进一　车7进4
19. 马七进五　象3进5　20. 兵七进一　炮6退3
21. 兵七进一　车7平2　22. 炮八平六　士6进5

23. 兵七进一 炮6退1
24. 车五进三 马8进6
25. 炮五进五 士5进6
26. 车五退三 炮7退6
27. 马三进四 车2平6
28. 兵七平六 炮7进9
29. 兵六平五

第106局 于幼华 胜 陶汉明

1. 炮二平五 炮8平5
2. 马二进三 马8进7
3. 车一平二 卒7进1
4. 兵七进一 马2进3
5. 马八进七 炮2进4
6. 马七进八 车9进1
7. 车九进一 车9平4
8. 仕四进五 炮2平7
9. 车九平七 车4进1
10. 兵五进一 卒7进1
11. 车七进二 士4进5
12. 相三进一 炮5进3
13. 相一进三 炮5平2
14. 车七平三 象3进5
15. 相三退一 马7进6
16. 车三平四 车4进2
17. 车二平四 马6进8
18. 前车平二 马8退6
19. 马三进四 炮2平6
20. 车四进四 车1平2
21. 炮八平六 车2进4
22. 炮五平四 马6退7
23. 车四平三 车4平7
24. 车三进一 车2平7
25. 车二平八 卒3进1
26. 车八进四 马3退4
27. 炮六进六 卒3进1
28. 炮六平九 车7平3
29. 炮九进一 车3退4
30. 炮九平八 卒5进1
31. 炮四平九 马7进5
32. 炮九进四 马5进3
33. 车八退二 车3平2
34. 车八进四 马3退1
35. 车八退三 马1进2
36. 车八平一 卒5进1
37. 车一平八 马2进3
38. 兵九进一 马3退4
39. 车八进一 前马退5
40. 兵九进一 马4进3
41. 兵一进一 卒3进1
42. 车八退三 卒5进1
43. 兵一进一

第 107 局 白殿友 负 董旭彬

1. 炮二平五 炮 8 平 5
2. 马二进三 马 8 进 7
3. 车一平二 卒 7 进 1
4. 马八进七 马 2 进 3
5. 兵七进一 炮 2 进 4
6. 马七进八 车 9 进 1
7. 车九进一 车 9 平 4
8. 仕四进五 卒 1 进 1
9. 车九平七 卒 1 进 1
10. 马八进七 车 4 进 2
11. 兵七进一 马 3 进 1
12. 马七进八 卒 1 平 2
13. 兵七进一 车 4 进 2
14. 马八退九 车 1 进 3
15. 车七进四 车 4 平 3
16. 车七平三 车 1 平 3
17. 车三进二 前车进 2
18. 炮五平四 前车平 2
19. 相三进五 车 2 平 5
20. 车三平五 象 3 进 5
21. 相七进五 炮 2 进 3
22. 相五退七 车 3 进 6
23. 仕五退四 卒 2 进 1
24. 兵三进一 卒 2 进 1
25. 车二进六 车 3 退 2
26. 仕六进五 车 3 进 2
27. 仕五退六 车 3 退 2
28. 仕六进五 车 3 进 2
29. 仕五退六 卒 5 进 1
30. 车二退四 卒 2 平 3
31. 炮四退一 卒 3 平 4
32. 帅五进一 车 3 退 2
33. 炮四平一 卒 4 平 5
34. 帅五平四 前卒平 6
35. 帅四平五 卒 6 平 7
36. 车二进三 卒 7 平 6
37. 帅五平六 炮 2 平 6

第 108 局 蒋凤山 和 陶汉明

1. 炮二平五 炮 8 平 5
2. 马二进三 马 8 进 7
3. 车一平二 马 2 进 3
4. 马八进七 卒 7 进 1
5. 兵七进一 炮 2 进 4
6. 马七进八 车 9 进 1
7. 车九进一 车 9 平 4
8. 仕四进五 炮 2 平 7
9. 车九平七 车 4 进 1
10. 兵五进一 卒 7 进 1

11. 车七进二　士4进5　12. 马八进七　车1平2
13. 马七进五　象3进5　14. 炮八平六　车4进2
15. 相三进一　车4平2　16. 相一进三　前车进2
17. 车七平八　车2进6　18. 车二进三　车2平1
19. 炮五进一　马7进6　20. 炮五进三　马3进5
21. 兵五进一　马5退7　22. 炮六进三　车1退2
23. 炮六平四　车1平5

第109局 杨德琪 胜 孙庆利

1. 炮二平五　炮8平5　2. 马二进三　马8进7
3. 车一平二　卒7进1　4. 马八进七　马2进3
5. 兵七进一　炮2进4　6. 马七进八　车9进1
7. 车九进一　车9平4　8. 仕四进五　炮2平7
9. 车九平七　车4进1　10. 相三进一　卒1进1
11. 车二平四　炮7平1　12. 车四进七　马7进8
13. 车七进二　士4进5　14. 车四退二　卒1进1
15. 马八进七　车1平2　16. 炮八平九　象7进9
17. 兵七进一　车2进7　18. 车四退一　马8进7
19. 相一退三　马7进5　20. 相三进五　炮5平7
21. 马三进二　炮1平2　22. 车四平九　炮2退6
23. 马二进四　炮7进1　24. 车九平二　马3进1
25. 车二进二　炮7平3　26. 兵七进一　象3进1
27. 车二平五　马1进3　28. 车五进一　车4进6
29. 车五平九　马3进4　30. 马四进五　象9退7
31. 马五进七　将5平4　32. 车九退四　马4退5
33. 车九平八　车2退1　34. 车七平八　炮2平3
35. 车八进六

第110局 苗利明 胜 陶汉明

1. 炮二平五 炮8平5
2. 马二进三 马8进7
3. 车一平二 马2进3
4. 马八进七 卒7进1
5. 兵七进一 炮2进4
6. 马七进八 车9进1
7. 车九进一 车9平4
8. 仕四进五 炮2平7
9. 车九平七 车4进1
10. 兵五进一 士4进5
11. 车七进二 卒7进1
12. 相三进一 炮5进3
13. 相一进三 炮5平2
14. 车七平三 象3进5
15. 车二进七 马7进6
16. 车三平四 马6进4
17. 车四平六 车4进2
18. 炮五平四 车4平7
19. 兵七进一 车7进1
20. 车二退三 车7平8
21. 马三进二 车1平4
22. 马二进三 卒3进1
23. 炮四进六 车4进4
24. 马三进五 卒3进1
25. 马五进七 将5平4
26. 炮八平六 士5进4
27. 车六平三 车4平6
28. 车三进四 炮2退3
29. 炮四平一 卒3进1
30. 炮一进一 卒3进1
31. 炮六进一 车6进2
32. 车三进二 将4进1
33. 车三退一 士6进5
34. 炮一退一 将4退1
35. 车三进一 士5退6
36. 马七退五 将4平5
37. 炮六平五 炮2退2
38. 炮一进一 车6平5
39. 车三退一 士6进5
40. 车三进一 士5退6
41. 车三退一 士6进5
42. 车三进一 士5退6
43. 车三退六 将5进1
44. 车三平五 炮2平9
45. 马五进三 炮9进1
46. 车五平七 马4退2
47. 车七退一 炮9进5
48. 车七进三 将5平4
49. 马三退二 炮9平5
50. 帅五平四 士4退5
51. 马二退四 炮5退2
52. 兵九进一 将4退1
53. 马四退五 炮5进1
54. 马五退七 将4平5

55. 马七进六 炮5平1
56. 马六进七 马2退1
57. 马七进五 马3退2
58. 车七进四 士5退4
59. 马五进三 将5进1
60. 车七平六 炮1平3
61. 车六平四 将5平4
62. 车四退一 将4退1
63. 车四平五

第111局 黄海林 和 陶汉明

1. 炮二平五 炮8平5
2. 马二进三 马8进7
3. 车一平二 马2进3
4. 马八进七 卒7进1
5. 兵七进一 炮2进4
6. 马七进八 车9进1
7. 车九进一 车9平4
8. 仕四进五 炮2平7
9. 车九平七 车4进1
10. 相三进一 炮7平1
11. 车七平九 炮1退2
12. 车二进四 士4进5
13. 马八进七 车1平2
14. 炮八平六 马7进6
15. 兵七进一 车2进3
16. 车九平七 炮1进5
17. 兵七平六 车4进2
18. 马七进五 象3进5
19. 车七进六 车4进1
20. 车二平四 车4平6
21. 马三进四 马6进4
22. 车七退三 马4进5
23. 马四退五 车2进3
24. 车七平五 车2进3
25. 帅五平四 炮1平3
26. 帅四进一 车2退6
27. 车五平七 炮3平1
28. 兵五进一 炮1退1
29. 仕五进四 车2进4
30. 炮六平七 炮1退1
31. 炮七平九 车2平1
32. 马五进六 车1退1
33. 兵一进一 车1平9
34. 马六进七 车9退1
35. 马七进九 士5进4
36. 马九进七 将5进1
37. 车七平六 将5平4
38. 马七进九 将4平5
39. 马九退八 将5退1
40. 马八进九 士6进5
41. 马九退七 将5平6
42. 车六平八 士5退4
43. 车八退一 车9平6
44. 仕六进五 车6退2

45. 车八进六　士4退5　　46. 车八退三　车6平8
47. 兵五进一　车8进5　　48. 帅四退一　车8进1
49. 帅四进一　车8平3

第112局　谢卓淼 负 陈翀

1. 炮二平五　炮8平5　　2. 马二进三　马8进7
3. 车一平二　卒7进1　　4. 兵七进一　炮2进4
5. 马八进七　马2进3　　6. 马七进八　车9进1
7. 车九进一　车9平4　　8. 仕四进五　炮2平7
9. 车九平七　车4进1　　10. 相三进一　车1进1
11. 车二平四　车1平8　　12. 车四进三　炮7平8
13. 马八进七　卒7进1　　14. 兵七进一　炮5退1
15. 炮八进五　马3退2　　16. 炮八进一　车8进1
17. 兵七平六　卒7进1　　18. 炮五平七　象7进5
19. 车四进五　卒7进1　　20. 炮八平六　象5进3
21. 马七进八　炮5平2　　22. 炮七进七　士4进5
23. 炮六平七　象3退5　　24. 车七平八　炮2进5
25. 兵五进一　车4平2

第113局　李轩 胜 李望祥

1. 炮二平五　炮8平5　　2. 马二进三　马8进7
3. 车一平二　卒7进1　　4. 马八进七　马2进3
5. 兵七进一　炮2进4　　6. 马七进八　车9进1
7. 车九进一　车9平4　　8. 仕四进五　炮2平7
9. 车九平七　卒7进1　　10. 兵七进一　卒3进1
11. 车七进四　车4进4　　12. 马八退七　车4进1
13. 车七进二　车4平3　　14. 车七退四　炮7平3
15. 相七进九　车1平2　　16. 兵五进一　马7进6

17. 车二进五 马6进4
18. 车二退二 车2进6
19. 车二平六 炮5平3
20. 兵五进一 后炮进5
21. 兵五进一 士4进5
22. 车六进一 前炮平1
23. 仕五进六 卒7进1
24. 马三进五 炮3进3
25. 帅五进一 车2平5
26. 车六平七 象3进5
27. 车七退四 车5退3
28. 帅五退一 将5平4
29. 仕六进五 车5进3
30. 炮八进七 炮1平5
31. 相三进五 车5平1
32. 车七进九 将4进1
33. 炮八退九 卒9进1
34. 炮八平六 士5进4
35. 车七平四 卒7进1
36. 车四退一 将4退1
37. 车四进一 将4进1
38. 车四退一 将4退1
39. 车四平三 卒7平8
40. 车三平二 卒8平7
41. 车二平三 卒7平8
42. 车三退二 车1平9
43. 车三平九 车9平5
44. 车九平一 车5退2
45. 炮六进七 卒8平7
46. 炮六平七 车5平3
47. 炮七平八 车3平2
48. 炮八平七 卒7进1
49. 炮七退六 车2进5
50. 炮七退一 车2退5
51. 车一平三 车2平7
52. 车三平四 将4平5
53. 炮七进一 车7进3
54. 车四平一 车7退3
55. 相五进三 将5进1
56. 炮七平三 车7进1
57. 炮三平四 卒9进1
58. 仕五进四 车7进4
59. 帅五进一 车7退4
60. 帅五退一 车7进4
61. 炮四退一 卒9平8
62. 车一平六 车7退3
63. 帅五平六 卒8进1
64. 炮四平五 象5进7
65. 仕六退五 象7进5
66. 仕五退四 象5退7
67. 帅六进一 车7平3
68. 车六平五 象7进5
69. 车五平六 车3平5
70. 帅六退一 卒8平7
71. 车六平三 将5平6
72. 车三平四 将6平5
73. 车四平三 将5平6
74. 车三平四 将6平5
75. 车四平六 卒7平6
76. 车六平三 象7退9

77. 车三进二　将5退1　78. 车三退一　将5进1
79. 车三平四　象9进7　80. 车四退四　车5退1
81. 车四进一　车5进1　82. 车四退一　车5退1
83. 车四进二　象7退9　84. 车四平六　将5平6
85. 仕四进五

第114局　卜凤波 胜 田长兴

1. 炮二平五　炮8平5　2. 马二进三　马8进7
3. 车一平二　卒7进1　4. 马八进七　马2进3
5. 兵七进一　炮2进4　6. 马七进八　车9进1
7. 车九进一　车9平4　8. 仕四进五　炮2平7
9. 车九平七　象3进1　10. 相三进一　士4进5
11. 车二平四　卒7进1　12. 相一进三　炮7平1
13. 车四进六　马7进8　14. 车四退一　马8进7
15. 车七进二　炮1进3　16. 车四退二　车1平4
17. 车七平九　炮1平2　18. 马八退七　后车平2
19. 车四平三　车4进7　20. 马七退八　车2进7
21. 马八进九　卒3进1　22. 兵七进一　象1进3
23. 兵五进一　炮5平7　24. 相三退一　车2平5
25. 车三进四　象3退5　26. 马九进七　车5平3
27. 马三进五　车4退2　28. 马七进八　车4平1
29. 马五退七　车1平9　30. 马八进七　车9平3
31. 前马退五　车3进1　32. 车三退一　卒9进1
33. 马五进三　车3退2　34. 车三平五　卒1进1
35. 马三进一　车3平4　36. 马一退二　卒1进1
37. 相一进三　将5平4　38. 兵五进一　象5退3
39. 车五平九　卒1平2　40. 相七进五　车4退3
41. 车九平七　象7进5　42. 车七平八　卒2平1
43. 车八平七　卒1平2　44. 兵五进一　象3进1

45. 车七平八 卒2平1
46. 兵五平六 车4平3
47. 兵六平七 车3平4
48. 车八退一 象5退3
49. 车八平一 车4平8
50. 车一平六 将4平5
51. 车六进一 卒1平2
52. 马二退四 车8平6
53. 车六退一 士5进4
54. 马四进六 车6进4
55. 兵七进一 士6进5
56. 车六平二 车6退3
57. 马六退五 车6进2
58. 马五退七 卒2平3
59. 马七进九 卒3平4
60. 马九进八 车6退2
61. 马八进六 士5进4
62. 兵七平六 将5平6
63. 车二进三

第115局 张俊杰 和 赵鑫鑫

1. 炮二平五 炮8平5
2. 马二进三 马8进7
3. 车一平二 卒7进1
4. 马八进七 马2进3
5. 兵七进一 炮2进4
6. 马七进八 车9进1
7. 车九进一 车9平4
8. 仕四进五 炮2平7
9. 车九平七 卒7进1
10. 兵七进一 卒3进1
11. 车七进四 车4进4
12. 马八退七 车4进1
13. 车七进二 车4平3
14. 车七退四 炮7平3
15. 相七进九 炮5平3
16. 兵五进一 车1平2
17. 马三进五 象3进5
18. 兵五进一 士4进5
19. 马五进六 后炮进5
20. 马六退七 车2进6
21. 马七进六 炮3退3
22. 炮八平七 炮3平5
23. 炮七进一 马7进6
24. 车二进二 车2退2
25. 车二平四 马6进7
26. 马六退五 炮5进3
27. 相三进五 马7退5
28. 炮七退二 车2进2
29. 仕五退四 卒7进1
30. 车四平二 车2平5
31. 炮七平五 车5平1
32. 炮五进三 车1进1
33. 兵一进一 卒5进1
34. 炮五平七 卒5进1

35. 仕四进五　卒5进1　　36. 车二进四　卒5进1
37. 车二平一　车1平3　　38. 炮七平五　车3退2
39. 炮五进一　车3平5　　40. 车一平五　象5进7
41. 兵一进一　卒7进1　　42. 兵一平二　卒7进1
43. 兵二进一　卒7平6　　44. 车五平四　车5退1
45. 车四退五　车5退1　　46. 车四进二　士5退4
47. 帅五平四　士6进5　　48. 兵二平三　卒1进1
49. 车四平九　车5进1　　50. 兵三平四　士5进4
51. 兵四平五　象7退9　　52. 车九退一

第116局　黄仕清 胜 许波

1. 炮二平五　炮8平5　　2. 马二进三　马8进7
3. 车一平二　卒7进1　　4. 马八进七　马2进3
5. 兵七进一　炮2进4　　6. 马七进八　车9进1
7. 车九进一　车9平4　　8. 仕四进五　炮2平7
9. 车九平七　象3进1　　10. 兵五进一　士4进5
11. 马八进七　车1平2　　12. 马七进五　象7进5
13. 车七进二　卒7进1　　14. 炮八平六　车4平2
15. 兵五进一　前车进5　　16. 车七平五　象1退3
17. 炮六平七　前车平5　　18. 马三进五　车2进6
19. 马五进三　车2平3　　20. 车二进三　卒5进1
21. 马三进四　马3进2　　22. 炮七平六　炮7进2
23. 炮五进一　炮7退4　　24. 车二平三　马7退8
25. 马四进三　马8进6　　26. 车三平四　士5进6
27. 车四进四

第117局　徐健秒 胜 程进超

1. 炮二平五　炮8平5　　2. 马二进三　马8进7

3. 车一平二 卒7进1
4. 马八进七 马2进3
5. 兵七进一 炮2进4
6. 马七进八 车9进1
7. 车九进一 车9平4
8. 仕四进五 炮2平7
9. 车九平七 车4进1
10. 相三进一 炮7平1
11. 车二进六 炮1进3
12. 车七进一 车1进1
13. 马八进七 车1平2
14. 马七进五 象3进5
15. 车二平三 马7退9
16. 兵七进一 象5进3
17. 车三平五 象3退5
18. 车五平七 卒1进1
19. 兵五进一 士4进5
20. 兵五进一 马3退4
21. 马三进五 车4进4
22. 马五进六 炮1平2
23. 前车平一 马9进7
24. 车一平三 马7退8
25. 炮八进四 马8进9
26. 车三平一 马9退7
27. 炮八平九 车4平2
28. 炮五平三 马7进9
29. 兵五进一 前车退2
30. 兵五进一 象7进5
31. 炮九进三 马4进3
32. 马六进七 后车平3
33. 车一进一 车2平3
34. 车七进三 象5进3
35. 炮三平八

第118局 黄海林 胜 张江

1. 炮二平五 炮8平5
2. 马二进三 马8进7
3. 车一平二 马2进3
4. 马八进七 卒7进1
5. 兵七进一 炮2进4
6. 马七进八 车9进1
7. 车九进一 车9平4
8. 仕四进五 炮2平7
9. 车九平七 象3进1
10. 马八进七 车1平2
11. 炮八平六 车2进4
12. 相三进一 士4进5
13. 兵九进一 车4进2
14. 马七进九 车2退2
15. 兵七进一 车4进2
16. 兵五进一 车4进1
17. 兵七进一 马3退4
18. 车七进四 卒7进1
19. 相一进三 车2平1
20. 炮五进一 炮5进3

21. 炮六平五　炮 5 进 2
22. 相三退五　车 1 平 6
23. 车七平三　车 6 进 4
24. 车二平四　车 6 进 3
25. 帅五平四　炮 7 平 6
26. 车三进二　卒 5 进 1
27. 车三退三　象 7 进 5
28. 车三退一　炮 6 退 5
29. 帅四平五　士 5 进 6
30. 车三进五　炮 6 平 2
31. 炮五平三　炮 2 进 6
32. 马三退一　士 6 进 5
33. 炮三平二　炮 2 进 1
34. 炮二进六　将 5 平 6
35. 马一进三　车 4 退 1
36. 车三进一　将 6 进 1
37. 炮二退九　士 5 进 4
38. 车三平六　炮 2 退 1
39. 马三进五　卒 5 进 1
40. 马五进三　车 4 退 1
41. 车六平五　卒 5 平 6
42. 炮二平四　士 4 退 5
43. 车五平八

第 119 局　徐天红 胜 张申宏

1. 炮二平五　炮 8 平 5
2. 马二进三　马 8 进 7
3. 车一平二　卒 7 进 1
4. 马八进七　马 2 进 3
5. 兵七进一　炮 2 进 4
6. 马七进八　车 9 进 1
7. 车九进一　车 9 平 4
8. 仕四进五　炮 2 平 7
9. 车九平七　象 3 进 1
10. 相三进一　炮 7 平 1
11. 车二进六　马 7 进 6
12. 车七进二　炮 1 进 3
13. 车二平四　马 6 进 7
14. 车四退三　炮 5 平 7
15. 兵五进一　士 4 进 5
16. 兵五进一　车 1 平 4
17. 兵五进一　马 3 进 5
18. 炮八平六　前车进 6
19. 仕五进六　车 4 进 7
20. 帅五进一　车 4 进 2
21. 马八进七　车 4 退 6
22. 马七进八　车 4 退 2
23. 车七平八　马 7 进 9
24. 车四平六　车 4 平 3
25. 马三进四　炮 7 平 5
26. 马四进五　马 9 进 7
27. 炮五进五　象 7 进 5
28. 马五进三　卒 7 进 1
29. 马三退四　卒 7 平 6
30. 马四进六

第120局 吕钦 胜 陶汉明

1. 炮二平五 炮8平5
2. 马二进三 马8进7
3. 车一平二 马2进3
4. 兵七进一 卒7进1
5. 马八进七 炮2进4
6. 马七进八 车9进1
7. 车九进一 车9平4
8. 仕四进五 炮2平7
9. 车九平七 卒7进1
10. 兵七进一 卒3进1
11. 车七进四 车4进4
12. 马八退七 车4进1
13. 车七进二 车4平3
14. 车七退四 炮7平3
15. 相七进九 炮5平3
16. 兵五进一 后炮进5
17. 车二进三 后炮平7
18. 马三进五 炮3退1
19. 兵五进一 车1平2
20. 炮八平七 士4进5
21. 车二退一 卒5进1
22. 马五进三 象3进5
23. 车二进四 马7进6
24. 车二平四 炮3退2
25. 马三进五 炮7平5
26. 帅五平四 车2平4
27. 马五退七 车4进4
28. 炮七进三 车4平3
29. 马七进五 马6进8
30. 帅四进一 车3平4
31. 马五退三 车4进2
32. 车四平九 马8进7
33. 马三进二 将5平4
34. 炮五平六 士5进4
35. 车九平三 马7退6
36. 车三平四 马6退4
37. 车四进三 将4进1
38. 车四退一 将4退1
39. 车四退五 车4平1
40. 车四进二 车1退2
41. 马二进三 炮5退3
42. 车四平五

第121局 徐天红 和 陶汉明

1. 炮二平五 炮8平5
2. 马二进三 马8进7
3. 车一平二 马2进3
4. 马八进七 卒7进1
5. 兵七进一 炮2进4
6. 马七进八 车9进1

7. 车九进一　车 9 平 4
8. 仕四进五　炮 2 平 7
9. 车九平七　卒 7 进 1
10. 兵七进一　卒 3 进 1
11. 车七进四　车 4 进 4
12. 马八退七　车 4 进 1
13. 车七进二　车 4 平 3
14. 车七退四　炮 7 平 3
15. 相七进九　炮 5 平 3
16. 兵五进一　后炮进 5
17. 车二进三　后炮平 7
18. 马三进五　炮 3 退 1
19. 兵五进一　车 1 平 2
20. 炮八平七　士 4 进 5
21. 车二进三　炮 3 退 3
22. 车二进一　象 3 进 5
23. 马五进三　车 2 进 6
24. 兵五进一　马 7 进 5
25. 马三进五　马 5 进 7
26. 车二退一　炮 3 平 5
27. 炮五进四

第 122 局　黄勇 胜 吕钦

1. 炮二平五　炮 8 平 5
2. 马二进三　马 8 进 7
3. 车一平二　卒 7 进 1
4. 马八进七　马 2 进 3
5. 兵七进一　炮 2 进 4
6. 马七进八　车 9 进 1
7. 车九进一　车 9 平 4
8. 仕四进五　炮 2 平 7
9. 车九平七　象 3 进 1
10. 兵五进一　士 4 进 5
11. 马八进七　车 4 进 5
12. 兵七进一　车 1 平 2
13. 兵七平八　车 2 平 3
14. 车七进三　马 3 退 1
15. 相七进九　车 4 平 2
16. 炮八平七　炮 7 退 1
17. 兵五进一　炮 5 平 3
18. 兵八平七　炮 3 进 2
19. 兵五进一　炮 3 进 3
20. 车七退二　车 2 平 7
21. 兵五平六　象 7 进 5
22. 兵六进一　车 7 进 1
23. 兵六平五　炮 7 平 5
24. 车七进二　车 7 退 2
25. 相三进一　车 7 平 6
26. 车二进六　车 3 进 2
27. 车二平三　马 7 退 9
28. 兵五平六　车 3 退 2
29. 兵六进一　车 6 平 8
30. 相一退三　车 8 平 7
31. 相三进一　车 7 平 8
32. 相一退三　马 1 进 3

33. 马七进五

第 123 局　阎文清 胜 胡荣华

1. 炮二平五　炮 8 平 5　**2.** 马二进三　马 8 进 7
3. 车一平二　卒 7 进 1　**4.** 马八进七　马 2 进 3
5. 兵七进一　炮 2 进 4　**6.** 马七进八　车 9 进 1
7. 车九进一　车 9 平 4　**8.** 仕四进五　炮 2 平 7
9. 车九平七　象 3 进 1　**10.** 兵五进一　士 4 进 5
11. 马八进七　车 4 进 5　**12.** 兵七进一　车 1 平 2
13. 兵七平八　车 2 平 3　**14.** 兵五进一　炮 5 进 2
15. 车二进四　炮 7 退 1　**16.** 相三进一　炮 5 进 1
17. 车二进三　车 3 平 4　**18.** 炮八退二　炮 7 进 1
19. 车二退三　炮 7 退 1　**20.** 车二进三　前车平 7
21. 马三退四　马 7 进 6　**22.** 相一进三　象 1 进 3
23. 车二平七　卒 7 进 1　**24.** 兵八平七　卒 7 平 6
25. 后车进三　车 4 进 5　**26.** 前车进二　士 5 退 4
27. 马七进九　将 5 进 1　**28.** 前车退一　将 5 进 1
29. 前车退一　将 5 退 1　**30.** 前车进一　将 5 进 1
31. 前车平四　车 4 平 3　**32.** 马九进七　将 5 平 4
33. 马七退八　将 4 平 5　**34.** 马八进七　将 5 平 4
35. 马七退八　将 4 平 5　**36.** 马八退七

第 124 局　陶汉明 负 吕钦

1. 炮二平五　炮 8 平 5　**2.** 马二进三　马 8 进 7
3. 车一平二　卒 7 进 1　**4.** 马八进七　马 2 进 3
5. 兵七进一　炮 2 进 4　**6.** 马七进八　车 9 进 1
7. 车九进一　车 9 平 4　**8.** 仕四进五　炮 2 平 7
9. 车九平七　车 4 进 1　**10.** 炮五平六　卒 1 进 1

11. 相三进五　炮5退1
12. 兵七进一　卒3进1
13. 车七进四　象3进5
14. 车七退一　炮5平3
15. 车七平四　士4进5
16. 炮八平九　车1平2
17. 炮九平八　车2平3
18. 炮八平七　炮3进6
19. 马八退七　马3进2
20. 车二进三　车3进7
21. 车二平三　马2进1
22. 车四平八　车4进4
23. 车三平四　马1退3
24. 车八进五　士5退4
25. 马三进四　马3进4
26. 帅五平四　车4退4
27. 马四进五　士6进5
28. 马五进三　象5退3
29. 马三进一　象7进9
30. 车八退三　车4平8
31. 仕五进六　车3平4
32. 帅四平五　车8进7
33. 车四退三　车8退8
34. 车八平一　车8平9
35. 车一平九　车9平8
36. 车九退一　车8进7
37. 车四进二　卒7进1
38. 车九退一　卒7进1
39. 车九平四　车8平4
40. 仕六进五　后车平3
41. 前车平七　车3平2
42. 兵一进一　象3进5
43. 兵一进一　车2进1
44. 仕五退四　车2退1
45. 仕四进五　士5退6
46. 车七平九　车2进2
47. 车九平七　车2退1
48. 仕五退四　车2退1
49. 车七平四　士4进5
50. 相五进七　车2进1
51. 后车平五　车4平3
52. 车五平六　车3进1
53. 车六退二　车3退3
54. 相七退五　卒7进1
55. 仕四进五　卒7进1
56. 车六平九　士5退4
57. 车九平七　车3平5
58. 车四退二　车5平9

第125局　郑乃东 和 颜成龙

1. 炮二平五　炮8平5
2. 马二进三　马8进7
3. 车一平二　卒7进1
4. 马八进七　马2进3
5. 兵七进一　炮2进4
6. 马七进八　车9进1

7. 马八进七 车9平4
8. 仕六进五 车4进2
9. 炮五平七 炮2平3
10. 兵七进一 车1平2
11. 炮八进三 炮3退3
12. 炮七平八 车2平1
13. 前炮平三 马3退5
14. 炮三进一 卒5进1
15. 炮三平七 车1平2
16. 炮八平五 象3进1
17. 炮五进三 车4平5
18. 炮五进二 象7进5
19. 车二进八 象1进3
20. 炮七进二 车2进1
21. 炮七退一 车2进6
22. 炮七平三 马5进7
23. 相七进五 马7进6
24. 兵三进一 马6进5
25. 马三进五 车5进3

第126局 郑轶莹 胜 张婷婷

1. 炮二平五 炮8平5
2. 马二进三 马8进7
3. 车一平二 卒7进1
4. 马八进七 马2进3
5. 兵七进一 炮2进4
6. 马七进八 炮2平7
7. 相三进一 车9进1
8. 车二进四 车9平4
9. 仕四进五 马7进6
10. 车二平四 车4进3
11. 兵五进一 士4进5
12. 兵五进一 车4平5
13. 兵九进一 炮5平6
14. 车四平二 象3进5
15. 车九进三 车1平4
16. 马八进七 车5平2
17. 炮八平六 车4进3
18. 炮六平七 车2进5
19. 相七进九 车2退1
20. 兵七进一 车2平3
21. 车二平七 象5退3
22. 兵七平八 象7进5
23. 车九平八 卒5进1
24. 兵八进一 卒5进1
25. 车八退一 卒5进1
26. 炮五平六 马3进5
27. 车八进三 马5退7
28. 车八平五 炮6退1
29. 马七退六 卒5平4
30. 炮六平五 炮6进2
31. 兵八进一 炮7平5
32. 马六进四 马7进6
33. 车五平四 卒4进1
34. 马三进五 卒4平5

35. 车四平六　车4平5　　36. 车六进三　象3进1
37. 兵八平九　士5退4　　38. 车七平六　士6进5
39. 后车退三

第127局　李家华 和 阎文清

1. 炮二平五　炮8平5　　2. 马二进三　马8进7
3. 车一平二　卒7进1　　4. 兵七进一　炮2进4
5. 马八进七　马2进3　　6. 马七进八　炮2平7
7. 相三进一　车9进1　　8. 马八进七　车1平2
9. 炮八平七　车2进6　　10. 马七进五　车2平3
11. 马五进六　车9平4　　12. 炮七平六　车4退1
13. 仕四进五　车3退1　　14. 车九平八　象3进5
15. 车二平四　卒7进1　　16. 相一进三　车3平7
17. 车四进三　士6进5　　18. 兵五进一　车4平2
19. 车八进九　马3退2　　20. 车四平七　车7退1
21. 炮六平九　炮7退1　　22. 炮九进四　车7平1
23. 炮五平九　车1平3　　24. 车七进二　象5进3
25. 马三进二　马2进3　　26. 相七进五　炮7进1
27. 前炮平七　马7进8　　28. 兵九进一　卒9进1
29. 马二进四　炮7平2　　30. 兵九进一　马8进9
31. 兵九平八　象3退1　　32. 兵八进一　马3退2
33. 炮九平六　马9退8　　34. 马四进六　马8进6
35. 仕五进四　炮2平4　　36. 炮七退五　士5进4
37. 炮七平四　马6进5　　38. 帅五进一　马5退4
39. 炮六进二　炮4退3　　40. 兵八进一　炮4进6
41. 帅五退一　炮4退1　　42. 炮六退二　马2进4
43. 帅五平六　马4进2　　44. 帅六进一　马2进3
45. 炮四平五　将5平6　　46. 炮六平五　士4退5
47. 前炮进四　马3进5　　48. 后炮平四　士5进6

49. 仕四退五 士6退5　50. 炮五平二 象1进3

第128局 李锦欢 胜 刘殿中

1. 炮二平五 炮8平5　2. 马二进三 马8进7
3. 车一平二 卒7进1　4. 兵七进一 炮2进4
5. 马八进七 马2进3　6. 马七进八 炮2平7
7. 仕四进五 车9进1　8. 车九进一 卒1进1
9. 相三进一 车9平4　10. 车二进四 马7进6
11. 车二平四 车4进3　12. 车九平七 马6退7
13. 车四退一 马7进8　14. 马八进七 炮5平7
15. 兵七进一 车4进2　16. 炮八进四 卒7进1
17. 相一进三 车1平2　18. 炮八平五 马3进5
19. 炮五进四 车4退3　20. 兵七平六 车4进1
21. 帅五平四 车4退1　22. 车四进六 将5进1
23. 车七进四 车2进5　24. 车七平二 车4平3
25. 车二进三 后炮退1　26. 相三退五 车2平7
27. 相五进三 车3平5　28. 相三退五

第129局 聂铁文 负 万春林

1. 炮二平五 炮8平5　2. 马二进三 马8进7
3. 车一平二 卒7进1　4. 马八进七 马2进3
5. 兵七进一 炮2进4　6. 马七进八 炮2平7
7. 仕四进五 车9进2　8. 车九进一 车9平8
9. 车九平六 车8进7　10. 马三退二 炮5平6
11. 兵五进一 士4进5　12. 车六进二 炮7退1
13. 炮五平三 马7退9　14. 相三进五 炮7平8
15. 马八进七 象3进5　16. 车六平四 车1平2
17. 车四进三 卒7进1　18. 炮八平六 车2进3

19. 兵七进一　象5进3　20. 炮六进六　车2平3
21. 炮六平七　车3平2　22. 炮七平一　象3退5
23. 兵五进一　车2进3　24. 兵五进一　车2平8
25. 马二进四　炮6进6　26. 兵五进一　炮6平7
27. 炮一进一　车8平5　28. 相五进三　炮8进4
29. 车四平二　炮8平9　30. 车二退五　炮7进1
31. 车二退一　车5平7　32. 车二平一　车7进1
33. 相七进五　炮7退1　34. 车一平二　车7退1
35. 车二进九　车7平5　36. 相三退一　车5平7
37. 相一进三　车7平5　38. 相三退一　车5平7
39. 相一进三　车7平6　40. 车二退三　车6平5
41. 相三退一　车5退4　42. 车二平三　炮7平9
43. 车三进三　车5平9　44. 车三退八　车9退2
45. 车三平一　车9平8　46. 车一平三　车8进6
47. 车三进五　车8平9　48. 车三平七　马3退4
49. 相一退三　卒1进1　50. 车七平九　车9平1
51. 车九平一　车1平5　52. 车一平九　车5退2
53. 车九进三　士5进6　54. 帅五平四　士6进5
55. 帅四平五　将5平6　56. 仕五进六　将6进1
57. 车九平七　马4进5　58. 车七退五　车5平4
59. 仕六进五　马5进6　60. 帅五平六　马6进4
61. 帅六平五　车4退1　62. 车七平八　马4进6
63. 车八平四　车4进3　64. 车四平七　车4平1
65. 相五退七　卒1进1　66. 相三进五　车1进3
67. 帅五平六　马6进7　68. 车七平五　卒1进1
69. 仕五进四　卒1平2　70. 车五平三　马7退6
71. 仕六退五　车1退5　72. 帅六平五　车1平4
73. 车三进四　将6退1　74. 车三进一　将6进1
75. 车三退六　车4平6　76. 车三进一　卒2平3
77. 车三进四　将6退1　78. 车三进一　将6进1

79. 车三退五 卒3平4　80. 车三进四 将6退1
81. 车三进一 将6进1　82. 车三退五 卒4进1
83. 仕五进六 马6进4　84. 帅五平六 车6进3
85. 车三平六 马4退2　86. 车六平七 马2进3
87. 车七平三 车6进2　88. 帅六进一 车6平5

第130局 欧阳琦琳 和 单霞丽

1. 炮二平五 炮8平5　2. 马二进三 马8进7
3. 车一平二 卒7进1　4. 马八进七 马2进3
5. 兵七进一 炮2进4　6. 马七进八 车9进1
7. 车二进四 炮2平7　8. 相三进一 车9平4
9. 炮八平七 车4进3　10. 马八进七 炮5平6
11. 车九平八 象3进5　12. 车二平六 车4平6
13. 兵五进一 炮7平3　14. 兵五进一 卒5进1
15. 马三进五 卒5进1　16. 车六平五 炮3退3
17. 炮七进四 车6退1　18. 兵七进一 士6进5
19. 车五进一 象5进3　20. 车五平七 炮6平5
21. 仕六进五 炮5进5　22. 相七进五 象7进5
23. 车七退一 车1平2　24. 车八进九 马3退2
25. 炮七进二 马2进1　26. 炮七平九 车6平3
27. 车七平八 马1退3　28. 相一退三 车3平2
29. 车八平七 马3进4　30. 车七进三 马7进6
31. 马五进六 车2退2　32. 炮九进一 车2退1
33. 炮九退一 车2进1　34. 炮九进一 车2退1
35. 炮九退一 车2进1　36. 炮九进一 车2退1
37. 炮九退一 车2进9　38. 仕五退六 车2退8
39. 炮九进一 车2退1　40. 炮九退一 车2进1
41. 炮九进一 车2退1　42. 炮九退一 将5平6
43. 车七退一 车2进4　44. 炮九进一 车2退4

45. 炮九退一　卒1进1
46. 车七退三　象5退7
47. 车七平四　车2进4
48. 炮九进一　车2退4
49. 炮九退三　卒9进1
50. 车四进一　将6平5
51. 马六进四　士5进6
52. 马四进二　象7进5
53. 马二退一　士4进5
54. 马一进二　车2进3
55. 炮九进二　车2进3
56. 兵一进一　车2平8
57. 马二退四　车8平4
58. 车四平八　将5平4
59. 仕四进五　马6进4
60. 仕五进四　前马进2
61. 仕六进五　马4进6
62. 车八平四　马6退4
63. 兵一进一　车4退1
64. 车四退一　马2退3
65. 车四平五　马4进5
66. 马四退五　车4平5
67. 车五平三　卒1进1
68. 兵九进一　车5平1
69. 炮九平七　卒7进1
70. 车三进一　车1平7
71. 相五进三　将4进1

第四章 红七兵正马对左横车

第131局 谢卓森 负 张致忠

1. 炮二平五 炮8平5
2. 马二进三 马8进7
3. 车一平二 卒7进1
4. 兵七进一 车9进1
5. 马八进七 卒3进1
6. 兵七进一 车9平3
7. 兵七进一 车3进2
8. 马七进八 车3退1
9. 炮八进五 车3平2
10. 车二进四 车2进2
11. 车二平七 马2进1
12. 炮五平八 车2平4
13. 相七进五 马7进6
14. 车七进五 车1平3
15. 马八进六 车3进7
16. 炮八进四 马6进4
17. 马六进五 马4进2
18. 车九平七 马2进4
19. 帅五进一 马4进3
20. 马五进三 将5进1
21. 炮八平一 将5平4
22. 炮一进二 士4进5
23. 兵三进一 卒7进1
24. 前马退二 将4退1
25. 马二退三 马3退4
26. 帅五平四 马4退3
27. 帅四进一 马3退5
28. 前马进五 卒5进1
29. 仕四进五 车3退4
30. 炮一退四 车3平6
31. 炮一平四

第132局 陈钊荣 负 庄宏明

1. 炮二平五 炮8平5
2. 马二进三 马8进7
3. 车一平二 卒7进1
4. 兵七进一 车9进1
5. 马八进七 卒3进1
6. 车二进四 车9平3
7. 兵七进一 车3进3
8. 马七进六 马2进3

9. 相七进九　炮2平1　10. 车九平七　车3进5
11. 相九退七　车1平2　12. 炮八平七　车2进5
13. 相七进九　炮1进4　14. 炮七进二　炮1平7
15. 炮五平七　炮7进3　16. 仕四进五　马3退1
17. 马六进七　车2进2　18. 前炮进五　士4进5
19. 车二平六　马1退3　20. 炮七进七　车2退7
21. 马七进五　象7进5　22. 炮七退二　马7进6
23. 车六平四　车2进4　24. 马三进二　卒7进1
25. 车四平三　炮7平9　26. 马二退三　车2平5
27. 车三平四　马6退8　28. 炮七退一　马8退6
29. 车四进二　车5平7　30. 马三进四　车7进5
31. 仕五退四　炮9平6　32. 马四进五　炮6平4
33. 帅五进一　车7退3　34. 马五进七　车7平5
35. 帅五平六　炮4平5　36. 马七退九　象5退7
37. 相九进七　士5进4　38. 相七退五　车5进1
39. 车四进一　车5退4　40. 车四平六　车5平3
41. 车六进二　将5进1　42. 马九进八　车3进5
43. 帅六退一　车3进1　44. 帅六进一　炮5平4
45. 马八退六　象7进5　46. 兵一进一　车3平1
47. 车六平五　将5平4　48. 帅六平五　将4进1

第133局　赵剑 负 潘仕强

1. 炮二平五　炮8平5　2. 马二进三　马8进7
3. 车一平二　卒7进1　4. 兵七进一　车9进1
5. 马八进七　马2进3　6. 车二进四　车1进1
7. 炮八进二　车9平8　8. 车二进四　车1平8
9. 马七进六　卒3进1　10. 兵七进一　车8平4
11. 马六退七　车4进5　12. 车九进二　马3退5
13. 炮八退三　炮2进4　14. 炮八平四　炮2平3

15. 炮四进二 炮3进3
16. 仕六进五 车4进2
17. 炮四退二 车4退2
18. 炮四进二 车4进2
19. 炮四退二 车4退2
20. 炮四进二 车4进2
21. 车九退一 车4退5
22. 车九平七 炮3平1
23. 车七平九 炮1平3
24. 车九平七 炮3平1
25. 车七平九 炮1平3
26. 车九平七 炮3平1
27. 马七进八 车4进2
28. 马八退六 炮1退2
29. 炮五平六 车4平6
30. 兵七平六 象3进1
31. 炮四退一 炮1平6
32. 兵三进一 车6进1
33. 兵三进一 车6平5
34. 车七进二 马5退3
35. 兵三进一 马7退8
36. 马三进二 炮6平8
37. 兵六进一 士6进5
38. 马二进四 炮8进2
39. 马四进五 象7进5
40. 车七进一 马8进6
41. 车七平二 车5平4
42. 车二退四 马6进7
43. 兵六平五 象1进3
44. 兵五平四 马7进6
45. 车二进四 马6进8
46. 兵九进一 马8进7
47. 帅五平六 马7退6
48. 车二退一 马3进4
49. 车二平三 马4进5
50. 相三进五 马6进4
51. 车三平六 马4进2

第134局 汪洋 和 孙勇征

1. 炮二平五 炮8平5
2. 马二进三 马8进7
3. 车一平二 卒7进1
4. 兵七进一 车9进1
5. 马八进七 马2进3
6. 车二进四 车1进1
7. 车九进一 车1平4
8. 兵三进一 车4进3
9. 马三进四 车4平6
10. 炮八进二 卒3进1
11. 炮五平四 车6平5
12. 兵七进一 车5平3
13. 相七进五 炮5平6
14. 炮四平三 象3进5
15. 兵三进一 车3平7
16. 炮三进五 车7退2

17. 车二进二　炮6进7
18. 马四进五　马3进5
19. 车二平五　车9平3
20. 炮八平五　士6进5
21. 帅五平四　车3进6
22. 车五平四　车7平6
23. 车四进一

第135局　郭莉萍 和 胡明

1. 炮二平五　炮8平5
2. 马二进三　马8进7
3. 车一平二　卒7进1
4. 兵七进一　车9进1
5. 马八进七　马2进3
6. 车二进四　车1进1
7. 车九进一　车1平4
8. 兵三进一　车4进3
9. 炮五平四　车9平6
10. 兵三进一　车4平7
11. 马三进四　车6平4
12. 相三进五　炮5平6
13. 马七进八　炮2进5
14. 炮四平八　炮6进7
15. 车二退三　车7平6
16. 马四退三　车4平6
17. 马三进二　前车平8
18. 车九平三　车6进1
19. 车三平四　车6进6
20. 车二平四　车8进1
21. 车四退一　象7进5
22. 马八进七　车8进1
23. 车四进七　马7进8
24. 车四平二　车8进3
25. 帅五进一　车8退1
26. 帅五退一　车8进1
27. 帅五进一　车8退1
28. 帅五退一　马8进9
29. 车二退六　马9进8
30. 仕六进五　马8退7
31. 相五进三　马7退9
32. 炮八平七　马9退8
33. 相三退五　马8进6
34. 兵五进一　士6进5
35. 兵五进一　卒5进1
36. 马七退五　马3进2
37. 炮七平九　马2进1
38. 炮九进四　马1进3
39. 炮九退一　马6进8

第136局 于幼华 负 郑乃东

1. 炮二平五 炮8平5
2. 马二进三 马8进7
3. 车一平二 卒7进1
4. 兵七进一 车9进1
5. 马八进七 车9平4
6. 车二进四 马2进3
7. 炮八平九 车1平2
8. 车九平八 炮2进4
9. 兵三进一 车4进3
10. 炮五平四 炮2平3
11. 炮九平八 车2进6
12. 马三进四 车4平5
13. 相七进五 炮3平1
14. 仕六进五 马3退5
15. 炮四平三 车5平6
16. 炮三进一 炮1进3
17. 车八平九 车2进1
18. 兵三进一 车6平7
19. 炮三退一 车2退3
20. 车九平六 马7进6
21. 车六进八 马5进7
22. 相五进三 车7平8
23. 车二进一 马7进8
24. 炮三进七 士6进5
25. 炮三退四 车2进3
26. 相三退五 马8进7
27. 车六退六 马7进6
28. 车六进三 车2平3
29. 炮三退三 车3退1
30. 车六平四 炮5进4
31. 帅五平六 炮5退1
32. 车四平二 象3进5
33. 马四进五 车3平4
34. 帅六平五 车4平2
35. 帅五平六 车2平4
36. 帅六平五 车4平5
37. 马五进三 炮5进2
38. 仕五进六 炮5平6
39. 仕六退五 车5平7
40. 仕五进四 车7退4
41. 炮三平一 车7进7
42. 帅五进一 车7平8
43. 车二平五 车8退6
44. 车五进二 马6进8
45. 炮一退一 马8退7
46. 炮一平四 马7进6
47. 帅五退一 马6退8
48. 车五平四 车8平5
49. 炮四平五 卒1进1
50. 车四退四 车5进4

第137局　刘昱 胜 张致忠

1. 炮二平五　炮8平5
2. 马二进三　马8进7
3. 车一平二　卒7进1
4. 兵七进一　车9进1
5. 车二进四　车9平4
6. 马八进七　马2进3
7. 兵三进一　车4进3
8. 马三进四　车4平6
9. 炮八进二　卒3进1
10. 炮五平四　车6平5
11. 兵七进一　车5平3
12. 相七进五　象7进9
13. 炮八退三　马3进4
14. 炮八平七　车3平2
15. 马四进六　车2平4
16. 车九平八　炮2平4
17. 仕六进五　炮5退1
18. 车八进七　象3进5
19. 兵三进一　象9进7
20. 车二进四　象5退7
21. 炮四平三　炮5进1
22. 车八退三　卒1进1
23. 炮七退一　士6进5
24. 炮三进五　炮4平7
25. 车二平三　炮7平9
26. 车三进一　士5退6
27. 车三退三　炮9退1
28. 车三平一　炮9平4
29. 车一平五　炮4平5
30. 车五平四　前炮进5
31. 相三进五　炮5进6
32. 仕五退六　车4进3
33. 马七进六　炮5平9
34. 仕四进五　车4退1
35. 帅五平四　士4进5
36. 炮七进二　车4平5
37. 炮七平五

第138局　孙浩宇 胜 李群

1. 炮二平五　炮8平5
2. 马二进三　马8进7
3. 车一平二　卒7进1
4. 兵七进一　车9进1
5. 车二进四　车9平4
6. 马八进七　马2进3
7. 兵三进一　卒7进1
8. 车二平三　车4进1
9. 车九进一　炮5退1
10. 马三进四　炮5平7

11. 马四进三 士4进5　12. 车九平二 车1进2
13. 炮五平三 炮2退1　14. 炮八退一 马7退9
15. 马三退四 炮7进6　16. 车三退二 车4平6
17. 车二进三 象7进5　18. 炮八平四 车6平9
19. 车三平六 马9退7　20. 车六进六 炮2进3
21. 马七进六 车1平2　22. 马六进七 炮2平5
23. 相七进五 车9平7　24. 马四进六 马7进6
25. 炮四平七 马6进7　26. 马六进七 车2平3
27. 马七退五 车3平2　28. 马五退三 车2退2
29. 车二进二 车2平1

第139局 张国凤 和 常婉华

1. 炮二平五 炮8平5　2. 马二进三 马8进7
3. 车一平二 卒7进1　4. 兵七进一 车9进1
5. 车二进四 车9平4　6. 马八进七 马2进3
7. 车二平六 车1进1　8. 仕六进五 士4进5
9. 相七进九 炮5平6　10. 车九平六 车4进4
11. 车六进四 象3进5　12. 炮八进一 炮2退2
13. 兵三进一 卒7进1　14. 车六平三 马7进6
15. 车三进二 车1平2　16. 炮八进六 车2退1
17. 车三平四 马6进7　18. 车四退三 马7退8
19. 马七进六 车2进4　20. 车四进二 车2平6
21. 马六进四 卒3进1　22. 兵七进一 象5进3
23. 马三进二 马8进6　24. 炮五平六 马3进4
25. 马四退六 炮6平5　26. 马二进四 炮5进4
27. 相三进五 炮5平8　28. 马四进二 士5进4
29. 相五退三 炮8平5　30. 相三进五 士6进5
31. 相九退七 卒5进1　32. 马二进三 将5平6
33. 马三退四 马4退5　34. 帅五平六 马6进8

35. 马六退四　马8退6
36. 兵一进一　炮5平4
37. 炮六平九　炮4退3
38. 帅六平五　马6进4
39. 仕五进六　马5进6
40. 炮九退一　马4进6
41. 炮九平四　后马进7
42. 仕四进五　马7进6
43. 仕五进四　马6进8
44. 后马进五　马8退9
45. 马四退二　将6平5
46. 马五退三　马9进7
47. 帅五平四　马7退8
48. 马二进四　卒1进1
49. 仕四退五

第140局　徐超 负 蒋全胜

1. 炮二平五　炮8平5
2. 马二进三　马8进7
3. 车一平二　卒7进1
4. 兵七进一　车9进1
5. 车二进四　马2进3
6. 炮八平七　象3进1
7. 马八进九　车1平2
8. 兵七进一　象1进3
9. 车九平八　炮2进4
10. 兵三进一　卒7进1
11. 车二平三　马7进6
12. 车三平四　马6退7
13. 兵九进一　车9平2
14. 炮七退一　马7进8
15. 车四平二　前车平7
16. 马九进八　车7进6
17. 车八进三　车7退3
18. 车八平六　炮5平8
19. 车二平六　士4进5
20. 炮五平八　车2平3
21. 炮七进五　马3退4
22. 相七进五　象3退5
23. 前车进一　车7平4
24. 车六进二　马8进6
25. 车六平四　马6进8
26. 仕六进五　马8退7
27. 车四退一　卒9进1
28. 炮八平九　车3进2
29. 炮七退六　马4进2
30. 马八进六　车3进5
31. 炮九进一　卒5进1
32. 车四平八　炮8退1
33. 炮七平八　车3退3
34. 炮八进八　炮8平2
35. 马六进五　象7进5
36. 车八进四　车3退1
37. 车八进一　士5退4
38. 车八退二　车3平5

39. 相五进七　士6进5
40. 相三进五　卒9进1
41. 兵一进一　马7进9
42. 车八平九　马9退7
43. 炮九进三　象5退3
44. 车九进二　卒5进1
45. 兵九进一　卒5进1
46. 相五进三　车5平3
47. 相七退九　马7进5
48. 车九平八　象3进1
49. 车八退四　马5退6
50. 炮九平八　马6进7
51. 兵九进一　象1退3
52. 车八平三　马7进8
53. 车三退三　马8进9
54. 帅五平六　卒5平6
55. 仕五进六　车3平8
56. 仕四进五　马9退8
57. 炮八退二　马8退9
58. 车三进二　马9进7
59. 车三平四　卒6平5
60. 炮八进二　车8平5
61. 车四平七　卒5进1
62. 车七进五　士5退6
63. 车七退一　士4进5
64. 车七进一　士5退4
65. 车七退一　士4进5
66. 车七退五　马7进6
67. 车七平四　马6退5
68. 帅六平五　卒5平4
69. 仕五进六　马5退3
70. 帅五平六　马3进4

第141局　郑乃东 胜 熊学元

1. 炮二平五　炮8平5
2. 马二进三　马8进7
3. 车一平二　卒7进1
4. 兵七进一　车9进1
5. 车二进四　马2进3
6. 马八进七　车1进1
7. 兵三进一　卒7进1
8. 车二平三　马7进6
9. 车三平四　马6退8
10. 车九进一　车9平7
11. 马三进二　车7进8
12. 炮五平三　车1平7
13. 相七进五　前车平8
14. 炮八退一　马8退6
15. 炮八平二　炮5退1
16. 相五进三　炮5平6
17. 炮三进六　炮6进4
18. 马二退三　车8平7
19. 车九平八　炮2平1
20. 车八进六　炮6退1
21. 车八平七　马6进8
22. 炮三退二　马8进7

23. 仕六进五　车7退1　　24. 炮二进三　车7平8
25. 帅五平六　炮6进4　　26. 车七退一　车8退1
27. 马七进六　炮6平7　　28. 车七平五　士4进5
29. 马六进四　炮1平4　　30. 兵七进一　炮7进1
31. 帅六进一　炮7退1　　32. 帅六退一　炮7进1
33. 帅六进一　车8进1　　34. 帅六进一　卒9进1
35. 炮二进二　象3进5　　36. 炮三平九　车8平6
37. 炮九退一　炮7平9　　38. 车五平八　炮9退2
39. 马三进二　车6退1　　40. 帅六退一　车6平3
41. 马二退一　车3进1　　42. 帅六退一　车3进1
43. 帅六进一　车3退5　　44. 炮九进四　车3平4
45. 仕五进六　车4平2　　46. 马四进六　马7进6

第142局　陈建国 胜 蔡忠诚

1. 炮二平五　炮8平5　　2. 马二进三　马8进7
3. 车一平二　卒7进1　　4. 兵七进一　车9进1
5. 车二进四　马2进3　　6. 马八进七　车1进1
7. 车二平六　车1平4　　8. 炮八进二　马7进6
9. 车六平四　车4进3　　10. 仕六进五　炮5平6
11. 车四平二　象3进5　　12. 炮五平六　车4进2
13. 相三进五　车4平3　　14. 车九进二　卒3进1
15. 兵七进一　车3退2　　16. 马七进六　马6进7
17. 车九平七　车3进3　　18. 马六退七　炮2退2
19. 车二进三　炮6进1　　20. 车二退一　炮2进3
21. 车二退二　卒1进1　　22. 炮八退一　炮6平7
23. 车二平七　马3进4　　24. 炮八平六　马4退6
25. 车七进二　炮2进3　　26. 前炮进三　车9平6
27. 车七进一　马6退5　　28. 车七平六

第五章　正马左横车对边炮

第143局　陈捷裕 和 赵国荣

1. 炮二平五　炮8平5　　2. 马二进三　马8进7
3. 车一平二　卒7进1　　4. 马八进七　马2进3
5. 车九进一　炮2平1　　6. 车九平六　车1平2
7. 兵七进一　车2进6　　8. 炮八退一　车9进1
9. 车二进一　车9平6　　10. 车二平四　车6进7
11. 炮八平四　士4进5　　12. 车六进五　车2平3
13. 车六退四　炮5平4　　14. 相七进九　炮4进4
15. 马三退五　象3进5　　16. 兵三进一　卒7进1
17. 炮五平三　炮4退4　　18. 炮四平三　马7退9
19. 车六平四　炮1平2　　20. 车四进六　将5平4
21. 前炮平六　将4平5　　22. 车四平一　卒7进1
23. 车一平四　象7进9　　24. 炮六平二　卒7平8
25. 炮二平四　卒8平7　　26. 相三进五　炮2进4
27. 相九退七　炮2平5　　28. 马七进五　车3平5
29. 马五进七　车5平4　　30. 炮四平二　卒7平8
31. 炮二平一　炮4进1　　32. 炮三进六　马3退4
33. 炮一平四　车4平3　　34. 车四退三　炮4进5
35. 仕六进五　卒8进1　　36. 车四平六　炮4平2
37. 车六平八　炮2平4　　38. 车八退三　炮4退4
39. 炮四进四　炮4平5　　40. 炮三退一　马4进3
41. 相七进九　卒3进1　　42. 车八进五　车3进1
43. 车八平七　车3平1　　44. 帅五平六　车1进2
45. 帅六进一　车1退1　　46. 帅六退一　车1进1

47. 帅六进一　车1退1　　48. 帅六退一　车1退2
49. 车七平八　车1平4　　50. 帅六平五　卒3进1
51. 车八进二　车4退6　　52. 车八退四　炮5进1
53. 炮三平五　象9退7　　54. 炮四平二　卒8平7
55. 炮二进三　车4进3　　56. 车八进四　车4退3
57. 车八退一　车4进3　　58. 车八进一　车4退3
59. 车八退一　车4进6　　60. 车八进一　车4退6

第144局　林宏敏 负 许银川

1. 炮二平五　炮8平5　　2. 马二进三　马8进7
3. 车一平二　卒7进1　　4. 马八进七　马2进3
5. 车九进一　炮2平1　　6. 车九平六　车1平2
7. 兵七进一　车2进6　　8. 炮八退一　车9进1
9. 车二进一　马7进6　　10. 炮八平七　马6进7
11. 兵七进一　马7进5　　12. 相三进五　卒3进1
13. 炮七进四　马3退1　　14. 马七进六　车2退3
15. 马六进四　车9平6　　16. 车六进四　车2平3
17. 炮七退四　马1进3　　18. 炮七平四　车6平7
19. 车二进五　车3进5　　20. 仕四进五　车3进1
21. 车六进四　将5平4　　22. 相五退七　卒7进1
23. 车二退一　将4平5　　24. 炮四平三　卒5进1
25. 车二进一　车7进3　　26. 车二平七　车7平6
27. 车七进一　车6进2　　28. 车七进二　将5进1
29. 车七退一　将5退1　　30. 车七平三　炮5进4
31. 马三进五　车6平5　　32. 车三退四　象7进5
33. 车三进二　卒9进1　　34. 车三平九　炮1进4
35. 炮三平四　车5平9　　36. 车九平一　卒5进1
37. 相七进五　炮1平5　　38. 车一平四　士6进5
39. 炮四退一　卒9进1　　40. 车四平一　车9进1

41. 炮四进五 车9平5
42. 帅五平四 卒9平8
43. 车一进三 士5退6
44. 炮四平八 车5平2
45. 车一平四 将5进1
46. 车四退一 将5退1
47. 车四退三 车2退2
48. 仕五进六 卒8平7
49. 炮八平五 炮5退2
50. 车四平五 将5进1
51. 帅四平五 车2平4
52. 仕六退五 卒5平6
53. 车五退二 车4平5
54. 车五平八 车5退1
55. 车八平九 卒6平5
56. 车九进五 将5退1
57. 车九退五 卒5进1
58. 车九进一 卒7进1
59. 车九平三 卒7平8
60. 车三平八 象5进3
61. 车八平二 卒8平7
62. 车二平三 卒7平8
63. 车三进五 将5进1
64. 车三退一 将5退1
65. 车三退七 卒5进1
66. 车三平四 卒8平7
67. 帅五平四 车5平8
68. 帅四平五 卒5平4
69. 车四退一 卒7进1

第145局 胡荣华 胜 李来群

1. 炮二平五 炮8平5
2. 马二进三 马8进7
3. 车一平二 卒7进1
4. 马八进七 马2进3
5. 车九进一 炮2平1
6. 车九平六 车1平2
7. 兵七进一 车2进6
8. 炮八退一 车9进1
9. 炮八平七 车9平6
10. 马七进六 车2进2
11. 车二进一 车6平4
12. 兵七进一 卒3进1
13. 炮七进六 车2平4
14. 车二平六 卒3进1
15. 炮七平三 炮1平7
16. 炮五进四 士4进5
17. 车六平七 车4进4
18. 相七进五 卒7进1
19. 相五进三 炮7进4
20. 相三进五 卒3进1
21. 仕四进五 将5平4
22. 车七平八 车4退2
23. 炮五退一 炮5平1
24. 车八进三 炮1进4

25. 相五退七　象 7 进 5
26. 相三退五　卒 1 进 1
27. 车八平三　卒 3 进 1
28. 车三平七　卒 3 平 2
29. 兵五进一　车 4 进 3
30. 炮五平二　炮 7 退 6
31. 马三进四　车 4 平 9
32. 兵五进一　车 9 进 3
33. 仕五退四　炮 1 平 5
34. 相五进三　车 9 退 5
35. 炮二平九　车 9 平 5
36. 车七平六　将 4 平 5
37. 马四进六　象 5 进 3
38. 马六进七　象 3 退 1
39. 炮九平八　士 5 进 4
40. 炮八进四　将 5 进 1
41. 车六进三　炮 5 平 3
42. 仕四进五　车 5 平 3
43. 马七退六　车 3 退 1
44. 车六平三

第 146 局　孙勇征 胜 梅兴宙

1. 炮二平五　炮 8 平 5
2. 马二进三　马 8 进 7
3. 车一平二　卒 7 进 1
4. 马八进七　马 2 进 3
5. 车九进一　炮 2 平 1
6. 车九平六　车 1 平 2
7. 兵七进一　车 2 进 6
8. 炮八退一　车 9 进 1
9. 车二进一　车 9 平 6
10. 车二平四　车 6 进 7
11. 炮八平四　卒 3 进 1
12. 炮四进六　马 3 退 5
13. 炮四退四　车 2 退 2
14. 车六进四　车 2 进 4
15. 兵七进一　车 2 平 6
16. 炮五平六　车 6 平 3
17. 马七进六　马 5 进 3
18. 车六平三　车 3 退 3
19. 马六进七　车 3 平 6
20. 车三进二　车 6 进 1
21. 车三进二　马 3 退 5
22. 车三退三　炮 5 平 3
23. 相三进五　炮 1 进 4
24. 车三平五　车 6 退 3
25. 马七进五

第 147 局　洪家川 负 马仲威

1. 炮二平五　炮 8 平 5
2. 马二进三　马 8 进 7

3. 车一平二 卒7进1
4. 马八进七 马2进3
5. 车九进一 炮2平1
6. 车九平六 车1平2
7. 兵七进一 车2进6
8. 车六进一 车2进1
9. 车六进七 将5平4
10. 炮五平八 车9进1
11. 马七进六 将4平5
12. 炮八平六 车9平6
13. 相三进五 马7进6
14. 马六进四 车6进3
15. 车二进八 炮5退1
16. 仕四进五 象3进5
17. 车二退四 炮1进4
18. 兵三进一 卒1进1
19. 兵三进一 车6平7
20. 兵一进一 炮5平7
21. 马三退四 炮1退1
22. 车二进二 卒3进1
23. 兵七进一 车7平3
24. 车二平一 炮7平3
25. 仕五进四 炮1进4
26. 车一平二 车3进4
27. 仕四退五 车3进1

第148局 胡荣华 和 李少庚

1. 炮二平五 炮8平5
2. 马二进三 马8进7
3. 车一平二 卒7进1
4. 马八进七 马2进3
5. 车九进一 炮2平1
6. 兵七进一 车1平2
7. 车九平六 车2进6
8. 炮八退一 车9进1
9. 炮八平七 车2进2
10. 车二进四 车9平2
11. 车二平六 炮5退1
12. 后车平四 后车进3
13. 车六进四 后车平6
14. 车四平三 炮5平6
15. 兵五进一 士6进5
16. 车六退七 车6进2
17. 马七进六 马7进6
18. 车三平二 车2平3
19. 车六平七 马6进4
20. 炮五平九 车6平7
21. 相七进五 卒5进1
22. 兵五进一 马4进6
23. 兵七进一 马6退5
24. 兵七平六 马5进4
25. 车七进五 马4退2
26. 车七进一 马2进1
27. 车二平八 车7进1
28. 车八进一 炮1进4

29. 车八平九　炮1平5　30. 仕六进五　炮6进5
31. 车九进四　象7进5　32. 车九平一　车7退2
33. 车一平四　车7平2　34. 车七退七　炮6退1
35. 车四平五　炮6平5　36. 车五平七　前炮平1
37. 兵一进一　卒7进1　38. 兵一进一　车2退1
39. 后车平六　炮1退2　40. 车七平六　炮1平4
41. 前车退一　车2平4　42. 车六进五　卒7进1
43. 兵一进一　炮5退2　44. 车六退二　炮5平6
45. 车六平三　炮6退3　46. 兵一平二　炮6平7
47. 车三平五　炮7平6　48. 兵二平三　炮6平7
49. 车五平一　炮7平6　50. 车一平六　炮6平7
51. 兵三进一　炮7平6　52. 兵三进一　象3进1
53. 兵三平四　象1退3　54. 仕五进四　象3进1
55. 相五退七　象1退3　56. 帅五进一　象3进1
57. 相七进五　象1退3　58. 相五进三　象3进1
59. 帅五退一　象1退3　60. 车六平一　炮6平7
61. 车一进六　炮7平6　62. 车一退二　炮6平7
63. 车一平二　炮7平6　64. 帅五进一　炮6平7
65. 帅五退一　炮7平6

第149局　吴贵临　负　阎文清

1. 炮二平五　炮8平5　2. 马二进三　马8进7
3. 车一平二　卒7进1　4. 马八进七　马2进3
5. 车九进一　炮2平1　6. 兵七进一　车1平2
7. 车九平六　车2进6　8. 炮八退一　车9进1
9. 车二进一　车9平6　10. 车二平四　车6进7
11. 炮八平四　士4进5　12. 炮四进二　车2退2
13. 炮四进三　马7进6　14. 炮四平七　炮5平7
15. 炮七进三　象7进5　16. 兵七进一　车2退4

17. 炮七退一 车2进1
18. 炮七平六 象5进3
19. 炮六退六 车2平4
20. 仕四进五 卒7进1
21. 车六平七 卒7进1
22. 马七进八 象3退5
23. 马三退一 炮1退2
24. 炮五平二 炮7平8
25. 相三进五 炮1平3
26. 炮六平七 炮3进7
27. 车七进一 马6进5
28. 车七进一 马5退6
29. 马八进七 车4进2
30. 车七进一 卒5进1
31. 马七进九 马6进5
32. 车七进二 车4平3
33. 马九退七 马5退6
34. 马七退五 马3进5
35. 相五进三 炮8进2
36. 马五退七 马5进4
37. 炮二平六 象5进3
38. 相三退五 马4进6
39. 炮六退一 后马进4
40. 炮六平七 士5进4
41. 马一退三 马6退5
42. 马七退六 马5进6
43. 马六进七 马6退5
44. 马七退六 马5进6
45. 马六进七 马6退5
46. 马七退六 士6进5
47. 马六进五 卒7平6
48. 马三进二 马4进2
49. 炮七平六 卒6平5
50. 马二进三 马5进7
51. 相五进三 将5平6
52. 仕五进四 炮8平6
53. 炮六平一 马2进4

第150局 熊学元 负 李来群

1. 炮二平五 炮8平5
2. 马二进三 马8进7
3. 车一平二 卒7进1
4. 马八进七 马2进3
5. 车九进一 炮2平1
6. 兵七进一 车1平2
7. 车九平六 车2进6
8. 炮八退一 车9进1
9. 车二进一 马7进6
10. 车六进四 车2平3
11. 车六平四 车3进1
12. 车二平四 炮5平6
13. 后车平六 车9平2
14. 炮八进四 车3进2
15. 炮八平三 士4进5
16. 炮三进二 象3进5

17. 车六进二　车3退4　18. 兵五进一　车3平2
19. 兵五进一　前车进1　20. 车四退二　前车平4
21. 车四平六　卒5进1　22. 马三进五　马3进5
23. 炮三进一　马5进3　24. 车六进三　车2进5
25. 马五进七　炮6进3　26. 车六平七　马3进5
27. 仕四进五　车2平7　28. 相三进一　炮6平3
29. 车七退二　马5进3　30. 相一进三　炮1进4

第151局　孟昭忠 和 童本平

1. 炮二平五　炮8平5　2. 马二进三　马8进7
3. 车一平二　马2进3　4. 马八进七　卒7进1
5. 车九进一　炮2平1　6. 兵七进一　车1平2
7. 车九平六　士6进5　8. 炮八退一　炮5平4
9. 车二进四　车9平8　10. 车二进五　马7退8
11. 车六平二　马8进7　12. 马七进六　象3进5
13. 马六进五　马7进5　14. 炮五进四　车2进7
15. 马三退二　炮4进6　16. 车二平六　马3进5
17. 兵五进一　象5退3　18. 车六平四　马5进4
19. 炮八平九　炮1平5　20. 炮九平五　炮5平2
21. 车四进二　车2平4　22. 炮五平八　车4进1
23. 炮八进五　卒3进1　24. 仕四进五　卒3进1
25. 马二进三　车4平2　26. 炮八平二　车2退5
27. 炮二进三　象7进5　28. 炮二退五　车2平8
29. 炮二平六　卒3平4　30. 兵五进一　车8进3
31. 马三进五　卒7进1　32. 马五进四　卒4平5
33. 车四平八　炮2平4　34. 车八进三　卒7平6
35. 车八平三　士5进6　36. 兵五进一　士4进5
37. 兵五进一　象3进5　38. 马四进五　炮4平2
39. 兵一进一　卒1进1　40. 相七进五　车8平9

41. 兵三进一 车9退1
42. 兵三进一 车9进1
43. 兵三平四 车9平3
44. 车三平一 车3退4
45. 马五退七 炮2退2
46. 马七退八 车3进2
47. 车一平七 车3平2
48. 车七进三 士5退4
49. 马八退六 士6退5
50. 马六进五 卒6进1
51. 车七退五 卒5进1
52. 兵九进一 卒1进1
53. 车七平九 车2退2
54. 相五退七 车2平7
55. 相三进五 炮2进9
56. 车九平八 炮2平1
57. 车八平九 炮1平2
58. 车九平八 炮2平1
59. 车八平四 卒5进1
60. 马五退四 车7平3

第152局 郑祥福 负 蒙世行

1. 炮二平五 炮8平5
2. 马二进三 卒7进1
3. 车一平二 马8进7
4. 马八进七 马2进3
5. 车九进一 炮2平1
6. 车二进四 车1平2
7. 车二平七 炮5平6
8. 兵五进一 卒3进1
9. 车七进一 象7进5
10. 车七进一 士6进5
11. 车九平四 车2进4
12. 兵五进一 卒5进1
13. 马三进五 卒5进1
14. 炮五进二 马7进6
15. 车四进四 车2平6
16. 炮五平一 车6平2
17. 炮一进五 车2进3
18. 马七退五 车2退3
19. 前马进七 车2平3
20. 车七平三 将5平6
21. 马五进六 车3平6
22. 马七进六 车6进2
23. 后马退五 车6进2
24. 马五进七 马3进4
25. 兵七进一 炮6平7
26. 仕六进五 车6退5
27. 车三平四 马4退6
28. 相七进五 炮7进4
29. 兵七进一 卒7进1
30. 马七进五 卒7平6
31. 马五进七 马6退8
32. 炮一平二 马8进7
33. 炮二退三 马7进8
34. 马七进五 炮1进4

35. 炮二平四　炮7退5
36. 炮四平九　卒9进1
37. 马五进三　士5进4
38. 马三进二　炮1平6
39. 炮九退三　马8进7
40. 帅五平六　将6平5
41. 炮九平五　士4进5
42. 马二退三　炮6进2
43. 仕五进六　马7退8
44. 相三进一　将5平6
45. 兵七进一　士5进6
46. 马三进二　炮6平8
47. 马二退三　士6退5
48. 炮五平八　象5进7
49. 兵七进一　马8进7
50. 炮八进六　象3进5
51. 马六进八　炮7进1
52. 兵七进一　炮8退5

第153局　程进超 负 林宏敏

1. 炮二平五　炮8平5
2. 马二进三　马8进7
3. 车一平二　马2进3
4. 马八进七　卒7进1
5. 车九进一　炮2平1
6. 车二进四　车1平2
7. 车二平七　车9进1
8. 车九平六　炮5平6
9. 车七进二　车2进2
10. 车六平四　炮6退1
11. 车四进六　炮6平3
12. 车七平五　马3进5
13. 车四平八　象7进5
14. 兵五进一　马5进6
15. 马三进五　炮3进6
16. 马五退七　车9平3
17. 炮八退一　马7进8
18. 炮八平七　士6进5
19. 仕六进五　马8进7
20. 马七退九　车3进5
21. 炮五平七　车3平4
22. 马九进八　士5进4
23. 前炮平六　士4进5
24. 相七进五　马7退5
25. 炮七进七　炮1进4
26. 炮七平八　马6进8
27. 炮八进一　士5退4
28. 车八退三　士4退5
29. 帅五平六　马5退3
30. 马八进六　马3进5
31. 马六退八　车4平3
32. 炮六平九　马8进7
33. 炮九退一　马7退6
34. 帅六平五　车3平4
35. 炮八退三　马5退3
36. 马八退六　马6进4

37. 仕五进六 车4进1
38. 炮九平一 车4退4
39. 仕四进五 炮1平5
40. 炮八平一 马3进4
41. 车八平五 马4进5

第154局 王秉国 胜 胡荣华

1. 炮二平五 炮8平5
2. 马二进三 马8进7
3. 车一平二 马2进3
4. 马八进七 卒7进1
5. 车九进一 炮2平1
6. 炮八进二 车1平2
7. 炮八平七 车2进2
8. 车九平六 卒3进1
9. 炮七平四 士6进5
10. 车二进六 象7进9
11. 车二平三 车9平7
12. 兵三进一 卒7进1
13. 车三退二 马7进6
14. 车三进五 象9退7
15. 炮五平四 马6退7
16. 车六进五 炮1退1
17. 相三进五 卒1进1
18. 前炮退一 炮5平4
19. 车六退二 象3进5
20. 仕四进五 马3进4
21. 车六平三 炮4平3
22. 前炮平三 马7进8
23. 炮三进六 马4退6
24. 车三进二 马6退7
25. 炮三平二 马8退9
26. 炮二退二 炮3平8
27. 车三进一 炮8退2
28. 马三进四 炮1进1
29. 车三退七 卒5进1
30. 马四进三 车2进1
31. 马三退五 车2平5
32. 兵五进一 炮8平7
33. 车三平二 马7进8
34. 兵七进一 卒3进1
35. 马五退七 马8退6
36. 炮四进一 炮7进1
37. 车二进四 马6进7
38. 炮四平五 车5进2
39. 车二进一 马7进6
40. 仕五进四 炮1平3
41. 前马进八 车5退2
42. 马八退六 炮3平4
43. 车二平四 马6进8
44. 炮五进四 士5退6
45. 车四进一 车5进1
46. 马七进八 炮7平4
47. 马八进七 车5平4
48. 炮五退三 车4进5

49. 帅五进一　马 9 退 7　　**50.** 马七进五　士 4 进 5
51. 马五进三　将 5 平 4　　**52.** 马三退五　后炮平 1
53. 炮五平二　炮 4 平 2　　**54.** 车四进三　将 4 进 1
55. 车四平七　炮 1 进 1　　**56.** 马五退七

第六章　边马七炮对左横车

第155局　吕钦 和 蒋川

1. 炮二平五　炮8平5　　2. 马二进三　马8进7
3. 车一平二　车9进1　　4. 马八进九　马2进3
5. 炮八平七　车1平2　　6. 车九平八　炮2进4
7. 车二进六　车9平6　　8. 车二平三　车6进1
9. 兵九进一　炮5退1　　10. 车三退二　卒3进1
11. 仕四进五　炮5平7　　12. 车三平二　马7进6
13. 车二平四　马3进4　　14. 车四退四　车6进1
15. 炮七平六　马6进7　　16. 车四进六　马4退6
17. 炮六进一　炮7进6　　18. 炮六平三　马6进8
19. 炮三平四　炮2进1　　20. 车八进一　马8进6
21. 兵五进一　象3进5　　22. 仕五进六　士4进5
23. 帅五平四　车2进3　　24. 仕六进五　卒9进1
25. 仕五退六　马6退8　　26. 炮四平五　马8进6
27. 后炮平八　车2进4　　28. 车八平四　马6进8
29. 炮五进三　炮7平6　　30. 帅四平五　车2平4
31. 马九退七　车4退4　　32. 兵五进一　炮6平2
33. 炮五平四　将5平4　　34. 马七进五　车4进4
35. 车四进二　炮2平5　　36. 车四平二　炮5退2
37. 车二进一　炮5进1　　38. 车二平五　车4进2
39. 帅五进一　车4退1　　40. 帅五退一　车4进1
41. 帅五进一　车4退1　　42. 帅五退一　车4退2
43. 兵七进一　炮5退2　　44. 车五进一　卒3进1
45. 车五平一　卒3进1　　46. 相三进五　卒3进1

47. 炮四退五　卒3进1
48. 帅五进一　卒3平4
49. 炮四平六

第156局　柏春林 胜 刘智

1. 炮二平五　炮8平5
2. 马二进三　车9进1
3. 车一平二　马8进7
4. 马八进九　马2进3
5. 炮八平七　车1平2
6. 车九平八　炮2进4
7. 车二进六　卒5进1
8. 车二平三　马7进5
9. 兵五进一　车9平4
10. 兵五进一　炮5进2
11. 仕四进五　车4进6
12. 炮七进四　象3进5
13. 车三平四　士4进5
14. 帅五平四　车4退2
15. 炮五进四　马3进5
16. 马九退七　炮2退3
17. 马七进五　车4退5
18. 车四退一　炮5平4
19. 马三进五　炮4退2
20. 前马进六　马5退7
21. 炮七平三　炮2平3
22. 车八进九　车4平2
23. 车四进一　炮3进6
24. 帅四进一　车2进7
25. 马五进四　炮3退1
26. 帅四退一　炮3进1
27. 帅四进一　炮3退1
28. 帅四退一　车2平8
29. 车四平八　车8进1
30. 车八退六　炮4进1
31. 帅四平五　车8平6
32. 仕五进四　车6退1
33. 车八进六　炮4平3
34. 兵七进一　马7进5
35. 马四进五　后炮平7
36. 马五进七　炮7平4
37. 马七退八　炮4退2
38. 马六进四　车6退3
39. 仕六进五　卒1进1
40. 相三进五　卒9进1
41. 兵三进一　炮3平4
42. 车八平六　车6平2
43. 车六进二　车2平6
44. 车六退二　炮4平2
45. 兵七进一　炮2退7
46. 兵七进一　炮2平1
47. 兵七进一　炮1进5
48. 兵七进一　炮1平6
49. 兵三进一　车6平7
50. 兵七平六　车7平2

51. 车六平九　车2进5
52. 仕五退六　车2退9
53. 车九退一　士5进6
54. 马四进六　象5进3
55. 车九平七　士6进5
56. 车七平五　将5平6
57. 兵六平五　象7进5

第157局　李智屏 胜 赵国荣

1. 炮二平五　炮8平5
2. 马二进三　马8进7
3. 车一平二　车9进1
4. 马八进九　马2进3
5. 炮八平七　车1平2
6. 车九平八　炮2进4
7. 车二进六　炮5进4
8. 仕四进五　炮5退2
9. 车二平三　马7退5
10. 车八进二　车9平6
11. 车三进三　车6进5
12. 车三退四　卒3进1
13. 炮七退一　象3进5
14. 车三进一　马5退7
15. 车八平六　士4进5
16. 兵七进一　马7进8
17. 兵七进一　马8进7
18. 兵七平六　炮2平7
19. 车三退一　象5进7
20. 兵六平五　卒5进1
21. 车六进五　马3进2
22. 炮七进四　卒5进1
23. 车六退二　象7退9
24. 车六进一　炮7退4
25. 马三进二　车6平7
26. 马二进四　车7进3
27. 仕五退四　象9退7
28. 车六平五　炮7平6
29. 仕六进五　车7退4
30. 马四进二　车7平6
31. 马二进三　炮6退1
32. 炮七平三　象7进9
33. 马三退一　车6平7
34. 炮三平五　将5平4
35. 后炮平六　士5进6
36. 马一退三　车7退2
37. 车五平三　车2平3
38. 车三平六　将4平5
39. 车六平五　将5平4
40. 炮五平六　马2进4
41. 车五退二

第158局 杨官璘 胜 孟立国

1. 炮二平五 炮8平5
2. 马二进三 马8进7
3. 车一平二 车9进1
4. 马八进九 马2进3
5. 炮八平七 车1平2
6. 兵七进一 车9平4
7. 车九平八 炮2进4
8. 兵七进一 车4进6
9. 炮七进四 卒7进1
10. 车二进四 象3进1
11. 车二平七 炮2进1
12. 车七退二 车4平3
13. 炮七退四 炮2平5
14. 炮七进五 车2进9
15. 马九退八 马7退5
16. 炮七平八 前炮平2
17. 兵七进一 卒5进1
18. 炮八退二 象7进9
19. 相七进九 马5进7
20. 兵七平六 士6进5
21. 仕四进五 炮2退1
22. 马八进七 炮2平7
23. 相三进一 炮5平6
24. 马七进六 炮7平1
25. 炮八进二 马7进8
26. 马六进八 炮1退1
27. 马三进四 马8进7
28. 马八进九 将5平6
29. 炮八进二 将6进1
30. 炮八退一 士5进4
31. 马四进五 炮6平5
32. 马九进七 士4进5
33. 马七退八 将6进1
34. 马八退九

第159局 杨官璘 负 赵庆阁

1. 炮二平五 炮8平5
2. 马二进三 马8进7
3. 车一平二 车9进1
4. 马八进九 马2进3
5. 炮八平七 车1平2
6. 车九平八 炮2进4
7. 仕四进五 卒7进1
8. 车二进四 车9平2
9. 兵九进一 前车进3
10. 车八进一 炮2平5
11. 车八平六 前炮退1
12. 车六进五 后车进3
13. 车二进二 前车平6
14. 车二平三 车2进4

15. 炮七平六　马3退5
16. 车六退二　卒3进1
17. 车六进三　象7进9
18. 兵三进一　车6进2
19. 兵三进一　车6平7
20. 车三平四　车2平4
21. 车六退五　车7进1
22. 相三进一　车7退3
23. 马九进八　马5进3
24. 车六进五　马3进2
25. 车六退二　前炮平3
26. 兵七进一　车7平4
27. 兵七进一　炮5进5
28. 相七进五　车4平3
29. 相一退三　士4进5
30. 兵一进一　车3平6
31. 车四平三　车6平7
32. 车三平四　马2进4
33. 车四退二　马4进2
34. 车四平七　车7平2
35. 车七进五　士5退4
36. 马八退六　马7进6
37. 车七退六　马6进4
38. 车七进四　象9进7
39. 车七平九　马2退3
40. 马六退四　车2退2
41. 车九进一　马4进2
42. 车九平四　车2进3
43. 车四退二　车2平1
44. 马四进三　士4进5
45. 帅五平四　马3进4
46. 车四平五　车1平6
47. 仕五进四　马4进6
48. 马三退四　车6进2
49. 帅四平五　马2进3

第160局　柏春林 胜 盖明强

1. 炮二平五　炮8平5
2. 马二进三　马8进7
3. 车一平二　车9进1
4. 马八进九　马2进3
5. 炮八平七　卒7进1
6. 车九平八　车1平2
7. 车八进五　车9平6
8. 车二进四　车6进5
9. 兵三进一　马7进6
10. 兵三进一　马6进5
11. 马三进五　炮5进4
12. 仕六进五　象3进5
13. 车二平六　炮5平9
14. 兵三进一　车6平7
15. 车六平一　炮2退1
16. 车一进二　卒3进1
17. 车八进二　炮2平7
18. 车八进二　马3退2

19. 相三进一　炮9平8　20. 车一平二　马2进4
21. 车二进二　炮7平5　22. 兵三平四　马4进3
23. 兵四进一　马3进5　24. 炮七平八　马5进6
25. 炮八退一　象5退3　26. 车二退四　卒5进1
27. 兵四进一　炮5进6　28. 相七进五　卒1进1
29. 帅五平六　士6进5　30. 炮八进二　炮8平9
31. 车二平四　车7平8　32. 车四平三　象7进9
33. 车三进三　士5退6　34. 炮八进六

第七章 红边马左横车

第161局 文静 胜 刚秋英

1. 炮二平五 炮8平5
2. 马二进三 马8进7
3. 车一平二 卒7进1
4. 马八进九 卒1进1
5. 车九进一 马2进3
6. 车九平六 卒1进1
7. 兵九进一 车1进5
8. 车六进四 卒7进1
9. 兵三进一 车1平7
10. 炮五平七 车9平8
11. 车二进九 马7退8
12. 相三进五 车7进1
13. 炮八进一 象3进1
14. 仕六进五 卒3进1
15. 车六进三 士4进5
16. 兵七进一 车7退2
17. 车六平八 卒3进1
18. 炮七进五 车7进3
19. 炮七平九 炮5平1
20. 车八退一 炮1进4
21. 车八平九 炮1平5
22. 车九进二 士5退4
23. 炮八进六 将5进1
24. 车九退一 将5进1
25. 车九平二 车7退3
26. 车二进一 车7平4
27. 车二退六 车4进2
28. 马九退七 车4平3
29. 炮八平四 卒5进1
30. 帅五平六 卒5进1
31. 炮四退八 卒3平4
32. 车二进三 将5退1
33. 车二平一 炮5平8
34. 车一平二 炮8平6
35. 兵一进一 炮6退4
36. 兵一进一 卒5进1
37. 车二平五 象7进5
38. 马七进九 车3平2
39. 炮四平二 炮6进2
40. 车五退一 炮6退1
41. 兵一平二 炮6进2
42. 炮二进三 车2平4
43. 帅六平五 炮6平5
44. 车五平六 车4进2
45. 马九进七

第 162 局　陈丽淳 和 张婷婷

1. 炮二平五　炮 8 平 5
2. 马二进三　马 8 进 7
3. 车一平二　卒 7 进 1
4. 马八进九　马 2 进 3
5. 车九进一　卒 3 进 1
6. 车九平六　士 4 进 5
7. 车二进六　马 7 进 6
8. 车二平四　马 6 进 5
9. 马三进五　炮 5 进 4
10. 仕六进五　车 9 进 2
11. 车六进二　炮 5 退 2
12. 车四退二　车 9 平 4
13. 车六平五　炮 5 进 3
14. 车五退一　车 4 进 4
15. 炮八进一　车 4 进 2
16. 车五平六　车 4 退 1
17. 仕五进六　象 3 进 5
18. 兵七进一　车 1 平 4
19. 兵七进一　象 5 进 3
20. 车四平七　车 4 进 7
21. 车七进一　马 3 进 4
22. 仕四进五　车 4 退 1
23. 马九退七　车 4 平 3
24. 车七平六　车 3 进 2
25. 相七进五　车 3 退 2
26. 炮八进三　车 3 平 7
27. 车六进一　卒 5 进 1
28. 车六退一　车 7 平 2
29. 炮八平五　炮 2 平 5
30. 帅五平六　车 2 进 3
31. 帅六进一　车 2 退 9
32. 兵一进一　卒 1 进 1
33. 帅六退一　车 2 进 9
34. 帅六进一　车 2 退 9
35. 帅六退一　卒 5 进 1
36. 帅六进一　卒 5 平 6
37. 相三进一　卒 6 进 1
38. 帅六退一　卒 6 平 7
39. 帅六进一　前卒进 1
40. 帅六退一　前卒进 1
41. 帅六进一　前卒平 6
42. 仕五进四

第八章 红巡河车变例

第163局 黎天位 负 邱东

1. 炮二平五 炮8平5
2. 马二进三 马8进7
3. 车一平二 卒7进1
4. 车二进四 马2进3
5. 马八进七 车9平8
6. 车二平七 炮2退1
7. 炮八平九 车1进2
8. 车九平八 炮2平6
9. 车七平四 炮6平7
10. 兵七进一 马7进8
11. 车四进四 车1退1
12. 车四平九 马3退1
13. 马七进六 马8进7
14. 车八进五 象7进9
15. 炮五进四 士6进5
16. 相七进五 马1进3
17. 炮五平三 车8进3
18. 炮三进一 马3退1
19. 仕六进五 车8平7
20. 炮三平二 车7平4
21. 马六进四 马7退6
22. 车八平四 炮5平7
23. 炮二进一 车4平8
24. 炮二平一 马1进3
25. 马三退一 车8进5
26. 仕五退六 前炮平5
27. 仕四进五 车8平9
28. 兵七进一 马3进5
29. 炮九平七 马5进4
30. 车四进三 马4进3
31. 车四平三 车9平6
32. 车三平二 将5平6
33. 车二进一 将6进1
34. 车二退七 马3退5
35. 炮一退二 马5退7
36. 车二进六 将6退1
37. 炮一平五 炮5进5
38. 仕五进六 炮5退2

第164局 卢志锦 和 杨启明

1. 炮二平五 炮8平5
2. 马二进三 马8进7

3. 车一平二　卒7进1　4. 车二进四　车9平8
5. 车二进五　马7退8　6. 兵七进一　马2进3
7. 炮八平七　象3进1　8. 马八进九　炮2进4
9. 车九进一　士4进5　10. 车九平六　炮2平7
11. 相三进一　马8进7　12. 车六进四　卒7进1
13. 相一进三　卒3进1　14. 车六退三　车1平4
15. 车六进七　马3退4　16. 兵七进一　象1进3
17. 兵九进一　炮5平3　18. 炮七进五　马4进3
19. 马九进八　象3退5　20. 炮五平六　马7进6
21. 炮六进一　炮7平4　22. 马八退六　马3进4
23. 兵五进一　马4退2　24. 兵五进一　卒5进1
25. 马六进五　马2进1　26. 马五退四　马1退3
27. 马三进二　马6退7　28. 马二进三　马3退5
29. 仕六进五　象5进3　30. 兵一进一

第165局　玉业团 负 陈建昌

1. 炮二平五　炮8平5　2. 马二进三　马8进7
3. 车一平二　卒7进1　4. 车二进四　马2进3
5. 马八进七　车9平8　6. 车二进五　马7退8
7. 车九进一　马8进7　8. 车九平六　卒3进1
9. 车六进五　象3进1　10. 兵七进一　卒3进1
11. 车六平七　车1平3　12. 车七退二　马3进4
13. 车七进五　象1退3　14. 马七进六　马4进6
15. 仕六进五　炮2平1　16. 马六进八　炮1平4
17. 马八进六　马6退4　18. 炮八平六　士6进5
19. 相三进一　马7进6　20. 兵三进一　卒7进1
21. 相一进三　马6进5　22. 马三进五　炮5进4
23. 炮六进二　象7进5　24. 帅五平六　炮5平4
25. 帅六平五　前炮平5　26. 帅五平六　炮5平8

27. 炮五平六 炮8退3
28. 相七进五 马4进2
29. 马六退八 象5进3
30. 帅六平五 卒5进1
31. 前炮平七 象3进5
32. 炮六进四 马2进1
33. 相三退一 卒5进1
34. 相五退七 马1进3
35. 炮六退五 卒5平4
36. 炮七退二 炮4进6
37. 炮七平六 卒4进1
38. 帅五平六 卒4进1
39. 马八退七 马3退4

第166局 牟海勤 负 阮成保

1. 炮二平五 炮8平5
2. 马二进三 马8进7
3. 车一平二 卒7进1
4. 车二进四 马2进3
5. 马八进七 车9平8
6. 车二进五 马7退8
7. 车九进一 炮2平1
8. 兵七进一 车1平2
9. 炮八进二 车2进4
10. 车九平二 马8进7
11. 车二进三 卒1进1
12. 兵三进一 马3进1
13. 兵三进一 卒1进1
14. 兵三进一 卒1平2
15. 兵三进一 车2平7
16. 马三进四 炮1平7
17. 炮五进四 士4进5
18. 相三进五 卒3进1
19. 马七进六 卒3进1
20. 炮五平三 炮7平6
21. 马六进五 炮5进4
22. 仕六进五 车7平5
23. 炮三平九 炮5退3
24. 车二进二 炮6进2
25. 车二平四 炮5退1
26. 炮九平一 卒3平4
27. 车四平七 炮5平8
28. 马四退三 象3进5
29. 车七平八 卒2平3
30. 炮一平五 将5平4
31. 炮五平一 炮6进4
32. 炮一进二 将4平5
33. 车八平二 炮8平7
34. 车二平四 炮6平8
35. 车四平二 炮8平6
36. 兵一进一 卒4进1
37. 车二平四 炮6平8
38. 车四平二 炮8平6
39. 车二平四 炮6平8
40. 车四平二 炮8平6

41. 车二平三　炮7进5
42. 车三退四　卒3进1
43. 车三进二　卒4平5
44. 车三平七　卒3平2
45. 车七平八　卒2平1
46. 车八进五　士5退4
47. 炮一平九　卒5进1
48. 相七进五　车5进3
49. 炮九进一　象5退3
50. 车八平七　将5进1
51. 车七退一　将5进1
52. 车七退一　将5退1
53. 车七进一　将5进1
54. 车七退五　卒1进1
55. 帅五平六　卒1进1
56. 兵一进一　卒1平2
57. 炮九平七　炮6平9
58. 兵一平二　士6进5
59. 车七进二　象7进9
60. 炮七退一　士5进4
61. 炮七退一　将5退1
62. 炮七进二　车5平1
63. 车七平五　将5平6
64. 仕五进六　车1进2
65. 帅六进一　车1平6
66. 帅六平五　卒2平3
67. 车五进四　车6退1
68. 帅五进一　车6退1
69. 帅五退一　车6进1
70. 帅五进一　士4进5
71. 炮七退一　士5进6
72. 车五退一　将6退1
73. 车五进一　将6进1
74. 兵二进一　炮9进1
75. 车五退一　将6退1
76. 车五进一　将6进1
77. 车五退一　将6退1
78. 车五进一　将6进1
79. 兵二平三　炮9平5
80. 车五平二　卒3平4

第167局　王从祥　胜　阎玉锁

1. 炮二平五　炮8平5
2. 马二进三　马8进7
3. 车一平二　卒7进1
4. 车二进四　马2进3
5. 马八进七　车9平8
6. 车二进五　马7退8
7. 兵七进一　炮2进4
8. 马七进八　炮2平7
9. 相三进一　马8进7
10. 车九进一　士4进5
11. 车九平四　炮7平1
12. 仕四进五　炮5平4
13. 兵五进一　象3进5
14. 兵五进一　炮4进3

15. 马八进七 车1平2　16. 炮八平九 炮4平5
17. 车四进七 卒5进1　18. 马七进五 炮5退3
19. 炮五进五 将5平4　20. 车四退五 象7进5
21. 车四平九 车2进7　22. 马三进四 卒5进1
23. 马四进三 象5退7　24. 兵七进一 车2平3
25. 兵七平六 将4平5　26. 兵六进一 车3进2
27. 炮九平五 将5平4　28. 马三退五 车3退5
29. 兵六平七 马3进5　30. 兵七平六 车3平4
31. 车九进三 将4平5　32. 兵六平五 卒5进1
33. 兵五平六 卒5进1　34. 车九进三 士5退4
35. 马五进六 将5进1　36. 马六退四

第168局 周能艮 负 赵庆阁

1. 炮二平五 炮8平5　2. 马二进三 马8进7
3. 车一平二 卒7进1　4. 车二进四 车9平8
5. 车二进五 马7退8　6. 炮五进四 士4进5
7. 兵七进一 马2进3　8. 炮五退一 卒3进1
9. 兵七进一 马3进5　10. 兵七平六 炮5进2
11. 兵六平五 马5进3　12. 相七进五 象3进5
13. 前兵平六 马3进4　14. 马八进六 车1平3
15. 炮八平六 车3进7　16. 仕六进五 车3进1
17. 车九平八 炮2进5　18. 帅五平六 马8进7
19. 兵五进一 马7进6　20. 兵五进一 马6进7
21. 兵五进一 卒7进1　22. 马三退二 炮2退2
23. 帅六平五 炮2平5　24. 马二进三 卒7平6
25. 帅五平六 马4进2　26. 帅六平五 马2进4
27. 帅五平六 炮5平4　28. 帅六平五 马7退5
29. 马三进五 卒6进1　30. 车八进四 卒6平5
31. 车八平六 卒5进1　32. 相三进五 车3进1

33. 仕五退六 马4退6 **34.** 炮六平四 马5进6
35. 帅五进一 车3退1 **36.** 车六退三 车3退2
37. 车六进三 车3平1 **38.** 兵一进一 车1进2
39. 车六退三 车1平4 **40.** 帅五平六 马6进8
41. 仕六进五 马8退7

第169局 柏春林 和 王剑峰

1. 炮二平五 炮8平5 **2.** 马二进三 马8进7
3. 车一平二 卒7进1 **4.** 车二进四 车9平8
5. 车二平六 马2进3 **6.** 车六进二 象3进1
7. 马八进九 卒3进1 **8.** 车九进一 马7进6
9. 车六平七 车1平3 **10.** 车九平六 炮5平7
11. 炮五进四 马3进5 **12.** 车七平五 炮2平5
13. 车六进四 炮5退1 **14.** 车六平四 炮7平5
15. 车五进一 象7进5 **16.** 相三进五 车8进6
17. 仕四进五 炮5平1 **18.** 兵九进一 车3平2
19. 炮八平六 车2进3 **20.** 车四退一 车8平7
21. 马九进八 车2平4 **22.** 车四进一 卒3进1
23. 兵七进一 车4平2 **24.** 马八退七 炮1平3
25. 马七进六 炮3进8 **26.** 相五退七 车7进1
27. 相七进五 车7退1 **28.** 车四平五 象1退3
29. 车五平六 士6进5 **30.** 马六进四 车7平6
31. 马四进六 士5进4 **32.** 兵五进一 士4进5
33. 兵五进一 车2进3 **34.** 兵九进一 卒1进1
35. 车六平九 车6平9 **36.** 马六退四 车2平1
37. 车九平八 车1平2 **38.** 车八平九 车2平4
39. 炮六平八 车4平2 **40.** 炮八平六 车2平1
41. 车九平八 车1平4 **42.** 炮六平九 车4平1
43. 炮九平六 车1平6 **44.** 相五退三 车6平2

45. 车八平九 车2平1
46. 车九平六 车1平4
47. 车六平八 车4平2
48. 车八平九 车2平1
49. 车九平八

第170局 张申宏 胜 潘振波

1. 炮二平五 炮8平5
2. 马二进三 马8进7
3. 车一平二 卒7进1
4. 马八进七 马2进3
5. 车二进四 车9平8
6. 车二平七 炮2退1
7. 车九进一 炮5平6
8. 车七平四 士4进5
9. 兵五进一 炮6平5
10. 车九平六 炮2进5
11. 兵三进一 车8进4
12. 炮八退一 卒3进1
13. 车六进五 象3进1
14. 炮八平五 炮2退2
15. 马七进五 马3进4
16. 车四进四 马4进3
17. 车四平三 车8退2
18. 兵五进一 卒5进1
19. 兵三进一 卒5进1
20. 兵三进一 马7进5
21. 兵三平四 马3进5
22. 兵四平五 马5进7
23. 马五退四 炮5平3
24. 炮五平三 炮3进7
25. 帅五进一 车1平4
26. 车三平二

第九章　红过河车

第 171 局　张婷婷 负 欧阳婵娟

1. 炮二平五　炮 8 平 5
2. 马二进三　马 8 进 7
3. 车一平二　卒 7 进 1
4. 车二进六　马 2 进 1
5. 车二平三　炮 2 平 3
6. 马八进七　车 1 平 2
7. 车九平八　车 2 进 6
8. 兵五进一　车 9 进 2
9. 马三进五　炮 3 退 1
10. 兵五进一　炮 3 平 7
11. 车三平四　炮 7 平 5
12. 炮八平九　车 2 平 3
13. 仕四进五　卒 5 进 1
14. 马五进六　前炮进 5
15. 相三进五　车 3 进 1
16. 车八进八　炮 5 平 3
17. 马六进八　炮 3 进 1
18. 车八退一　马 7 退 5
19. 车四平五　炮 3 平 4
20. 炮九进四　炮 4 进 1

第 172 局　陈幸琳 负 张婷婷

1. 炮二平五　炮 8 平 5
2. 马二进三　马 8 进 7
3. 车一平二　卒 7 进 1
4. 车二进六　马 2 进 3
5. 车二平三　车 9 进 2
6. 炮八平六　炮 5 平 4
7. 车三退一　象 3 进 5
8. 车三平八　卒 3 进 1
9. 车八进一　炮 2 退 2
10. 马八进九　车 1 进 2
11. 兵三进一　车 1 平 2
12. 车八平九　车 9 平 8
13. 前车退二　车 8 进 2
14. 仕六进五　士 6 进 5
15. 马三进四　车 2 进 1
16. 炮五平一　马 3 进 1
17. 炮六平四　车 2 平 4
18. 马四退三　炮 2 平 1
19. 炮四进四　卒 5 进 1
20. 前车平四　车 8 进 3

21. 炮四平九　车4平1
22. 车四退二　炮1进6
23. 马九退七　炮1平5
24. 车四平五　车1进6
25. 马七退九　炮5退1
26. 帅五平六　车8退4
27. 马九进八　马7进8
28. 兵三进一　象5进7
29. 马三进二　车8平4
30. 帅六平五　炮4平7
31. 炮一平三　象7退5
32. 炮三平二　马8进6
33. 马二退四　马6进8
34. 马四退六　车4进4

第173局　杨德琪 胜 申鹏

1. 炮二平五　炮8平5
2. 马二进三　马8进7
3. 车一平二　卒7进1
4. 车二进六　马2进3
5. 车二平三　车9进2
6. 炮八平六　车1平2
7. 马八进七　炮2平1
8. 兵七进一　炮5退1
9. 马七进六　车2进6
10. 仕四进五　车2平4
11. 马六进七　炮1进4
12. 马七退八　炮1平2
13. 兵七进一　车4退1
14. 兵七进一　马3退2
15. 马八进九　炮2平7
16. 车三平二　马2进1
17. 兵七进一　炮5平1
18. 兵七平八　车4退2
19. 兵八平九　车4平1
20. 车九平八　车1退1
21. 车八进八　车9退1
22. 车八平一　马7退9
23. 车二退三　卒7进1
24. 炮五进四　马9进7
25. 炮五退一　马7进6
26. 车二进五　炮1平7
27. 炮六进三　车1平6
28. 相三进五　后炮进3
29. 炮五平三　马6退5
30. 炮六平五　马5进3
31. 炮三退二　卒7进1
32. 炮五退一　卒7进1
33. 车二退二　马3退4
34. 车二平五　士4进5
35. 车五平六　士5进4
36. 车六平七　马4进2
37. 车七平八　马2退4
38. 车八进二　车6进4
39. 车八平六　车6平5
40. 炮五平九　车5平1

41. 炮九平五 车1平5
42. 炮五平九 车5平1
43. 炮九平五 车1平9
44. 车六平七 象3进1
45. 车七退一 车9进3
46. 仕五退四 车9退4
47. 炮五退一 车9进1
48. 炮五进一 车9平5
49. 炮五平七 卒7平6
50. 车七平九 卒6平5
51. 车九进二 将5进1
52. 相七进五 车5进1
53. 仕六进五 车5退2
54. 炮七退四 卒9进1
55. 车九平四 象7进5
56. 车四退四 卒9进1
57. 车四平六 卒9平8
58. 车六进二 卒8平7
59. 车六退四 卒7平6
60. 炮七进二 车5退1
61. 帅五平六 卒6平5
62. 帅六进一 卒5进1
63. 车六进五 将5退1
64. 炮七退二 卒5进1
65. 炮七平五 将5平6
66. 车六退二 将6进1
67. 帅六退一 将6平5
68. 车六进二 将5退1
69. 车六退六

第174局 金松 负 颜成龙

1. 炮二平五 炮8平5
2. 马二进三 马8进7
3. 车一平二 卒7进1
4. 车二进六 马2进3
5. 车二平三 车9进2
6. 炮八平六 卒3进1
7. 马八进九 炮5平4
8. 车九平八 炮2进2
9. 炮五进四 炮4进7
10. 车八进五 马7进5
11. 车八退一 卒3进1
12. 车八平七 炮4退1
13. 车七平八 车9平6
14. 炮六平五 炮4退5
15. 车三退一 象3进5
16. 车三退一 士4进5
17. 仕四进五 车6进6
18. 炮五平七 马3进4
19. 炮七退一 车6退6
20. 车八进一 马4进6
21. 马三退四 车1平4
22. 车三平二 炮4进3
23. 车二退二 炮4平7
24. 仕五进六 车4进6

25. 车八平五　车4退2　　26. 车五平六　马6退4
27. 马四进五　车6进4　　28. 兵五进一　马5进7
29. 兵五进一　马4进3　　30. 马九进七　车6平3
31. 车二退一　炮7平5　　32. 马五进三　炮5平1
33. 马三进四　炮1进2

第175局　何刚 胜 李少庚

1. 炮二平五　炮8平5　　2. 马二进三　马8进7
3. 车一平二　卒7进1　　4. 车二进六　马2进3
5. 车二平三　炮5退1　　6. 马八进九　车9进1
7. 车九进一　车9平6　　8. 炮八平七　车6进3
9. 车九平八　车1平2　　10. 车八进五　炮5平7
11. 车三平二　炮2平1　　12. 车八平七　车2进2
13. 车二进二　炮7平6　　14. 仕四进五　象3进5
15. 兵九进一　炮6进2　　16. 车七退二　马3进2
17. 车二平六　士6进5　　18. 炮七退一　炮6平7
19. 炮五平六　车2平4　　20. 车六平八　炮7进3
21. 相三进五　车4进2　　22. 炮七平六　车4平5
23. 兵五进一　车5平3　　24. 车七平八　车3退4
25. 前车退三　车6平2　　26. 车八进一　炮1进3
27. 后炮平七　车3平1　　28. 车八退一　卒1进1
29. 兵七进一　炮7平8　　30. 马九进七　马7进6
31. 炮六平九

第176局　刚秋英 负 伍霞

1. 炮二平五　炮8平5　　2. 马二进三　马8进7
3. 车一平二　卒7进1　　4. 车二进六　马2进3
5. 车二平三　车9进2　　6. 兵七进一　炮2退1

7. 炮八平七　炮2平7
8. 车三平四　象3进1
9. 兵七进一　象1进3
10. 马八进九　马7进8
11. 车九进一　卒7进1
12. 车四进二　车1进1
13. 车九平四　马8进6
14. 前车退三　士4进5
15. 马三退一　车1平4
16. 仕四进五　炮5平6
17. 后车平二　炮7进5
18. 车二进五　车9平7
19. 炮五平一　车4进5
20. 相三进五　车7进2
21. 车四平三　炮7退2
22. 相五进三　车4平5
23. 车二平四　马6进4
24. 车四退一　象3退5
25. 相三退五　车5平9
26. 马一退三　卒3进1
27. 炮一平四　炮6平8
28. 马三进二　车9平8
29. 马二进四　炮7平9
30. 炮四平一　卒3进1
31. 马四退三　车8平7
32. 车四退二　车7进2
33. 车四平六　马3进2
34. 车六平一　炮9平5
35. 帅五平四　马2进4
36. 炮七退一　车7退5
37. 车一平五　马4退6
38. 车五平二　炮8平6
39. 炮一平四　马6进7
40. 帅四平五　马7退5
41. 相五进七　车7进6
42. 炮四退二　车7平6

第177局　赵国荣 负 庄玉庭

1. 炮二平五　炮8平5
2. 马二进三　马8进7
3. 车一平二　卒7进1
4. 车二进六　马2进3
5. 车二平三　车9进2
6. 炮八平六　炮5退1
7. 马八进七　炮5平7
8. 车三平四　马7进8
9. 车九平八　车1平2
10. 车八进五　车9平6
11. 车四平二　马8进7
12. 炮五进四　马3进5
13. 车二平五　炮7平5
14. 仕四进五　卒3进1
15. 车八进一　车2进1
16. 车五平六　马7退6
17. 车六退一　卒7进1
18. 兵五进一　卒7进1

19. 马三退四 车2平3
20. 兵五进一 马6进8
21. 炮六退一 炮2平4
22. 车八进一 炮4平3
23. 车八退一 炮3进4
24. 相七进九 炮5平7
25. 相三进一 马8进9
26. 马四进五 卒3进1
27. 车八平六 士4进5
28. 前车平三 士5进4
29. 车六平八 炮7平5
30. 马五进三 马9退7
31. 车三退三 车3进2
32. 相九进七 车6进5
33. 车八进三 车6平3
34. 车八平六 后车平4
35. 帅五平四 车4平6
36. 帅四平五 炮3平5

第178局 王瑞祥 负 刘明

1. 炮二平五 炮8平5
2. 马二进三 马8进7
3. 车一平二 卒7进1
4. 车二进六 马2进3
5. 车二平三 车9进2
6. 炮八平六 炮5退1
7. 马八进七 炮5平7
8. 车三平四 马7进8
9. 车九平八 车1平2
10. 车八进五 卒3进1
11. 车八平七 炮7平3
12. 车七平三 车9平8
13. 车四退一 马8退7
14. 车四退一 象3进5
15. 车三退一 马3进2
16. 车四平七 炮2平3
17. 车七平八 士4进5
18. 炮五平四 马7进6
19. 马七退九 马6退4
20. 相三进五 车8进6
21. 仕四进五 前炮平2
22. 车八平九 马2进3
23. 车九进二 炮2进7
24. 车九平六 车2进8
25. 炮四退二 马3进5
26. 车三平四 炮3进6
27. 炮四进一 马5进7
28. 炮六退一 炮3退3
29. 车六退一 车8退1
30. 车四退二 车2平1
31. 车四平八 车1平3
32. 车八进七 炮3退4
33. 仕五退四 车3进1
34. 车六退三 炮2平4
35. 炮六平三 炮4退1
36. 帅五进一 炮4平6

37. 炮三退一　车3退1　38. 帅五退一　炮6平9
39. 车八退七　炮9进1　40. 马三退五　车8进1

第179局　庄玉庭 和 洪智

1. 炮二平五　炮8平5　2. 马二进三　马8进7
3. 车一平二　卒7进1　4. 车二进六　马2进3
5. 车二平三　车9进2　6. 炮八平六　炮5退1
7. 马八进七　炮5平7　8. 车三平四　马7进8
9. 车九平八　车9平6　10. 车四平二　车6平8
11. 炮六进四　车8进1　12. 炮六平二　车1平2
13. 兵七进一　炮2进6　14. 炮二平三　象7进5
15. 马七进六　卒3进1　16. 兵七进一　象5进3
17. 炮五进四　马3进5　18. 马六进五　象3退5
19. 相七进五　马8进7　20. 兵九进一　马7退6
21. 兵五进一　炮7平5　22. 兵五进一　炮5进2
23. 兵五进一　马6进4　24. 马三进四　马4进3
25. 车八平九　炮2进1　26. 仕六进五　车2进8
27. 马四退六　车2退2　28. 马六退七　车2进2
29. 炮三平九　马3退4　30. 马七进六　马4退5
31. 炮九平一　马5进4　32. 仕五进四　士6进5
33. 仕四进五　车2退2　34. 炮一平六　卒7进1
35. 兵九进一　车2进2　36. 马六退七　车2退5
37. 马七进六　车2进3　38. 兵九进一　车2退2
39. 马六退七　马4进3　40. 车九进四　卒7进1
41. 车九退二　马3退4　42. 车九进二　马4进3
43. 车九平七　马3退1　44. 车七平九　马1进3
45. 车九退二　马3退4　46. 马七进六　车2平3
47. 车九退二　车3进5　48. 仕五退六　车3退6
49. 车九平八　车3平4　50. 车八进六

第180局 庄玉庭 胜 伍发强

1. 炮二平五 炮8平5
2. 马二进三 马8进7
3. 车一平二 卒7进1
4. 车二进六 马2进3
5. 车二平三 车9进2
6. 炮八平六 车1平2
7. 马八进七 炮5退1
8. 车九平八 炮5平7
9. 车三平四 马7进8
10. 车八进五 卒3进1
11. 车八平七 炮7平3
12. 车七平三 车9平8
13. 车四退五 象3进5
14. 车三退一 士4进5
15. 兵七进一 马3进2
16. 兵七进一 象5进3
17. 马七进八 炮3进8
18. 仕六进五 马8退7
19. 仕五进四 象3退5
20. 车四平七 炮3平2
21. 马八进六 车8进2
22. 马六进四 车8平6
23. 车三进一 后炮退1
24. 车七进七 士5退4
25. 炮五进四 士6进5
26. 车三进二 车6退1
27. 车三进二 车6退3
28. 车三退四 马2进4
29. 炮六进七 马4退5
30. 炮六平四

第181局 刘春 负 宗永生

1. 炮二平五 炮8平5
2. 马二进三 马8进7
3. 车一平二 卒7进1
4. 车二进六 马2进3
5. 车二平三 车9进2
6. 炮八平六 车1平2
7. 马八进七 炮2平1
8. 兵七进一 炮5退1
9. 马七进六 炮5平7
10. 车三平四 士4进5
11. 车九进二 车9平8
12. 马六进七 炮1退1
13. 车九平八 车2进7
14. 炮五平八 马7进8
15. 车四退一 车8平4
16. 仕四进五 象3进5
17. 相三进五 车4进4
18. 车四退一 马8进7

19. 炮八平九　车4平2　20. 马七退六　车2进1
21. 炮九退一　车2进1　22. 炮九进一　车2退1
23. 炮九退一　车2进1　24. 炮九进一　车2退4
25. 炮九平七　马3进4　26. 炮六进三　车2平4
27. 炮七平六　车4平2　28. 马六进五　车2平5
29. 马五进七　炮1进5　30. 车四进二　炮7进1
31. 车四平九　炮7平3　32. 车九退三　马7进9
33. 仕五退四　车5平4　34. 车九退一　象5退3
35. 帅五进一　炮3平8　36. 炮六退一　车4进1
37. 车九进四　马9退7　38. 车九退四　马7进5
39. 炮六平八　马5退7　40. 炮八进八　象3进1
41. 炮八退三　将5平4　42. 炮八平三　车4进3
43. 帅五退一　车4进1　44. 帅五进一　车4退1
45. 帅五退一　炮8平5　46. 炮三平五　车4退5
47. 炮五退一　马7进9　48. 车九退一　马9进7
49. 帅五进一　炮5平8　50. 马三进二　卒7进1

第182局　赵国荣 和 许银川

1. 炮二平五　炮8平5　2. 马二进三　马8进7
3. 车一平二　卒7进1　4. 车二进六　马2进3
5. 车二平三　车9进2　6. 炮八平六　车1平2
7. 马八进七　炮2平1　8. 兵七进一　炮5退1
9. 马七进六　炮5平7　10. 车三平二　车2进6
11. 仕四进五　车2平3　12. 车九平八　车3退1
13. 车八进七　车3平4　14. 车八平七　象7进5
15. 车七退一　炮1进4　16. 兵五进一　士6进5
17. 炮六平七　炮7退1　18. 车七退三　炮1退2
19. 兵五进一　卒5进1　20. 车二平九　炮1平4
21. 车九平六　马7进6　22. 炮五平六　卒5进1

23. 车六进二　炮4平3　24. 车七进二　象3进1
25. 车六退四　马6进4　26. 车七退二　马4进3
27. 车七退一　卒7进1　28. 相三进五　卒7进1
29. 马三退四　车9平7　30. 车七进四　卒7进1
31. 车七平五　卒7进1　32. 炮六退一　卒5平6
33. 相五进三　车7进3　34. 马四进五　卒6进1
35. 车五平四　卒6平5　36. 马五退七　炮7平8
37. 车四平二　炮8平6　38. 车二平四　炮6平8
39. 车四平二　炮8平6　40. 车二平四

第183局　林川博 和 邓家荣

1. 炮二平五　炮8平5　2. 马二进三　马8进7
3. 车一平二　卒7进1　4. 车二进六　马2进3
5. 马八进七　车9平8　6. 车二平三　车8进2
7. 炮八进二　炮2退1　8. 炮八平七　车1进2
9. 车九平八　炮2平7　10. 车三平四　卒3进1
11. 炮七平九　车1平2　12. 车八进七　炮5平2
13. 车四进二　车8退1　14. 兵五进一　士4进5
15. 兵五进一　炮2退1　16. 车四退二　炮2进2
17. 车四进二　炮2退2　18. 车四退二　象7进5
19. 炮九平五　炮2进2　20. 车四进二　卒5进1
21. 后炮进三　炮2进1　22. 前炮平八　马3进2
23. 马三退五　马2进3　24. 马五进六　卒7进1
25. 车四退二　卒7平6　26. 炮五进一　车8进3
27. 车四退二　车8平7　28. 车四进二　车7退1
29. 车四退二　车7进3　30. 马六进七　车7退2
31. 前马退六

第 184 局　邓颂宏 胜 阎文清

1. 炮二平五　炮 8 平 5
2. 马二进三　马 8 进 7
3. 车一平二　卒 7 进 1
4. 车二进六　马 2 进 3
5. 车二平三　车 9 进 2
6. 炮八平六　车 1 平 2
7. 马八进七　士 4 进 5
8. 兵七进一　炮 2 进 4
9. 车三退一　炮 5 平 4
10. 车九平八　象 7 进 5
11. 车三退一　车 9 平 8
12. 炮五平四　车 8 进 2
13. 相三进五　炮 2 平 3
14. 车八进九　马 3 退 2
15. 仕四进五　卒 3 进 1
16. 兵七进一　车 8 平 3
17. 马七退八　马 2 进 3
18. 马八进九　炮 3 平 2
19. 兵九进一　炮 2 平 1
20. 炮四退二　马 3 进 2
21. 炮四平三　炮 4 平 3
22. 车三平八　炮 3 平 2
23. 车八平五　车 3 进 3
24. 车五平四　卒 5 进 1
25. 炮三平二　象 5 退 7
26. 兵五进一　卒 5 进 1
27. 车四平五　象 3 进 5
28. 马三进五　车 3 退 4
29. 马五进三　马 7 进 6
30. 兵九进一　卒 1 进 1
31. 车五进一　马 2 进 4
32. 车五平九　炮 1 平 2
33. 马九进八　车 3 进 1
34. 车九进四　象 5 退 3
35. 炮二进五　马 6 退 7
36. 炮二平五　象 7 进 5

第 185 局　王瑞祥 负 张志国

1. 炮二平五　炮 8 平 5
2. 马二进三　马 8 进 7
3. 车一平二　卒 7 进 1
4. 车二进六　车 9 平 8
5. 车二平三　马 2 进 3
6. 马八进七　炮 5 退 1
7. 炮八平九　车 1 平 2
8. 车九平八　车 8 进 2
9. 车八进六　炮 5 平 7
10. 车三平四　马 7 进 8
11. 兵七进一　士 4 进 5
12. 炮五进四　马 3 进 5

13. 车四平五 车2进1　14. 炮九进四 卒7进1
15. 马三退五 马8进6　16. 车五平七 卒7进1
17. 炮九退一 车8进2　18. 车七进三 士5退4
19. 车八平六 炮2平5　20. 相三进五 马6进8
21. 车七平六 将5进1　22. 前车平四 马8进7
23. 车四退八 车8平6　24. 车四平三 炮7进7
25. 马七进六 车6进4　26. 马五进七 车2进3

第186局 柳静 胜 贾丹

1. 炮二平五 炮8平5　2. 马二进三 马8进7
3. 车一平二 卒7进1　4. 车二进六 车9平8
5. 车二平三 马2进1　6. 炮八平六 炮2平4
7. 马八进七 车1平2　8. 兵七进一 车2进4
9. 车九平八 车2平6　10. 马七进六 车6进1
11. 炮六进五 车6平4　12. 炮六平三 车8进8
13. 仕六进五 车8平7　14. 炮五进四 士4进5
15. 炮五退二 车7退1　16. 炮三退二 将5平4
17. 炮三退三 炮5进4　18. 相七进五 车4平5
19. 车八平六 士5进4　20. 车六进七 将4平5
21. 帅五平六

第187局 朱建新 负 陈瑛

1. 炮二平五 炮8平5　2. 马二进三 马8进7
3. 车一平二 卒7进1　4. 车二进六 车9进2
5. 炮八平六 车1进1　6. 马八进七 车1平4
7. 仕六进五 马2进3　8. 车二平三 车4进5
9. 车九平八 车4平3　10. 车三退一 士4进5
11. 兵三进一 炮5平4　12. 马三进四 卒3进1

13. 车八进六　象3进5　**14.** 车三进一　车3退1
15. 马四进五　马7进5　**16.** 车三平五　炮2平1
17. 车五平七　马3退4　**18.** 车八平九　马4进2
19. 相七进九　车3进1　**20.** 车九进一　马2进3
21. 车九平七　车9平7　**22.** 车七退一　车7进3
23. 车七平一　车7进4　**24.** 车一平八　士5退4
25. 车八平六　炮4平1　**26.** 车六平九　炮1平4
27. 兵九进一　炮4进2　**28.** 车九平二　士6进5
29. 相九退七　车7退4　**30.** 车二进三　车3平5
31. 炮六进七　车5退1　**32.** 炮六平八　炮4进4
33. 车二退七　卒3进1　**34.** 帅五平六　卒3进1
35. 马七退九　炮4平2　**36.** 炮五平六　车5平4
37. 相七进五　车7退1　**38.** 车二进四　卒3进1
39. 车二平七　卒3平4　**40.** 车七进三　车4退5

第十章　红进七兵平七路炮对双正马

第188局　汪洋 胜 邱东

1. 炮二平五　炮8平5　2. 马二进三　马8进7
3. 车一平二　卒7进1　4. 兵七进一　马2进3
5. 炮八平七　炮2进4　6. 兵七进一　炮2平7
7. 兵七进一　马3退1　8. 马八进九　车1平2
9. 相三进一　车9进1　10. 车二进四　车9平4
11. 车九平八　车2进9　12. 马九退八　马7进6
13. 仕四进五　马6进4　14. 炮七平六　马4退3
15. 炮五进四　士4进5　16. 车二平四　车4进2
17. 炮五退二　炮7平8　18. 帅五平四　炮8退6
19. 马三进二　卒7进1　20. 相一进三　马1进3
21. 炮六平三　将5平4　22. 炮三进七　将4进1
23. 炮三退一　将4退1　24. 车四退二　前马进4
25. 炮三进一　将4进1　26. 炮三退四　炮8进2
27. 车四平六　马3进2　28. 马八进七　炮5平4
29. 帅四平五　马4进2　30. 车六进四　后马退4
31. 炮五进二　炮8平6　32. 马七进八　马2进3
33. 帅五平四　炮4平3　34. 相三退五　炮6退1
35. 炮三平六　炮3平4　36. 马二进三　炮4进2
37. 马三进四　炮4平2　38. 炮五平九　士5进6
39. 炮九平一　马4进6　40. 马八进六　马6进8
41. 炮一进二　士6进5　42. 马四退二　士5进4
43. 马二进三　马8进7　44. 帅四进一　炮2退2
45. 马六进七　马7退5　46. 马三退四　将4平5

47. 马四退二　将5平4　**48.** 马二进三　士4退5
49. 马七进五　炮2进6　**50.** 马五退三　将4退1
51. 后马退五　马3退5　**52.** 仕五进六　前马进7
53. 帅四退一

第189局　万春林 和 阎文清

1. 炮二平五　炮8平5　**2.** 马二进三　马8进7
3. 车一平二　卒7进1　**4.** 兵七进一　马2进3
5. 炮八平七　象3进1　**6.** 兵七进一　象1进3
7. 马八进九　炮2进4　**8.** 马九进七　车9进1
9. 马七进六　马3退1　**10.** 车九平八　车1平2
11. 兵三进一　卒7进1　**12.** 车二进六　车9平4
13. 马六进五　象3退5　**14.** 车二平三　车4进6
15. 车八进二　马7退5　**16.** 仕四进五　车4退4
17. 兵五进一　马5进3　**18.** 炮七进五　马1进3
19. 马三进五　卒3进1　**20.** 马五进三　炮2退3
21. 炮五平七　车4进6　**22.** 仕五退六　炮2平7
23. 车八进七　马3退2　**24.** 炮七平五　马2进3
25. 兵五进一　卒5进1　**26.** 马三进五　炮7平5
27. 炮五进四　马3进5　**28.** 相三进五　士4进5
29. 仕六进五　卒9进1　**30.** 兵九进一　马5进7
31. 马五进七　马7退5　**32.** 马七进八　马5进6
33. 马八退九　马6进4　**34.** 马九进七

第190局　聂铁文 负 李鸿嘉

1. 炮二平五　炮8平5　**2.** 马二进三　马8进7
3. 车一平二　卒7进1　**4.** 兵七进一　马2进3
5. 炮八平七　象3进1　**6.** 兵七进一　象1进3

7. 马八进九 炮2进4
8. 马九进七 车9进1
9. 马七进六 马3退1
10. 车九平八 车1平2
11. 车二进六 车9平4
12. 马六进四 马1进3
13. 兵三进一 马7进6
14. 兵三进一 马6进4
15. 炮七退一 炮2平3
16. 车八进九 炮3进3
17. 仕六进五 马3退2
18. 车二退二 炮5平6
19. 兵三进一 马4进3
20. 仕五进六 车4进6
21. 炮五平七 车4平3
22. 兵三进一 炮6退1
23. 相三进五 车3进1
24. 相五退七 车3进1
25. 帅五进一 车3退1
26. 帅五退一 车3平7
27. 车二平三 象3退5
28. 兵九进一 卒3进1
29. 兵三进一 炮6平4
30. 兵三平四 士4进5
31. 马四进二 马2进3
32. 车三进五 马3进4
33. 兵五进一 炮4平6
34. 马二进四 马4进6
35. 车三退五 马6进7
36. 车三退一 车7进1
37. 车三平四 卒3进1
38. 马四退五 马7退8
39. 车四进一 马8进9
40. 车四退二 车7退4
41. 车四进二 马9进7
42. 帅五进一 车7进1
43. 马五进七 车7平5
44. 帅五平六

第191局 聂铁文 胜 于幼华

1. 炮二平五 炮8平5
2. 马二进三 马8进7
3. 车一平二 卒7进1
4. 兵七进一 马2进3
5. 炮八平七 象3进1
6. 兵七进一 象1进3
7. 马八进九 车1平2
8. 马九进七 炮2平1
9. 马七进六 车2进2
10. 车二进四 车9进1
11. 炮七平六 马3退2
12. 兵三进一 卒7进1
13. 车二平三 炮5退1
14. 车九进二 炮5平7
15. 车三平四 炮7平4
16. 仕四进五 象3退5

17. 车九平八　车2进5
18. 炮五平八　炮4进6
19. 车四平八　马2进4
20. 仕五进六　马4进6
21. 马三进四　车9平4
22. 仕六退五　马7进8
23. 炮八平六　炮1平4
24. 炮六平五　马8进6
25. 车八平四　炮4平2
26. 炮五进四　士4进5
27. 马六进四　卒9进1
28. 炮五平九　车4进5
29. 车四平八　车4平1
30. 车八进三　车1退3
31. 车八进二　象5退3
32. 车八平七　士5退4
33. 马四进六　马6退4
34. 马六进八　车1退1
35. 车七平六　将5进1
36. 车六平四　车1平2
37. 马八进六　马4进5
38. 兵五进一　将5平4
39. 兵五进一　马5进7
40. 马六退八　将4平5
41. 车四平三　马7退8
42. 车三退一　马8退6
43. 马八进六

第192局　葛维蒲 胜 张晓平

1. 炮二平五　炮8平5
2. 马二进三　马8进7
3. 车一平二　马2进3
4. 兵七进一　卒7进1
5. 炮八平七　象3进1
6. 兵七进一　象1进3
7. 马八进九　炮2进4
8. 马九进七　车9进1
9. 马七进六　车1进2
10. 车九平八　炮2平7
11. 兵五进一　车9平4
12. 马六进五　象3退5
13. 车八进三　卒7进1
14. 炮七进二　马3退1
15. 仕四进五　车1平4
16. 炮七平三　前车进4
17. 车八平六　车4进5
18. 车二进三　士6进5
19. 炮三进二　马1进2
20. 炮五进一　炮7退2
21. 兵五进一　马2进3
22. 兵五平四　车4退2
23. 相三进五　车4平6
24. 相五进七　车6退1
25. 炮三平二　士5退6
26. 相七退五　卒5进1

27. 炮五平八 卒5进1
28. 炮二进二 炮7平2
29. 炮二平八 卒3进1
30. 后炮退一 马7进6
31. 前炮进一 士4进5
32. 兵九进一 车6平7
33. 马三进二 车7平8
34. 车二平八 马6进4
35. 车八平二 卒5进1
36. 车二退一 炮2进1
37. 前炮平九 士5进6
38. 马二退四 车8平5
39. 马四退三 车5平7
40. 炮八退一 炮2退2
41. 车二平四 士6进5
42. 车四进二 车7平4
43. 车四平五 马4进3
44. 马三进二 炮2进4
45. 马二进四 车4进5
46. 炮八退一 车4退7
47. 车五进二 车4平1
48. 炮九退三 卒5进1
49. 车五平八 卒5进1
50. 仕六进五 炮2退2
51. 炮八平九 炮2进4
52. 仕五退六 车1平4
53. 马四退五 士5退6
54. 车八进三 将5进1
55. 车八退八 象5进7
56. 帅五平四 卒3进1
57. 车八进一 卒3进1
58. 前炮平七 车4进6
59. 车八进六 将5退1
60. 炮九进二 马3进4
61. 车八进一 将5进1
62. 车八退九 车4退4
63. 车八进八 将5退1
64. 车八进一 将5进1
65. 车八退一 将5退1
66. 车八退六 车4平3
67. 马五退六 车3平6
68. 马六进四 象7进5
69. 车八进七 将5进1
70. 车八退一 将5退1
71. 炮九平五 象5进3
72. 车八平六 车6进4
73. 兵九进一 卒3进1
74. 兵九平八 象3退1
75. 炮五退二 卒3进1
76. 兵八进一

第193局 梅清明 和 何荣耀

1. 炮二平五 炮8平5
2. 马二进三 马8进7
3. 车一平二 卒7进1
4. 兵七进一 马2进3

5. 炮八平七　象3进1　6. 兵七进一　象1进3
7. 马八进九　炮2进4　8. 马九进七　车9进1
9. 马七进六　车1进2　10. 车九平八　炮2平7
11. 兵五进一　车9平4　12. 马六进五　象3退5
13. 车八进三　卒7进1　14. 炮七进二　马3退1
15. 炮七平三　车1平4　16. 仕四进五　前车进4
17. 车八平六　车4进5　18. 车二进三　车4平6
19. 炮五平四　马1退3　20. 马三退二　车6平1
21. 炮三进二　马3进2　22. 马二进一　炮7平6
23. 马一退三　炮6平4　24. 炮四平三　马7退5
25. 车二平四　车1退2　26. 帅五平四　马5退3
27. 车四进六　将5进1　28. 车四退一　将5退1
29. 后炮进七　车1平8　30. 前炮平一　马2进3
31. 车四退二　后马进4　32. 车四进一　将5进1
33. 炮三进一　车8退3　34. 马三进五　马3进5
35. 马五进六　马4进3　36. 马六进七　马5退4
37. 炮三平五　炮4平3　38. 马七进八　卒5进1
39. 车四退一　将5进1　40. 马八进六　车8平4
41. 车四平六　将5退1　42. 车六进二　将5平4
43. 马六退四　将4平5　44. 马四退三　卒5进1
45. 马三退二　卒9进1　46. 马二进三　炮3平6
47. 炮一平二　马3进4　48. 帅四平五　马4进3
49. 帅五平四　马3退4　50. 帅四平五

第194局　郑轶莹 负 伍霞

1. 炮二平五　炮8平5　2. 马二进三　马8进7
3. 车一平二　卒7进1　4. 兵七进一　马2进3
5. 炮八平七　象3进1　6. 马八进九　炮2进4
7. 兵七进一　象1进3　8. 马九进七　车9进1

9. 马七进六　马 3 退 1
10. 车九平八　车 1 平 2
11. 炮五平六　车 9 平 2
12. 相三进五　前车进 4
13. 炮七进二　炮 2 平 4
14. 车八进四　车 2 进 5
15. 车二进四　马 1 进 2
16. 炮七平四　炮 4 平 7
17. 马六进四　马 7 进 6
18. 仕四进五　车 2 平 4
19. 炮六平九　炮 5 平 6
20. 炮九进四　象 3 退 5
21. 炮九退一　卒 3 进 1
22. 炮九平四　炮 6 进 2
23. 车二退一　车 4 平 6
24. 车二平三　炮 6 平 4
25. 马四进三　车 6 退 4
26. 前马退二　炮 4 退 1
27. 车三平二　马 2 进 4
28. 兵五进一　士 4 进 5
29. 车二进一　炮 4 平 3
30. 兵九进一　车 6 进 2
31. 马二进三　车 6 退 2
32. 前马退二　马 4 进 3
33. 兵九进一　车 6 进 5
34. 马二进三　车 6 退 5
35. 前马退二　车 6 进 5
36. 兵一进一　马 3 进 4
37. 相七进九　马 4 退 2
38. 仕五进六　马 2 进 1
39. 兵五进一　马 1 退 3
40. 帅五进一　炮 3 平 8
41. 车二进二　车 6 进 1

第 195 局　万春林 负 陶汉明

1. 炮二平五　炮 8 平 5
2. 马二进三　马 8 进 7
3. 车一平二　马 2 进 3
4. 兵七进一　卒 7 进 1
5. 炮八平七　象 3 进 1
6. 马八进九　炮 2 进 4
7. 兵七进一　象 1 进 3
8. 马九进七　车 9 进 1
9. 马七进六　马 3 退 1
10. 车九平八　车 1 平 2
11. 车二进四　车 9 平 4
12. 马六进五　象 3 退 5
13. 兵三进一　马 7 进 6
14. 兵三进一　马 6 进 4
15. 车八进二　卒 3 进 1
16. 炮七退一　车 2 进 3
17. 炮五平六　马 4 进 6
18. 车二平四　炮 2 平 3
19. 车八平七　炮 3 进 2
20. 炮六平四　马 6 退 8

21. 马三进二　炮3平1
22. 仕四进五　士4进5
23. 兵三进一　车4进3
24. 马二进四　象5进7
25. 马四进三　卒5进1
26. 兵三平四　象7退9
27. 相三进五　马1退3
28. 车四进一　炮1进1
29. 车七平六　车4进3
30. 炮四平六　马3进4
31. 兵四平五　卒3进1
32. 相五进七　车2进3
33. 炮六进四　马4进2
34. 相七退五　马2进4
35. 车四平五　马4进3
36. 前兵进一　象7进5
37. 车五进二　马3进5
38. 炮六平二　象9退7
39. 炮二进三　车2进3
40. 仕五进四　炮1平3
41. 帅五进一　马5退3
42. 帅五平四　炮3退1
43. 帅四平五　炮3平1
44. 车五进一　将5平4
45. 马三进四　马3进2
46. 帅五进一　马2进4
47. 帅五退一　车2退1
48. 帅五退一　炮1进1

第196局　郑一泓 胜 汤卓光

1. 炮二平五　炮8平5
2. 马二进三　马8进7
3. 车一平二　卒7进1
4. 兵七进一　马2进3
5. 炮八平七　象3进1
6. 马八进九　车1平2
7. 兵七进一　象1进3
8. 马九进七　炮2平1
9. 马七进六　车2进2
10. 车二进四　车9平8
11. 车二平四　马3退2
12. 车九进二　车2平4
13. 马六进四　车8进1
14. 车九平八　马2进4
15. 兵三进一　炮5平6
16. 车四平五　车4进2
17. 兵三进一　车4平7
18. 车八进六　象3退5
19. 车五平三　车7进1
20. 马四退三　炮6进2
21. 兵五进一　炮1平4
22. 兵五进一　炮6退3
23. 车八退五　士6进5
24. 炮五进四　马7进5
25. 兵五进一　象5进7
26. 车八进二　车8进3

27. 后马进五 炮6平7
28. 炮七平五 炮4平7
29. 相三进一 车8进2
30. 兵五平四 前炮进3
31. 马五进三 将5平6
32. 车八平三 炮7进4
33. 车三进四 将6进1
34. 车三退五 车8平6
35. 兵四平三 马4进5
36. 仕四进五 车6退1
37. 车三退一 马5进4
38. 炮五平四 车6平8
39. 车三平四 士5进6
40. 车四平二 车8平6
41. 车二进五 将6退1
42. 车二进一 将6进1
43. 车二平五 马4退6
44. 车五退四 马6进8
45. 兵三进一

第197局 柳大华 和 郭长顺

1. 炮二平五 炮8平5
2. 马二进三 马8进7
3. 车一平二 马2进3
4. 兵七进一 卒7进1
5. 炮八平七 象3进1
6. 马八进九 车1平2
7. 兵七进一 象1进3
8. 马九进七 炮2平1
9. 马七进六 车2进2
10. 车九进二 车9进1
11. 炮七平六 马7进6
12. 车二进四 马6进7
13. 车二平四 马7进5
14. 相三进五 车9平7
15. 车九平七 士4进5
16. 车七进二 马3退4
17. 仕四进五 车2进4
18. 车四进二 卒7进1
19. 车四平五 卒7进1
20. 马三退二 马4进2
21. 马六进四 士5进6
22. 车七平三 车7平8
23. 马二进四 车2平4
24. 前马退五 卒7平6
25. 车三进五 士6退5
26. 马五进七 卒3进1
27. 车五进一 炮1进4
28. 车三退三 车8进7
29. 车五平八 车8平6
30. 车八进一 炮1平5
31. 车八进一 车4退6
32. 车八平六 将5平4
33. 炮六退一 车6退1
34. 炮六进一 车6进1

35. 车三平一　车6平9　**36.** 帅五平四　车9进1
37. 相五退三　车9退3　**38.** 车一平九　车9平7
39. 车九进三　将4进1　**40.** 相七进五　车7退2
41. 车九退六　将4退1　**42.** 炮六退一　将4平5
43. 仕五进六　士5退4　**44.** 炮六平五

第十一章 红直车对两头蛇

第198局 李宁 负 许文学

1. 炮二平五 炮8平5
2. 马二进三 马8进7
3. 车一平二 卒7进1
4. 马八进七 卒3进1
5. 炮八平九 马2进1
6. 车九平八 车1平2
7. 车二进四 车9平8
8. 车二进五 马7退8
9. 炮五进四 士6进5
10. 兵五进一 马8进7
11. 炮五退一 炮2进4
12. 相三进五 马7进6
13. 车八进一 马6进7
14. 车八平二 车2进3
15. 仕四进五 马7退5
16. 车二进八 车2平5
17. 炮五进二 象3进5
18. 车二退五 马1退3
19. 兵七进一 卒3进1
20. 相五进七 马3进4
21. 相七退五 炮2平3
22. 马七进五 马4退2
23. 炮九进四 马2进3
24. 炮九进三 象5退3
25. 马五进七 炮3平2
26. 炮九退五 马5进3
27. 马三进四 车5平4
28. 炮九进一 车4进2
29. 炮九平三 前马进5
30. 相七进五 炮2进3
31. 相五退七 车4平3
32. 炮三平五 象3进5
33. 马四进三 车3进4
34. 帅五平四 车3退3
35. 帅四进一 车3平6

第199局 赵岩 负 武俊强

1. 炮二平五 炮8平5
2. 马二进三 马8进7
3. 车一平二 卒7进1
4. 马八进七 卒3进1

5. 炮八平九　马2进1
6. 车九平八　车1平2
7. 车二进四　车9平8
8. 车二进五　马7退8
9. 炮五进四　士6进5
10. 车八进六　炮2平3
11. 车八进三　马1退2
12. 马七退五　炮3进4
13. 兵五进一　马8进7
14. 兵五进一　马2进3
15. 炮五平三　卒3进1
16. 炮九平五　炮3平5
17. 炮三平五　前炮退3
18. 兵五进一　马7进5
19. 炮五进五　象7进5
20. 马三进五　卒3平4
21. 前马进四　马3进2
22. 马五进四　卒4平3
23. 后马退六　马2进1
24. 马四进六　卒3平2
25. 相三进一　马1进3
26. 兵三进一　马3退4
27. 兵三进一　马5进7
28. 相一进三　卒1进1
29. 仕四进五　卒1进1
30. 帅五平四　士5进4
31. 前马退五　马7退8
32. 马六进四　马4退5
33. 马四进五　士4进5
34. 相七进五　卒1进1
35. 后马退四　卒1平2
36. 马四进二

第200局　张江　和　陶汉明

1. 炮二平五　炮8平5
2. 马二进三　马8进7
3. 车一平二　卒7进1
4. 马八进七　卒3进1
5. 炮八平九　马2进1
6. 车九平八　车1平2
7. 车二进四　车9平8
8. 车二进五　马7退8
9. 车八进四　炮2平3
10. 车八进五　马1退2
11. 炮五进四　士6进5
12. 相七进五　马8进7
13. 炮五退一　炮3进4
14. 兵三进一　卒7进1
15. 相五进三　卒3进1
16. 相三退五　卒3平4
17. 炮九进四　马2进1
18. 马三进四　马1进3
19. 炮五平七　炮5平2
20. 马四进六　象7进5
21. 炮七平八　马3进2
22. 马六退八　炮2进3

23. 炮九平三 炮2进1
24. 仕六进五 马7进5
25. 兵九进一 马5进7
26. 炮八平四 卒4进1
27. 兵五进一 马7进6
28. 炮三平四 马6进7
29. 帅五平六 炮2退4
30. 后炮平六 炮3平9
31. 炮四平六 卒4平3
32. 马七进五 马7退6
33. 马五进七 炮9进3
34. 仕五进四 炮2进5
35. 后炮平四 炮2退5
36. 炮四平六 卒9进1
37. 兵九进一 卒9进1
38. 兵九平八 卒9平8
39. 兵八进一 炮2平3
40. 兵五进一 炮9退4
41. 马七退五 马6退5
42. 马五进四 卒8进1
43. 马四进二 炮9平6
44. 兵八平七 炮3平1
45. 前炮平五 炮6退4
46. 兵七平六 卒8平7
47. 仕四进五 卒7平6
48. 马二进三 卒3进1
49. 炮六平九 炮1退1
50. 帅六平五 马5进4
51. 炮九平四 卒3进1
52. 炮五平四 士5进6
53. 前炮退三 炮1平7
54. 前炮进三 将5进1
55. 前炮进一 炮7退1
56. 前炮退一 炮7进1
57. 前炮进一 马4退5
58. 后炮进二

第201局 王跃飞 负 庄玉庭

1. 炮二平五 炮8平5
2. 马二进三 马8进7
3. 车一平二 卒7进1
4. 马八进七 卒3进1
5. 炮八平九 马2进1
6. 车九平八 车1平2
7. 车二进四 车9平8
8. 车二进五 马7退8
9. 炮五进四 士6进5
10. 车八进六 炮2平3
11. 车八进三 马1退2
12. 相七进五 马8进7
13. 炮五退一 炮3进4
14. 兵三进一 卒7进1
15. 相五进三 卒3进1
16. 相三退五 卒3平4
17. 马三进四 马2进1
18. 炮九进四 马1进3

19. 炮五平七　炮 5 平 2　**20.** 炮七平八　象 7 进 5
21. 马四进六　马 3 进 2　**22.** 马六退八　炮 2 进 3
23. 仕六进五　马 7 进 6　**24.** 炮九平七　卒 4 进 1
25. 炮八平五　炮 2 平 8　**26.** 兵九进一　将 5 平 6
27. 炮七平五　炮 8 退 4　**28.** 兵九进一　炮 8 平 9
29. 马七进九　炮 3 平 5　**30.** 前炮退三　卒 4 平 5
31. 马九退七　炮 9 进 5　**32.** 马七进六　马 6 进 8
33. 相五进三　马 8 退 7　**34.** 炮五进一　卒 9 进 1
35. 马六进四　卒 5 平 4　**36.** 炮五退二　炮 9 平 6
37. 兵九平八　马 7 进 6　**38.** 马四进三　将 6 平 5
39. 马三退二　马 6 退 5　**40.** 马二进四　炮 6 退 1
41. 兵八进一　马 5 进 4　**42.** 相三退五　炮 6 退 1
43. 马四进三　将 5 平 6　**44.** 炮五平四　炮 6 平 1
45. 马三退四　将 6 平 5　**46.** 马四进三　将 5 平 6
47. 马三退二　将 6 平 5　**48.** 马二进三　将 5 平 6
49. 马三退二　将 6 平 5　**50.** 马二进三　将 5 平 6
51. 马三退四　将 6 平 5　**52.** 马四进三　将 5 平 6
53. 马三退二　将 6 平 5　**54.** 马二进三　将 5 平 6
55. 马三退二　将 6 平 5　**56.** 马二进三　将 5 平 6
57. 仕五进四　马 4 退 5　**58.** 炮四进二　炮 1 平 7
59. 马三退二　将 6 进 1　**60.** 马二退三　卒 9 进 1
61. 马三进五　马 5 进 3　**62.** 兵八平七　炮 7 平 6
63. 仕四退五　卒 9 进 1　**64.** 兵七平六　卒 9 平 8
65. 炮四平一　将 6 退 1　**66.** 炮一退二　卒 8 平 7
67. 炮一退一　卒 7 进 1　**68.** 炮一进一　炮 6 进 1
69. 炮一进一　马 3 进 5　**70.** 炮一退一　炮 6 退 1
71. 相五进三　马 5 退 3　**72.** 相三退五　卒 4 平 3
73. 炮一平六　卒 3 进 1　**74.** 炮六平四　将 6 平 5
75. 马五退七　马 3 进 5　**76.** 马七退五　卒 3 进 1
77. 马五退三　炮 6 平 5　**78.** 帅五平六　马 5 进 3

79. 炮四退三 马3进5
80. 马三进五 卒3进1
81. 帅六平五 马5进7

第202局 金波 负 宋国强

1. 炮二平五 炮8平5
2. 马二进三 马8进7
3. 车一平二 卒7进1
4. 马八进七 卒3进1
5. 炮八平九 马2进1
6. 车九平八 车1平2
7. 炮九进四 车9进1
8. 车二进四 车9平4
9. 兵三进一 车4进2
10. 炮九退一 车4进4
11. 马七退九 炮2进5
12. 兵三进一 车2进4
13. 仕四进五 炮2平5
14. 仕五进六 车2进5
15. 相七进五 车2退1
16. 兵七进一 卒3进1
17. 兵三进一 马1进3
18. 炮九平三 炮5平1
19. 兵三进一 象3进5
20. 炮三平二 炮1进6
21. 炮二进四 炮1进1
22. 相五退七 车2平7
23. 兵三进一 车7进1
24. 帅五进一 车7退1
25. 帅五退一 车7退1
26. 兵三平四 士4进5
27. 车二进四 车7平4
28. 兵四平五 将5平4
29. 帅五进一 车4进1
30. 帅五进一 车4进1
31. 帅五退一 马3进2
32. 相七进九 马2进3
33. 帅五平四 马3退5

第203局 吕钦 和 胡荣华

1. 炮二平五 炮8平5
2. 马二进三 马8进7
3. 车一平二 卒7进1
4. 马八进七 卒3进1
5. 炮八平九 马2进1
6. 车九平八 炮2平3
7. 车二进四 车9平8
8. 车二进五 马7退8
9. 炮五进四 士6进5
10. 相七进五 马8进7

11. 炮五退一　车1平2　12. 车八进九　马1退2
13. 炮九进四　炮3进4　14. 炮九平三　马2进3
15. 兵九进一　卒3进1　16. 相五进七　马7进5
17. 兵五进一　马5进3　18. 炮三平七　后马进1
19. 马七进五　马3进1　20. 炮七退三　前马进3
21. 兵三进一　马3退5　22. 仕四进五　马1进3
23. 相三进五

第204局　蒋川 胜 何刚

1. 炮二平五　炮8平5　2. 马二进三　马8进7
3. 马八进七　卒7进1　4. 车一平二　卒3进1
5. 车二进四　车9平8　6. 车二平六　车8进6
7. 兵三进一　车8平7　8. 炮五退一　车7退1
9. 车六进三　炮2平3　10. 炮五平三　车7平2
11. 炮八进七　车1平2　12. 车六平七　马7进6
13. 车七退二　马6进4　14. 马七退五　卒5进1
15. 车七退一　卒5进1　16. 兵五进一　后车进3
17. 车九进二　前车平3　18. 兵七进一　车2平5
19. 马五进七　马4进3　20. 车九平七　车5进2
21. 炮三平五

第205局　杨德琪 和 颜成龙

1. 炮二平五　炮8平5　2. 马二进三　马8进7
3. 车一平二　卒7进1　4. 马八进七　卒3进1
5. 车二进四　车9平8　6. 车二平六　车8进6
7. 兵三进一　卒7进1　8. 车六平三　马2进3
9. 马三进四　车8退4　10. 车九进一　炮5退1
11. 车九平六　炮5平7　12. 马四进三　象3进5

13. 车六进五 车1平3
14. 炮八退一 士4进5
15. 炮八平三 车3平4
16. 车六平七 车4进2
17. 兵五进一 炮2进2
18. 兵七进一 象5进7
19. 马三退五 卒5进1
20. 兵七进一 象7退9
21. 车三平四 炮7进7
22. 兵七平八 马7进8
23. 车四平三 炮7平3
24. 马七进八 车4进3
25. 车七退五 车4平2
26. 炮五进三 车8平5
27. 相三进五 马8退6
28. 车七进六 车5进2
29. 兵五进一 马6进7
30. 相五进三 车2退1
31. 兵五平四 象7进5
32. 兵四进一 车2退1
33. 车七平五 车2平6
34. 车五平一 车6进3
35. 车一退一 车6平1
36. 相三退五

第206局 赵国荣 胜 李锦欢

1. 炮二平五 炮8平5
2. 马二进三 马8进7
3. 马八进七 卒7进1
4. 车一平二 卒3进1
5. 车二进四 车9平8
6. 车二平六 车8进6
7. 车六进一 车8平7
8. 炮五退一 象3进1
9. 炮五平三 马2进3
10. 车六退一 车7平6
11. 马三进二 车6退4
12. 相七进五 士4进5
13. 仕六进五 车1平4
14. 车九平六 炮5平4
15. 前车平五 炮4平5
16. 车五平六 炮5平4
17. 前车平五 象7进9
18. 马二进三 象9退7
19. 车六进六 炮4退1
20. 炮八进四 车6进6
21. 车六平七 车4平3
22. 炮三进一 车6退4
23. 车五平六 士5进4
24. 车六平九 马3退4
25. 车七进三 象1退3
26. 车九进二 炮4平7
27. 炮八平六 炮7进2
28. 炮六平三 象7进9
29. 前炮平二 车6退1
30. 炮二进二 士6进5

31. 车九平七　车6平8
32. 炮二平四　车8平6
33. 炮四平二　象3进1
34. 兵九进一　车6平8
35. 炮二平四　马7进6
36. 兵七进一　炮2进4
37. 兵七进一　炮2平9
38. 兵七平六　卒7进1
39. 相五进三　炮9退2
40. 炮三平五　将5平6
41. 炮四退二　炮9进5
42. 炮五平四　将6平5
43. 车七平五　车8进6
44. 相三退五　马6进7
45. 前炮退三　马7进9
46. 前炮进二　象1退3
47. 前炮平五　象3进5
48. 车五平三　车8退3
49. 兵六进一　车8退2
50. 炮五退一　马4进2
51. 车三退四　马9退8
52. 车三平二　卒9进1
53. 炮四进二　炮9退4
54. 相五进三

第207局　靳玉砚 胜 邱东

1. 炮二平五　炮8平5
2. 马二进三　马8进7
3. 车一平二　卒7进1
4. 马八进七　卒3进1
5. 车二进四　车9平8
6. 车二平六　车8进6
7. 兵三进一　车8平7
8. 炮五退一　车7退1
9. 车六进三　车1进2
10. 炮八进七　士6进5
11. 车六平七　车7进2
12. 车七进二　车1退2
13. 车九平八　士5进4
14. 炮五进一　卒3进1
15. 兵七进一　炮2平3
16. 兵七进一　炮3进5
17. 兵七平六　炮3平4
18. 兵六进一　士4退5
19. 车七退六　车1平2
20. 车八进九　马7进6
21. 炮五进四　马6进4
22. 车七平六　马4退5
23. 兵六平五

第208局 柳大华 胜 宗永生

1. 炮二平五 炮8平5
2. 马二进三 马8进7
3. 车一平二 卒7进1
4. 马八进七 卒3进1
5. 车二进四 车9平8
6. 车二平六 车8进6
7. 兵三进一 马2进3
8. 兵三进一 车8平7
9. 炮五退一 车7退2
10. 炮五平三 车7平4
11. 兵七进一 卒3进1
12. 车六平七 马3退5
13. 相七进五 象3进1
14. 仕六进五 车1平3
15. 车七进五 象1退3
16. 马七进八 车4退2
17. 炮八平六 马7进6
18. 车九平七 炮5进4
19. 车七进三 炮5退1
20. 马八退六 炮5平4
21. 马六退四 炮4平2
22. 车七进二 马6进5
23. 马四进五 前马进7
24. 炮六平三 前炮进4
25. 仕五进六 前炮平1
26. 车七平八 车4平3
27. 前炮进一 马5进7
28. 前炮进六 士6进5
29. 前炮平一 象3进5
30. 马五进四 士5进6
31. 马四退三 马7进6
32. 车八退一 象5进7
33. 帅五进一 马6进7
34. 马三退五 车3进4
35. 车八进三 车3平5
36. 炮三进四 马7退8
37. 车八平五 将5平6
38. 车五平四 将6平5
39. 车四平二

第209局 蒋川 和 宗永生

1. 炮二平五 炮8平5
2. 马二进三 马8进7
3. 车一平二 卒7进1
4. 马八进七 卒3进1
5. 车二进四 车9平8
6. 车二平六 车8进6
7. 兵七进一 车8平7
8. 马七退五 车7退1

9. 车六进四　马2进3
10. 相七进九　卒3进1
11. 车九平七　马7进6
12. 车七进四　车7平3
13. 相九进七　马6进5
14. 马三进五　炮5进4
15. 车六退五　炮5退2
16. 车六平五　炮5进3
17. 相三进五　士4进5
18. 马五进三　象3进5
19. 马三进四　车1平4
20. 马四进五　车4进3
21. 马五退四　车4平6
22. 马四退二　炮2平1
23. 车五平八　车6进1
24. 仕六进五　马3进5
25. 马二退四　象5退3
26. 相五退三　车6平3
27. 相三进五　炮1平5
28. 炮八平六　车3平4
29. 炮六退二　车4进1
30. 车八平七　士5进6
31. 相五退三　卒7进1
32. 相七退五　卒7平6
33. 车七进六　将5进1
34. 车七退一　将5退1
35. 车七进一　将5进1
36. 马四进二　卒6进1
37. 车七退三　车4平5
38. 炮六平九　车5退1
39. 马二进四　马5进7
40. 马四进三　车5进2
41. 马三进五　象7进5
42. 炮九进六　车5平1
43. 炮九平一　马7退9

第210局　蒋川 胜 陈文柠

1. 炮二平五　炮8平5
2. 马二进三　马8进7
3. 车一平二　卒7进1
4. 马八进七　卒3进1
5. 车二进四　车9平8
6. 车二平六　马2进3
7. 兵七进一　卒3进1
8. 车六平七　马3进4
9. 炮八平九　炮2平4
10. 车九平八　车8进8
11. 车八进五　车8平4
12. 仕四进五　士4进5
13. 马七进六　马4进6
14. 兵三进一　马6进5
15. 相三进五　卒7进1
16. 相五进三　象7进9
17. 相三退五　车4退2
18. 炮九平七　象3进1

19. 马三进四 车4平5
20. 马六进七 炮5平6
21. 马七进八 炮6退1
22. 马八退六 士5进4
23. 马四进三 炮6进1
24. 车七平三 士6进5
25. 马三进一 炮6平9
26. 车三进三 车1平3
27. 车八平四 士5退6
28. 车三平六 炮9退1
29. 车六平五 炮9平5
30. 帅五平四 将5平4
31. 车五平六

第211局 卜凤波 和 陶汉明

1. 炮二平五 炮8平5
2. 马二进三 马8进7
3. 车一平二 卒7进1
4. 马八进七 卒3进1
5. 车二进四 车9平8
6. 车二平四 车8进6
7. 炮五退一 马2进3
8. 兵七进一 卒3进1
9. 车四平七 马3进4
10. 车七平六 马4退3
11. 车六进四 卒5进1
12. 马七进六 车8平7
13. 相七进五 卒5进1
14. 兵五进一 炮2平1
15. 车九平七 车1平2
16. 车七进七 车2进7
17. 炮五平七 车2退7
18. 马六进七 马7进5
19. 车六退二 车7进1
20. 马七进九 象3进1
21. 车六平五 车7退1
22. 车七平九 车7平1
23. 车五平三 炮5平9
24. 车三进三 炮9进4
25. 车九平七 车2进5
26. 炮七平二 车1平8
27. 炮二平五 车8平4
28. 车三退四 车2平4
29. 车七退七 炮9平5
30. 兵五进一 后车平5
31. 车七进六 炮5进2
32. 仕四进五 卒1进1
33. 车七平一 卒1进1
34. 车一平五 士4进5
35. 车五平八 卒1进1
36. 兵五进一 卒1平2
37. 车三进二 车4退4
38. 车八进三 车4退2
39. 车八退三 车4进2
40. 车三退四 卒2进1

41. 车三平七　卒2进1
42. 兵五平六　车4退2
43. 兵六平七　车4进8
44. 兵七进一　车5平4
45. 车八进一　后车进1
46. 车七进一　后车退1
47. 车七退一　后车进1
48. 车七退一　士5退4
49. 车七进四　后车退3
50. 车七退一　后车进1
51. 车七退三　后车进2
52. 车七进四　后车退3
53. 车七退四　后车进1
54. 车七平九　卒2平3
55. 车九平七　卒3平2
56. 车八平九　后车退1
57. 兵七平八　后车平2
58. 兵八平七　车2平4
59. 兵七平八　后车平2
60. 兵八平七　车2平4
61. 兵七平八　后车平2
62. 相五进三　卒2平3
63. 车七平五　士6进5
64. 兵八进一　车4退5
65. 兵八平七　卒3平4
66. 车九平二　车4平5
67. 兵七平六　车5进4

第212局　杨德琪 胜 臧如意

1. 炮二平五　炮8平5
2. 马二进三　马8进7
3. 车一平二　卒7进1
4. 马八进七　卒3进1
5. 车二进四　车9平8
6. 车二平六　车8进6
7. 兵三进一　车8平7
8. 炮五退一　车7退1
9. 车六进三　炮2平3
10. 炮五平三　车7平2
11. 炮八进七　车1平2
12. 车六平七　马7进6
13. 车七退二　马6进4
14. 马七退五　卒5进1
15. 车七退一　卒5进1
16. 兵五进一　后车进3
17. 车九进二　前车平3
18. 兵七进一　车2平5
19. 马五进七　马4进3
20. 车九平七　炮5进3
21. 车七平四　车5平8
22. 车四进三　炮5退4
23. 马三进四　象7进9
24. 炮三平四　车8平5
25. 仕四进五　车5平6
26. 相七进五　车6进1

27. 炮四进四 炮5平1
28. 炮四平五 炮1进5
29. 相三进一

第213局 孙勇征 负 宗永生

1. 炮二平五 炮8平5
2. 马二进三 马8进7
3. 车一平二 卒7进1
4. 马八进七 卒3进1
5. 车九进一 马2进3
6. 车九平六 士4进5
7. 车二进六 马7进6
8. 车二平三 炮5平6
9. 兵五进一 象3进5
10. 兵五进一 卒5进1
11. 马七进五 马6进7
12. 炮五进三 炮2进2
13. 炮五平八 马3进2
14. 炮八进二 马2退3
15. 车三平七 车1平2
16. 炮八进二 卒9进1
17. 兵七进一 马3退1
18. 炮八退五 马7退5
19. 车六平四 卒3进1
20. 车七退二 马5退3
21. 炮八平五 车9进3
22. 马五进六 车9平5
23. 马三进五 车5平2
24. 马六进五 象7进5
25. 炮五进六 将5平4
26. 车七进一 后车进2
27. 车七平六 后车平4
28. 车四进六 车4进2
29. 马五进六 车2平5
30. 相七进五 士5进6
31. 炮五平八 车5平4

第十二章　红先进三兵对黑双正马分边炮

第214局　陈丽淳 负 宋国强

1. 炮二平五　炮8平5
2. 马二进三　马8进7
3. 车一平二　马2进3
4. 兵三进一　炮2平1
5. 马八进七　车1平2
6. 车九平八　车2进6
7. 炮八平九　车2平3
8. 车八进二　车9进1
9. 炮九退一　车3平4
10. 车二进五　车9平6
11. 仕四进五　车4进2
12. 车八进四　车6进7
13. 车二平六　车4平3
14. 车八平七　车6平7
15. 车七进一　车7退1
16. 炮九进五　车7进2
17. 仕五退四　炮5进4
18. 仕六进五　象3进5
19. 炮九平三　车7平8
20. 炮三进三　士6进5
21. 车七退三　车3进1
22. 车六退五　车3退2
23. 车七退二　将5平6
24. 车六进九　士5退4
25. 帅五平六　炮5进2
26. 炮三平六　马7进6
27. 炮六平八　车8平6
28. 帅六进一　马6进4

第215局　孙玉起 负 阎玉锁

1. 炮二平五　炮8平5
2. 马二进三　马8进7
3. 车一平二　马2进3
4. 兵三进一　炮2平1
5. 马八进七　车1平2
6. 车九平八　车2进6
7. 炮八平九　车2进3
8. 马七退八　车9进1
9. 马八进七　车9平2
10. 仕四进五　车2进4
11. 炮五平四　车2平7
12. 车二进二　卒3进1

13. 相三进五　车7进1
14. 炮四退二　卒7进1
15. 炮四平三　车7平6
16. 车二进二　马7进6
17. 兵七进一　炮5平7
18. 马七进六　马6进4
19. 车二平六　炮7进5
20. 炮九平三　象3进5
21. 兵七进一　象5进3
22. 车六进二　车6平5
23. 车六平七　马3退5
24. 车七退一　象7进5
25. 车七平四　马5进3
26. 兵一进一　炮1进4
27. 前炮平二　车5平8
28. 炮二平一　车8退1
29. 炮一进四　车8平9
30. 车四进一　卒5进1
31. 炮一平二　车9平8
32. 炮二平一　炮1平5
33. 车四平七　马3进5
34. 车七退三　卒5进1
35. 炮一平九　车8进4
36. 帅五平四　马5进6
37. 炮九进三　象5退3
38. 炮九退七　车8退6
39. 炮九进一　车8平5
40. 炮九平五　卒5进1
41. 仕五进四　卒5进1
42. 车七平四　卒7进1
43. 相七进五　车5进4
44. 仕六进五　车5平3
45. 帅四平五　车3退2
46. 车四平五　士6进5
47. 炮三平四　马6退4
48. 车五平六　马4进2
49. 车六平八　车3平4
50. 车八平七　象3进5
51. 炮四平一　马2进4
52. 炮一进三　卒7平6
53. 帅五平四　卒6平5
54. 帅四平五　车4退1
55. 炮一平二　马4退6
56. 炮二退三　车4平5
57. 炮二平四　马6退5
58. 车七平一　士5退6
59. 车一平六　马5进3
60. 车六进三　车5平7
61. 帅五平六　车7进2
62. 车六进三　将5进1
63. 炮四平五　车7平3
64. 车六退四　卒5进1
65. 仕五进六　马3进2
66. 车六平五　车3平4
67. 车五进二　将5平4
68. 仕四退五　马2进4
69. 炮五进三　马4进6
70. 帅六平五　车4平5

第216局 苗永鹏 负 李来群

1. 炮二平五 炮8平5
2. 马二进三 马8进7
3. 车一平二 马2进3
4. 兵三进一 炮2平1
5. 马八进七 车1平2
6. 车九平八 车2进6
7. 炮八平九 车2进3
8. 马七退八 车9进1
9. 马八进七 车9平4
10. 仕四进五 车4进5
11. 炮五平四 卒5进1
12. 相三进五 车4平3
13. 炮九退一 卒5进1
14. 炮九平七 车3平2
15. 兵五进一 马3进5
16. 马三退一 炮5进3
17. 车二进三 车2退2
18. 炮七进五 车2平6
19. 马一退三 马5进3
20. 炮四进一 士6进5
21. 炮四平五 炮1平6
22. 相五进七 卒7进1
23. 兵三进一 车6平7
24. 相七进五 车7进4
25. 车二平四 炮6平4
26. 炮七平八 炮4进4
27. 车四退一 象7进5
28. 炮八退五 炮5进2
29. 车四平五 车7进1
30. 仕五退四 炮4平9
31. 车五平一 炮9退2
32. 炮八平一 炮9平8
33. 车一平二 车7退1
34. 炮一退一 车7退3
35. 相七退五 车7平6
36. 炮一进一 车6进3
37. 炮一进二 车6退2
38. 炮一退二 炮8平5
39. 仕六进五 马3进2
40. 车二平四 马2进4
41. 帅五平六 炮5平4
42. 马七进六 车6平5
43. 仕五进六 车5退1
44. 炮一平六

第217局 赵国荣 负 李来群

1. 炮二平五 炮8平5
2. 马二进三 马8进7
3. 车一平二 马2进3
4. 兵三进一 炮2平1

5. 马八进七　车1平2
6. 车九平八　车2进6
7. 炮八平九　车2进3
8. 马七退八　车9进1
9. 马八进七　车9平4
10. 车二进六　车4进5
11. 车二平三　卒3进1
12. 马三退五　炮5退1
13. 车三退一　车4进2
14. 炮五平二　卒5进1
15. 车三进一　马3进5
16. 炮二退一　车4退4
17. 马五进三　卒5进1
18. 炮二平五　卒5平4
19. 炮五进五　马7进5
20. 仕四进五　马5退6
21. 车三平七　卒4进1
22. 兵七进一　卒4平3
23. 马七退九　车4进3
24. 相三进五　车4进1
25. 马三进四　车4平1
26. 车七进三　炮1平5
27. 炮九进四　车1退2
28. 炮九进三　后炮平2
29. 车七平八　马6进4
30. 炮九平六　车1退3
31. 兵七进一　炮2进5
32. 兵七平六　车1平2
33. 车八平九　车2平6
34. 马四退三　炮2进3
35. 兵三进一　卒3进1
36. 兵三平四　炮5进5
37. 仕五进六　车6进1
38. 兵六进一　马4进2
39. 炮六平八　马2进3
40. 兵六进一　车6平1
41. 车九退四　马3退1
42. 马三进四　卒3平4
43. 马四进六　卒4进1
44. 兵六进一　炮2平4
45. 马六退七　炮5平3
46. 炮八平六　炮4退8

第218局　金波 胜 李来群

1. 炮二平五　炮8平5
2. 马二进三　马8进7
3. 车一平二　马2进3
4. 兵三进一　炮2平1
5. 马八进七　车1平2
6. 车九平八　车2进6
7. 炮八平九　车2进3
8. 马七退八　车9进1
9. 马八进七　车9平2
10. 马三进四　车2进3
11. 马四进三　士4进5
12. 炮五平三　炮5平4

13. 相三进五　象3进5
14. 车二进一　卒3进1
15. 车二平六　炮1退2
16. 车六进五　炮1平3
17. 兵五进一　车2进2
18. 兵五进一　车2平3
19. 兵五进一　马7进5
20. 炮九退一　车3平7
21. 炮九平五　炮3平4
22. 车六平五　前炮进5
23. 车五平七　前炮平7
24. 相五退三　炮4进7
25. 马七进六　车7平4
26. 马三退五　炮4平5
27. 相三进五　车4退1
28. 车七进一　将5平4
29. 炮五平三　车4进4
30. 帅五进一　车4退5
31. 马五进三　炮7退4
32. 炮三进五　卒9进1
33. 车七平九　车4进2
34. 车九进二　将4进1
35. 炮三进二　士5进6
36. 车九退一　将4退1
37. 车九进一　将4进1
38. 车九退三　卒3进1
39. 车九平七　卒3平2
40. 炮三平一　卒2进1
41. 兵九进一　车4进2
42. 帅五退一　车4进1
43. 帅五进一　车4平6
44. 兵九进一　卒2进1
45. 炮一退二　车6平4
46. 兵九进一　车4退1
47. 帅五退一　卒2进1
48. 兵九平八　卒2平3
49. 帅五平四　将4退1
50. 兵八进一　士6进5
51. 兵八进一　将4平5
52. 兵八平七　象7进9
53. 炮一平五　将5平6
54. 炮五进二　车4进1
55. 帅四进一　卒3平4
56. 相五进七　将6进1
57. 兵七平六　车4平8
58. 炮五进一　车8退3
59. 车七平四　车8退4

第219局　车兴国 胜 王国富

1. 炮二平五　炮8平5
2. 马二进三　马8进7
3. 车一平二　马2进3
4. 兵三进一　炮2平1
5. 马八进七　车1平2
6. 车九平八　车2进6

7. 马三进四　车2平3　8. 马七退五　车3平2
9. 马四进六　卒3进1　10. 马六进七　炮5进4
11. 车二进三　炮1进4　12. 炮八平七　车2平4
13. 马七退八　象7进5　14. 炮七进一　卒3进1
15. 马八退九　卒3进1　16. 马九进七　车9平8
17. 车二平五　车4平5　18. 马七退五　车8进4
19. 前马进七　车8平3　20. 车八进四　卒5进1
21. 马五进三　士4进5　22. 马七退五　卒7进1
23. 兵三进一　象5进7　24. 车八平七　马7进5
25. 车七进一　马5进3　26. 炮五进三　象3进5
27. 马三进四　卒3平4　28. 马五进六　马3进2
29. 马四退六　马2进4　30. 帅五进一　马4退6
31. 帅五平六　将5平4　32. 炮五退三

第十三章　红双正马对黑进3卒

第220局　陈孝坤 和 胡荣华

1. 炮二平五　炮8平5　2. 马二进三　马8进7
3. 车一平二　马2进3　4. 马八进七　卒3进1
5. 车九进一　马3进4　6. 兵三进一　马4进3
7. 马三进四　车9进1　8. 车九平六　车9平3
9. 车六进六　车1进2　10. 马四进五　士4进5
11. 车六退一　马3进5　12. 炮八平五　卒3进1
13. 马五退四　炮2进4　14. 马七退五　车3进3
15. 马五进三　炮5平3　16. 炮五平七　卒3平2
17. 炮七进五　车3进5　18. 炮七退一　炮2进3
19. 炮七平三　象7进9　20. 车六退四　卒2进1
21. 炮三平八　炮2退6　22. 车二进六　车1平2
23. 相三进五　车3退1　24. 兵三进一　卒2平3
25. 车六平八　炮2进3　26. 仕四进五　卒3进1
27. 车二平七　卒3平2　28. 车七退五　象9进7
29. 车七进八　士5退4　30. 车七退四　象7退9
31. 马四进三　象9退7　32. 后马进四　士6进5
33. 兵五进一　卒2进1　34. 兵五进一　卒2平1
35. 车七进一　炮2进3　36. 相五退七　后卒进1
37. 马四进二　炮2平1　38. 兵五进一　马7退9
39. 兵五进一　象7进5　40. 马二进一　象5退7
41. 马一进三　将5平6　42. 后马进五　车2平5
43. 马三退五　象7进5　44. 车七平一　马9退7
45. 车一平五　象5退3　46. 车五平七　象3进5

47. 车七进一 象5进7
48. 车七退二 象7退5
49. 车七平九 马7进6
50. 帅五平四 将6平5
51. 兵九进一 马6进7
52. 车九进二 象5退7
53. 车九平三 马7退6
54. 车三退三 象7进5
55. 车三平二 象5退7
56. 兵一进一 士5退6
57. 兵一进一 士4进5
58. 兵一平二 士5进4
59. 帅四进一 士6进5
60. 车二平八 象7进5
61. 车八平六 象5退3
62. 帅四退一 马6进5
63. 车六退三 炮1退4
64. 车六平九 炮1平3

第221局 李晓晖 负 谢靖

1. 炮二平五 炮8平5
2. 马二进三 马8进7
3. 车一平二 马2进3
4. 马八进七 卒3进1
5. 车二进五 象3进1
6. 炮八进四 卒5进1
7. 车九进一 士4进5
8. 车九平六 车1平4
9. 车六进八 将5平4
10. 车二退四 车9平8
11. 车二平六 将4平5
12. 车六进五 卒7进1
13. 车六平七 马3退4
14. 炮五进三 车8进5
15. 相三进五 车8平4
16. 仕四进五 车4进1
17. 兵五进一 车4退1
18. 马七进五 车4平5
19. 车七退一 马7进5
20. 车七进一 车5退1
21. 马五进七 车5平3
22. 车七平五 马4进3
23. 车五平三 马3进2
24. 炮八平五 马2进3
25. 车三平四 将5平4
26. 车四退二 炮5进5
27. 帅五平四 炮5退2
28. 马三进五 炮2平6
29. 仕五进四 车3退1
30. 炮五退一 车3平8
31. 炮五平六 车8进6
32. 帅四进一 车8平4
33. 炮六平八 车4退4

第222局 王向明 和 史思旋

1. 炮二平五 炮8平5
2. 马二进三 马8进7
3. 车一平二 马2进3
4. 马八进七 卒3进1
5. 车二进五 象3进1
6. 炮八进四 车9平8
7. 车二平七 车1平3
8. 兵三进一 车8进6
9. 马三进四 车8平6
10. 马四进三 炮5平6
11. 马七退五 车6进2
12. 兵三进一 炮6进1
13. 炮八退五 车6平5
14. 仕四进五 象1进3
15. 炮五平三 马3进4
16. 兵三平四 炮6退1
17. 车九进二 炮6平3
18. 车九平六 马4进5
19. 炮三进五 炮2平7
20. 车六进四 马5退6
21. 车六平五 象3退5
22. 相三进五 士4进5
23. 车五退一 马6进7
24. 炮八进五 车3平4
25. 炮八平一 车4进8
26. 相七进九 炮7平9
27. 炮一平二 车4退2
28. 相五进三 炮3平2
29. 炮二进三 马7进6
30. 马三进五 炮9平6
31. 车五平六 车4退2
32. 马五退六 马6退8
33. 炮二退三 马8退7
34. 炮二平五 将5平4
35. 炮五退四 马7退5
36. 马六进七 将4平5
37. 马七退六 将5平4
38. 马六进七 将4平5
39. 马七退六 炮6平4
40. 仕五进四 象7进5
41. 炮五进二 马5进7
42. 仕六进五 马7进9
43. 兵七进一 马9退8
44. 兵七进一 马8进7
45. 炮五退一 马7退6
46. 炮五进二 炮2平1
47. 兵七进一 炮1进4
48. 相九进七 炮1退2
49. 炮五退三 马6进4
50. 炮五进二 炮1平3
51. 仕五进六 将5平4
52. 兵七平八 炮4进1
53. 兵八平九 士5进4
54. 仕四退五 士6进5

第223局 徐天红 负 赵冠芳

1. 炮二平五　炮8平5　2. 马二进三　马8进7
3. 车一平二　马2进3　4. 马八进七　卒3进1
5. 车二进五　象3进1　6. 炮八进四　车9平8
7. 车二平七　车1平3　8. 兵三进一　炮5平6
9. 车七退一　象7进5　10. 炮八平七　车3平2
11. 炮七平八　车2平3　12. 炮八平七　车3平2
13. 车九进一　炮6进5　14. 车七平四　炮6平3
15. 炮七退四　马3进2　16. 炮五退一　车8进4
17. 炮五平八　士4进5　18. 仕六进五　车8平4
19. 炮八进六　车2进2　20. 车九平八　卒7进1
21. 车八进三　卒7进1　22. 车四平三　马7进6
23. 炮七平六　马2退4　24. 车八进三　马4退2
25. 车三平八　马2进4　26. 炮六平五　车4平3
27. 炮五进四　车3进2　28. 相三进五　马6退7
29. 炮五平四　马4进6　30. 车八平五　象1退3
31. 兵九进一　车3退3　32. 炮四进二　车3平6
33. 炮四平二　车6平8　34. 炮二平四　马7进5
35. 车五平七　马5进3　36. 马三进四　车8平5
37. 炮四平一　士5退4　38. 炮一进一　士6进5
39. 马四退六　马6进5　40. 马六进七　象5进3
41. 车七进一　象3进5　42. 车七平二　将5平6
43. 兵一进一　马5进3　44. 车二进四　将6进1
45. 车二退五　车5进1　46. 车二平七　马3退5
47. 车七进二　卒9进1　48. 车七平九　卒9进1
49. 车九平四　士5进6　50. 车四平一　卒9平8
51. 车一进二　将6退1　52. 炮一平六　车5平4
53. 车一进一　将6进1　54. 车一退一　将6退1

55. 车一退一　将6进1　56. 炮六平三　马5进7
57. 车一平二　卒8平9　58. 炮三退六　车4进2
59. 炮三进三　马7退6　60. 炮三平四　将6平5
61. 车二平四　车4平1　62. 炮四平六　车1退1
63. 炮六退四　车1平4　64. 相五进三　卒9平8
65. 相七进五　卒8进1　66. 车四退二　卒8平7
67. 相五退三　卒7进1　68. 相三进五　卒7进1
69. 车四平一　卒7平8　70. 车一进三　将5退1
71. 车一退六　车4平2　72. 车一平四　卒8平7
73. 车四进一　车2平4　74. 车四平一　卒7平8
75. 相五退七　将5进1　76. 车一平四　卒8平7
77. 炮六平五　将5平4　78. 炮五平六　将4平5
79. 炮六平五　将5平4　80. 炮五平三　将4平5
81. 炮三平五　将5平4　82. 炮五平六　将4平5
83. 炮六平四　马6退5　84. 炮四平五　将5平4
85. 车四进五　将4退1　86. 车四进一　将4进1
87. 车四退一　将4退1　88. 炮五平六　将4平5
89. 车四退一　将5进1　90. 炮六平五　将5平4
91. 车四平五　马5进3　92. 炮五平六　车4平5
93. 车五平七　车5退1　94. 相七进五　马3进5
95. 炮六退一　车5平3　96. 车七平五　车3进5
97. 炮六退一　马5进6　98. 仕五进四　车3平4
99. 帅五进一　车4平6

第224局　景学义 负 李来群

1. 炮二平五　炮8平5　2. 马二进三　马8进7
3. 车一平二　马2进3　4. 马八进七　卒3进1
5. 车二进五　炮2退1　6. 兵三进一　卒7进1
7. 车二平三　车9进2　8. 马三进四　炮2平7

9. 车三平七 车1进2　10. 炮八进四 炮5退1
11. 马四进三 车9平8　12. 炮八平七 象7进5
13. 车七退一 炮5平3　14. 炮七进二 炮7进2
15. 马七退五 车8进6　16. 炮七平六 马3进4
17. 车九进二 马4进5　18. 炮六退七 炮7进6
19. 马五退三 马5退3　20. 仕六进五 车8进1
21. 马三进四 马3退5　22. 车九平六 车1平3
23. 马四进五 车8退3　24. 炮六平七 车3平2
25. 仕五退六 车2进3　26. 炮七平五 马5退7
27. 马五进六 车8进3

第225局 张华明 胜 焦明理

1. 炮二平五 炮8平5　2. 马二进三 马8进7
3. 车一平二 马2进3　4. 马八进七 卒3进1
5. 车二进五 象3进1　6. 炮八进四 车1平3
7. 车二平七 车9进1　8. 炮八平七 马3退5
9. 车七退一 车9平6　10. 车九平八 炮2平4
11. 兵三进一 卒5进1　12. 车八进六 车6进3
13. 车七平四 车6平8　14. 仕四进五 卒5进1
15. 炮五进二 马7进5　16. 炮五进三 象7进5
17. 车四平五 后马进7　18. 兵七进一 卒1进1
19. 相七进五 士6进5　20. 炮七平三 车3进2
21. 炮三平四 车8平6　22. 炮四进一 车6退2
23. 车五进二 马7进8　24. 车五平二 马8进6
25. 马三进四 车6进3　26. 马七进八 卒9进1
27. 车八平六 车6进1　28. 兵五进一 车6平5
29. 兵七进一 车5退1　30. 兵七进一 车3平2
31. 车六平四 士5退6　32. 马八进六 炮4退1
33. 兵七进一 车2退1　34. 马六进八

第 226 局 梁昆佳 和 王嘉良

1. 炮二平五 炮 8 平 5　2. 马二进三 马 8 进 7
3. 车一平二 马 2 进 3　4. 马八进七 卒 3 进 1
5. 车二进五 象 3 进 1　6. 炮八进四 车 9 平 8
7. 车二平七 车 1 平 3　8. 兵三进一 车 8 进 6
9. 兵七进一 卒 5 进 1　10. 车七进一 卒 7 进 1
11. 马三进四 卒 5 进 1　12. 炮八退三 车 8 退 2
13. 兵五进一 卒 7 进 1　14. 马四进三 炮 5 进 5
15. 相七进五 马 3 进 5　16. 车七平六 车 8 平 7
17. 马三退五 卒 7 平 6　18. 马七进六 炮 2 进 3
19. 马六进五 炮 2 平 5　20. 炮八平五 炮 5 退 2
21. 炮五进三 车 7 平 5　22. 炮五平九 车 3 进 5
23. 仕六进五 车 3 进 1　24. 车九平六 士 6 进 5
25. 前车平三 车 5 退 1　26. 车三进一 车 5 平 1
27. 车三进二 士 5 退 6　28. 车六进五 士 4 进 5
29. 车六平四 卒 6 平 5　30. 车三退五 车 1 平 5
31. 兵一进一 车 3 平 1　32. 兵一进一 卒 9 进 1
33. 车四平一

第 227 局 王大明 和 王嘉良

1. 炮二平五 炮 8 平 5　2. 马二进三 马 8 进 7
3. 车一平二 马 2 进 3　4. 马八进七 卒 3 进 1
5. 车二进五 象 3 进 1　6. 炮八进四 车 9 平 8
7. 车二平七 车 1 平 3　8. 兵三进一 车 8 进 6
9. 马三进四 车 8 平 6　10. 马四进三 炮 5 平 6
11. 仕六进五 炮 6 进 1　12. 兵七进一 炮 6 平 2
13. 车七进一 后炮退 1　14. 车七平八 炮 2 平 7

15. 炮五平三 车6平7
16. 马三退二 炮7进4
17. 炮三进二 车7退1
18. 马二退一 车7进4
19. 马七进六 马3进4
20. 车八平六 马4进6
21. 车九进二 士4进5
22. 车九平七 卒1进1
23. 兵五进一 车3进2
24. 车七平八 士5退4
25. 车八平四 马6进8
26. 车四平六 士6进5
27. 马六进五 马7进5
28. 前车平五 车3平7
29. 帅五平六 象7进5
30. 兵五进一 前车退2
31. 车五平六 卒9进1
32. 后车平三 车7进5
33. 车六退四 车7退3
34. 车六进一 马8退6
35. 车六平四 马6退8
36. 车四进二 马8进9
37. 车四平三 象5进7
38. 马一进三 马9退7
39. 兵五平四 马7进5
40. 兵四平三 马5退3

第十四章　红直车对黑进边马

第228局　韩松龄 负 赵庆阁

1. 炮二平五　炮8平5
2. 马二进三　马8进7
3. 车一平二　马2进1
4. 兵九进一　车1进1
5. 马八进九　车1平4
6. 仕四进五　车9进1
7. 炮八平七　炮2进4
8. 车九平八　炮2平5
9. 马三进五　炮5进4
10. 兵三进一　车9平8
11. 车二进二　车8进6
12. 炮七平二　车4平8
13. 炮二平三　车8进5
14. 车八进四　马1退3
15. 炮三进四　马3进5
16. 兵三进一　象7进9
17. 车八平五　象9进7
18. 马九进八　士6进5
19. 马八进六　炮5平9
20. 车五平三　卒5进1
21. 炮五进五　象7退5
22. 炮三平九　马7进8
23. 兵七进一　炮9进3
24. 仕五退四　车8平6
25. 仕六进五　马8进6
26. 马六进八　马6进4
27. 炮九平七　车6进3
28. 仕五退四　马4进6
29. 帅五平六　马6退7
30. 相七进五　马7进8
31. 帅六平五　卒5进1
32. 炮七平五　马8退6
33. 马八退六　马6退7
34. 炮五平六　卒9进1
35. 兵七进一　卒9进1
36. 马六进四　卒5平6
37. 兵七平六　马7进8
38. 相五退七　马8进6
39. 帅五进一　马6进7
40. 兵六平五　马7退9
41. 马四进三　将5平6
42. 炮六平四　马9退7
43. 帅五平四　卒9平8
44. 马三退二　将6进1
45. 相七进五　卒8进1
46. 兵五进一　卒8进1

47. 炮四退一　士5进4　48. 马二进三　马7退5
49. 炮四平一　卒8进1　50. 帅四平五　马5进7
51. 帅五平六　马7进6　52. 帅六进一　卒6进1

第229局　唐丹 胜 詹敏珠

1. 炮二平五　炮8平5　2. 马二进三　马8进7
3. 车一平二　马2进1　4. 马八进七　炮2平3
5. 车九平八　车9进1　6. 兵七进一　车9平4
7. 车二进四　车1平2　8. 炮八进四　士4进5
9. 车二平六　车4进4　10. 马七进六　卒7进1
11. 炮八进二　炮5平4　12. 马六进五　马7进5
13. 炮五进四　象3进5　14. 兵五进一　炮3进3
15. 车八进七　炮4进2　16. 马三进五　炮3平4
17. 兵九进一　卒3进1　18. 相三进五　卒9进1
19. 仕四进五　卒9进1　20. 兵三进一　卒7进1
21. 兵五进一　卒7平6　22. 马五进四　前炮平5
23. 兵五平六

第230局　高懿屏 胜 吴彩芳

1. 炮二平五　炮8平5　2. 马二进三　马8进7
3. 车一平二　马2进1　4. 马八进七　卒7进1
5. 车二进四　车9进1　6. 兵三进一　象7进9
7. 兵三进一　象9进7　8. 车二平三　象7退9
9. 兵七进一　车9平6　10. 马三进四　车6进3
11. 仕六进五　车1进1　12. 马七进六　车6平7
13. 车三进一　象9进7　14. 马四进五　象7退9
15. 炮八平六　马7进5　16. 炮五进四　士4进5
17. 车九平八　车1平2　18. 车八进五　卒1进1
19. 车八平六　炮2进7　20. 相七进五

第231局 林关浩 胜 黄运兴

1. 炮二平五 炮8平5
2. 马二进三 马8进7
3. 车一平二 马2进1
4. 马八进七 车1进1
5. 炮八平九 车1平4
6. 车九平八 炮2平3
7. 仕六进五 车4进5
8. 车二进六 车4平3
9. 车八进二 卒1进1
10. 车二平三 车9进1
11. 兵五进一 车9平4
12. 马三进五 车4进5
13. 兵五进一 卒5进1
14. 马五进四 炮5进5
15. 相七进五 马7退9
16. 马七进五 士4进5
17. 车八进五 车4进2
18. 仕五退六 炮3平4
19. 仕四进五 卒5进1
20. 马五进三 炮4进7
21. 车八退七 炮4平7
22. 相五退三 车3进2
23. 仕五退四 车3退1
24. 炮九进三 车3退3
25. 兵九进一 卒5平6
26. 车三平五 车3平6
27. 马三进四 马9进7
28. 马四进三 将5平4
29. 车五退四 车6退3
30. 炮九平三 车4退4
31. 车八进二 车4平7
32. 车八平六 将4平5
33. 帅五平六

第232局 廖祖林 负 陈旭旺

1. 炮二平五 炮8平5
2. 马二进三 马8进7
3. 车一平二 马2进1
4. 马八进七 车9进1
5. 兵七进一 车9平4
6. 车二进四 车4进5
7. 相七进九 车1进1
8. 仕六进五 车4平3
9. 车九平七 车1平4
10. 炮五平四 车3平1
11. 炮八进二 车1平2
12. 车二平六 车4进4
13. 炮八平六 卒7进1
14. 车七平六 卒1进1

15. 炮四进一　车 2 退 2　16. 炮四退一　马 7 进 8
17. 炮六平二　炮 5 平 7　18. 相三进五　象 7 进 5
19. 车六进三　士 6 进 5　20. 相九退七　车 2 平 6
21. 车六平九　车 6 进 2　22. 兵五进一　车 6 平 1
23. 马七进九　炮 7 进 4　24. 马九退七　马 1 进 2
25. 炮四进三　马 8 退 7　26. 炮四平九　马 2 进 3
27. 炮二进二　马 3 退 5　28. 炮二平七　炮 2 进 4
29. 兵一进一　炮 2 平 6　30. 兵一进一　卒 9 进 1
31. 炮九平一　卒 7 进 1　32. 炮一退二　卒 7 平 6
33. 炮七平八　马 7 进 8　34. 炮一平四　卒 6 进 1
35. 马七进六　马 8 进 6　36. 炮八退二　马 6 进 8
37. 马六进五　马 5 进 3　38. 帅五平六　马 3 进 2
39. 帅六进一　卒 6 进 1　40. 炮八退二　卒 6 平 7
41. 马五退四　炮 7 平 1

第 233 局　刘明 胜 郭海军

1. 炮二平五　炮 8 平 5　2. 马二进三　马 8 进 7
3. 车一平二　马 2 进 1　4. 马八进七　车 9 进 1
5. 兵三进一　车 1 进 1　6. 车二进六　卒 3 进 1
7. 车二平三　车 9 平 4　8. 马三进四　车 4 进 2
9. 兵三进一　卒 3 进 1　10. 兵七进一　炮 2 平 3
11. 马四进五　炮 3 进 5　12. 马五进三　车 4 平 7
13. 兵三进一　车 1 平 2　14. 仕六进五　车 2 进 5
15. 兵九进一　车 2 平 5　16. 兵九进一　马 1 进 3
17. 兵九进一　马 3 进 4　18. 车九进五　马 4 进 6
19. 车九平六　士 6 进 5　20. 帅五平六　炮 5 进 2
21. 炮八进四　炮 5 进 3　22. 相七进五　炮 3 平 2
23. 炮八平五　士 5 进 6　24. 车六进四　将 5 进 1
25. 兵三平四　马 6 退 7　26. 炮五平一

第 234 局　宗永生 胜 曹霖

1. 炮二平五　炮 8 平 5　　2. 马二进三　马 8 进 7
3. 车一平二　马 2 进 1　　4. 马八进七　车 9 进 1
5. 兵三进一　车 1 进 1　　6. 车二进六　车 1 平 4
7. 车二平三　车 9 平 6　　8. 炮八进二　卒 3 进 1
9. 炮八平五　车 6 进 5　　10. 车九平八　炮 2 平 3
11. 车八进七　车 4 平 3　　12. 马三进二　车 6 平 8
13. 马二进一　马 7 进 9　　14. 车三平五　士 4 进 5
15. 车五平七　将 5 平 4　　16. 车八平七　马 1 进 3
17. 车七进一　马 3 进 5　　18. 车七进一　将 4 进 1
19. 前炮进三　马 5 进 7　　20. 仕六进五　象 7 进 5
21. 兵七进一　卒 3 进 1　　22. 车七退五　车 8 退 1
23. 车七平六　士 5 进 4　　24. 帅五平六

第 235 局　李艾东 胜 陈信安

1. 炮二平五　炮 8 平 5　　2. 马二进三　马 8 进 7
3. 车一平二　马 2 进 1　　4. 马八进七　车 9 进 1
5. 兵七进一　车 9 平 4　　6. 车二进四　车 1 进 1
7. 仕六进五　车 4 进 5　　8. 相七进九　车 1 平 4
9. 车二平三　炮 5 退 1　　10. 车九平六　前车进 3
11. 仕五退六　卒 7 进 1　　12. 车三进一　象 7 进 5
13. 车三退一　炮 5 平 7　　14. 车三平六　车 4 平 6
15. 兵三进一　士 6 进 5　　16. 车六平四　车 6 进 4
17. 马三进四　炮 7 进 4　　18. 炮五进四　马 7 进 5
19. 马四进五　卒 1 进 1　　20. 马七进六　炮 2 进 1
21. 马五进三　炮 7 进 1　　22. 兵五进一　炮 2 进 2
23. 马六退五　炮 7 平 5　　24. 马五进三　炮 5 平 9

25. 后马进二　炮9平6　26. 马二进四　卒9进1
27. 兵五进一　炮2退4　28. 兵五平六　士5进6
29. 马四进六　炮2平4　30. 马三退四　炮6平8
31. 炮八平五　士4进5　32. 马六退五　将5平4
33. 兵六进一　马1进2　34. 马五进七　炮4平3
35. 马七进八　炮8平2　36. 兵七进一　马2进3
37. 兵七进一　炮2进3　38. 仕六进五　将4平5
39. 兵七进一　炮3平4　40. 马四进二

第236局　于幼华 和 姚洪新

1. 炮二平五　炮8平5　2. 马二进三　马8进7
3. 车一平二　马2进1　4. 马八进七　车9进1
5. 兵三进一　车9平4　6. 马三进四　炮2平3
7. 车九平八　车1平2　8. 炮八进四　士4进5
9. 车二进五　车4进6　10. 车八进二　炮5进4
11. 仕六进五　炮5退1　12. 车二平八　炮3平4
13. 兵七进一　象3进5　14. 前车退二　车4进1
15. 前车平五　炮5平7　16. 炮五平四　卒7进1
17. 炮四退一　车4退5　18. 相七进五　炮7平8
19. 炮八进一　卒5进1　20. 车五进二　卒7进1
21. 马四退三　卒7进1　22. 炮四进七　炮4退1
23. 炮四平六　车4退2　24. 马三进五　卒7平6
25. 车五平六　炮8退4　26. 车六进三　炮8平4
27. 马五进六　马7进5　28. 马六进四　卒3进1
29. 车八进四　卒3进1　30. 车八平六　车2进2
31. 车六进二　士5进6　32. 相五进七　士6进5
33. 马七进六　车2进7　34. 仕五退六　马5进4
35. 车六退四　车2退6　36. 马四退三　车2平5
37. 仕四进五　马1进3　38. 车六平四　卒6平7

39. 相七退五　象5进7　40. 车四平七　卒7进1
41. 车七退一　卒7进1　42. 车七平五　车5平8
43. 马三进五　车8平5　44. 马五退七　车5平7
45. 马七进五　车7平5　46. 马五退七　车5平7
47. 马七进五

第237局　徐超 胜 于幼华

1. 炮二平五　炮8平5　2. 马二进三　马8进7
3. 车一平二　马2进1　4. 马八进七　车9进1
5. 兵三进一　车9平4　6. 马三进四　炮2平3
7. 车九平八　车1平2　8. 炮八进四　车4进6
9. 车八进二　士4进5　10. 车二进五　炮5进4
11. 仕六进五　炮5退1　12. 车二平八　象3进5
13. 前车退一　卒5进1　14. 马四进三　车4退3
15. 炮八退一　炮3进4　16. 炮八平五　车2进5
17. 车八进二　炮3平7　18. 兵三进一　炮7退3
19. 兵三进一　车4平5　20. 兵三进一　卒1进1
21. 兵三进一　马1进2　22. 兵三平四　象5退3
23. 炮五进一　马2退4　24. 相七进五　车5平3
25. 车八进五

第238局　陆建初 和 江中豪

1. 炮二平五　炮8平5　2. 马二进三　马8进7
3. 车一平二　马2进1　4. 马八进七　车9进1
5. 兵三进一　车9平4　6. 马三进四　炮2平3
7. 车九平八　车1平2　8. 炮八进四　车4进6
9. 车八进二　士4进5　10. 车二进五　炮5进4
11. 仕四进五　炮5退1　12. 马四进五　炮3进4
13. 相七进九　马7进5　14. 炮八平五　象3进5

15. 车八进七　马1退2　16. 车二平五　车4平3
17. 车五退一　马2进4　18. 前炮平一　车3平1
19. 仕五进六　车1退1　20. 炮五进五　将5平4
21. 炮五退二　炮3进3　22. 仕六进五　车1平9
23. 炮五平六　将4平5　24. 炮一平二　车9平8
25. 炮二平一　炮3平7　26. 炮六平五　将5平4
27. 车五平六　炮7平9　28. 帅五平六　车8进3
29. 帅六进一　炮9退1　30. 仕五进四　车8退1
31. 帅六退一　车8进1　32. 帅六进一　车8退6
33. 炮一退三　车8进3　34. 炮一进五　车8退5
35. 炮一退五　车8进7　36. 帅六退一　车8进1
37. 帅六进一

第239局　李来群 和 张元三

1. 炮二平五　炮8平5　2. 马二进三　马8进7
4. 马八进七　马2进1　3. 兵三进一　车9进1
5. 车一平二　炮2平3　6. 车九平八　车9平4
7. 马三进四　车1平2　8. 车二进五　车2进5
9. 车二平六　车4平6　10. 马四进五　马7进5
11. 炮五进四　士6进5　12. 相七进五　车6进2
13. 炮五退一　车2进1　14. 兵七进一　车2平3
15. 炮八进五　车3进1　16. 炮八平五　象7进5
17. 车八进七　炮3进3　18. 相五进七　车3退2
19. 车八退五　车6进3　20. 车八平二　车6平5
21. 相三进五　车3平6　22. 仕六进五　马1退2
23. 车二进七　车6退5　24. 车二退三　车5进1
25. 车二平三　卒3进1　26. 兵三进一　车6进5
27. 车三进三　车6退5　28. 车三退三　车6进6
29. 车三进三　车6退6　30. 车三退三　车6进6

第二部分　顺炮横车对缓开车

第 240 局　姚洪新 和 郝继超

1. 炮二平五　马 2 进 3
2. 马二进三　炮 8 平 5
3. 车一进一　马 8 进 7
4. 马八进七　车 9 平 8
5. 车一平六　车 8 进 4
6. 车六进五　车 1 进 2
7. 兵七进一　卒 3 进 1
8. 兵七进一　车 8 平 3
9. 马七进六　车 3 平 4
10. 车六退一　马 3 进 4
11. 车九进一　炮 2 平 4
12. 马六进八　车 1 退 2
13. 兵三进一　象 3 进 1
14. 车九平七　车 1 平 3
15. 车七进八　象 1 退 3
16. 炮五退一　马 4 进 5
17. 马三进五　炮 5 进 4
18. 炮八平五　炮 4 平 5
19. 马八进六

第 241 局　高懿屏 胜 林嘉欣

1. 炮二平五　炮 8 平 5
2. 车一进一　马 8 进 7
3. 马二进三　马 2 进 3
4. 马八进七　车 9 平 8
5. 车一平六　车 8 进 4
6. 炮八进二　卒 3 进 1
7. 车六进五　车 8 平 4
8. 车六平七　马 3 退 5
9. 炮八进二　象 3 进 1
10. 炮八平五　马 7 进 5
11. 炮五进四　车 1 平 3
12. 车七平八　炮 2 平 3

13. 相七进五　车4平5
14. 车八平七　炮3平4
15. 车七平六　炮4平3
16. 仕六进五　卒3进1
17. 车九平六　炮3进1
18. 炮五平七　卒3进1
19. 前车退四　卒3进1
20. 前车平七　车5平3
21. 车七进三　象1进3
22. 炮七平一　卒1进1
23. 兵三进一　炮5平1
24. 炮一退一　车3进3
25. 马三进四　车3平6
26. 炮一平五　马5退3
27. 马四进五　炮1平5
28. 马五进七　炮5平4
29. 马七进九　马3进1
30. 车六进七　马1进2
31. 车六退三　车6进1
32. 兵五进一　车6进1
33. 兵一进一　象7进9
34. 兵一进一　卒7进1
35. 兵三进一　象9进7
36. 兵一平二

第242局　蒋志梁 胜 喻之青

1. 炮二平五　炮8平5
2. 马二进三　马8进7
3. 车一进一　马2进3
4. 马八进七　卒7进1
5. 车一平六　卒3进1
6. 车六进三　马7进6
7. 车六平四　炮2进2
8. 兵七进一　炮5平6
9. 车四平二　卒3进1
10. 车二平七　象7进5
11. 马七进六　马6进4
12. 车七平六　车9平7
13. 炮八平七　炮2平5
14. 车九平八　车1平2
15. 车八进九　马3退2
16. 兵五进一　炮5进3
17. 相七进五　马2进3
18. 马三进五　车7进1
19. 马五进七　马3进2
20. 车六退一　炮6进3
21. 兵五进一　卒5进1
22. 车六进二　车7平2
23. 车六平五　士6进5
24. 炮七平九　马2退3
25. 马七进六　炮6退4
26. 车五平四　士5进4
27. 相五退七　炮6平5
28. 仕四进五　车2进6
29. 车四进三　炮5平2
30. 车四平七　马3进4

31. 马六进四　将5平6　　32. 车七平二　炮2进5
33. 相三进五　炮2平5　　34. 马四退二　车2退4
35. 马二退四　象5退7　　36. 车二退四　炮5退5
37. 车二平六　马4退6　　38. 兵三进一　象7进9
39. 兵三进一　象9进7　　40. 车六平二　炮5进3
41. 车二进二　卒9进1　　42. 炮九平六　将6平5
43. 炮六进一　象3进5　　44. 炮六平四　马6进4
45. 车二进三　将5进1　　46. 车二平六　车2平7
47. 车六退二　马4退2　　48. 车六退三　象7退9
49. 车六平五　马2退4　　50. 炮四平五　炮5进2
51. 车五进三　将5平4　　52. 车五退四　车7平6
53. 马四退六　象9退7　　54. 车五进六　马4进3
55. 车五平三　马3进4　　56. 车三平七　车6平4
57. 马六进四　车4平6　　58. 马四退五　车6进3
59. 马五进六　车6平9　　60. 相五退三　车9平6
61. 相七进五　将4平5　　62. 马六进七　将5进1
63. 马七退九　将5退1　　64. 马九进七　将5平6
65. 马七退五　将6平5　　66. 马五进三　车6退4
67. 车七退二　马4进3　　68. 车七退六　车6平7
69. 车七进七　将5退1　　70. 兵九进一　车7平1
71. 车七退四　将5进1　　72. 仕五进六　将5平6
73. 车七平五

第243局　甘德彬 负 郑柏荣

1. 炮二平五　炮8平5　　2. 马二进三　马8进7
3. 车一进一　马2进3　　4. 兵七进一　车9平8
5. 马八进七　车8进4　　6. 车一平六　卒3进1
7. 车六进三　士4进5　　8. 车九进一　炮5平4
9. 车六进二　象3进5　　10. 车六平七　车1平3

11. 兵五进一 卒3进1
12. 马三进五 卒3进1
13. 车七退三 马3进4
14. 车七进六 象5退3
15. 兵五进一 马4进5
16. 马七进五 卒5进1
17. 车九平七 象3进5
18. 车七进六 炮2退2
19. 马五进六 炮4进1
20. 炮八进三 车8进1
21. 车七退一 车8平4
22. 车七平六 炮2平4
23. 炮八进二 马7退8
24. 炮五平九 炮4进4
25. 炮九进四 卒5进1
26. 炮九进三 炮4平5
27. 仕六进五 士5进6
28. 车六平七 卒5平6
29. 相七进五 车4退4
30. 炮八进二 将5进1
31. 车七平三 马8进9
32. 车三平二 炮5平7
33. 车二进二 炮7退3
34. 炮八退四 将5退1
35. 炮八进四 将5进1
36. 炮九退四 将5退1
37. 炮九进四 将5进1
38. 炮八平三 象5退7
39. 炮九平三 车4平2
40. 车二平一 车2进8
41. 仕五退六 将5平4
42. 仕四进五 炮7平5
43. 帅五平四 车2退3
44. 车一退一 车2平6
45. 帅四平五 车6平4
46. 帅五平四 车4平6
47. 帅四平五 车6平7
48. 帅五平四 车7退6
49. 车一平四 卒6平5
50. 车四退一 车7进2
51. 兵九进一 炮5进1
52. 车四进三 炮5平2
53. 仕五进六 炮2平6
54. 车四退一 将4退1
55. 兵九进一 卒5平6
56. 帅四平五 炮6平5
57. 帅五平四 卒6平5
58. 兵九平八 卒5进1
59. 车四退二 车7进4
60. 车四平五 炮5平8
61. 兵八平七 卒5平6
62. 仕六进五 炮8进7
63. 相三进一 车7进3
64. 帅四进一 车7退5
65. 兵七进一 卒6平7
66. 帅四退一 卒7进1
67. 帅四平五 卒7进1
68. 相五进三 车7平4
69. 兵七进一 炮8退5
70. 仕五进四 炮8平5

71. 车五进二　车4进3　**72.** 帅五进一　车4进1
73. 帅五进一　卒7平6　**74.** 仕四退五　炮5进4
75. 车五平二　车4退1

第244局　申鹏 和 黄海林

1. 炮二平五　炮8平5　**2.** 马二进三　马8进7
3. 车一进一　马2进3　**4.** 车一平六　卒3进1
5. 马八进七　卒7进1　**6.** 车九进一　象3进1
7. 兵九进一　炮2退1　**8.** 车六进七　车9进1
9. 车九平六　车9平4　**10.** 车六进七　炮2平1
11. 炮八退一　士4进5　**12.** 炮八平三　马7进6
13. 兵三进一　卒7进1　**14.** 炮三进三　车1平4
15. 车六平七　车4平3　**16.** 车七平八　车3平2
17. 车八平七　车2平3　**18.** 车七平八　车3平2
19. 车八平七　车2平3　**20.** 车七平八　车3平2

第245局　纪中启 胜 黄春龙

1. 炮二平五　炮8平5　**2.** 车一进一　马8进7
3. 马二进三　马2进3　**4.** 车一平六　卒3进1
5. 车六进五　象3进1　**6.** 炮八平七　士4进5
7. 车六平七　马3退4　**8.** 马八进九　车9平8
9. 车九平八　炮2平4　**10.** 车八进四　车8进4
11. 仕六进五　卒1进1　**12.** 炮五进四　马7进5
13. 车七平五　车8平4　**14.** 兵三进一　卒3进1
15. 车八平七　车1平2　**16.** 马三进四　车4平2
17. 炮七平三　后车进3　**18.** 车五平三　后车平7
19. 马四进三　炮5平7　**20.** 兵九进一　马4进5
21. 兵九进一　车2平1　**22.** 车七平五　象1退3

23. 马九进八 车1平2
24. 马八退六 马5进7
25. 炮三进四 象3进5
26. 车五进二 炮7进3
27. 马六进五 炮7平1
28. 相七进九 炮1退1
29. 马五退七 车2进5
30. 仕五退六 炮1平3
31. 马七进五 炮4进2
32. 马五退三 炮4平7
33. 兵七进一 炮3退4
34. 相三进五 车2退5
35. 兵五进一 炮3平4
36. 兵五进一 炮4进5
37. 仕四进五 炮4进1
38. 车五平六 炮4平2
39. 兵五平六 炮2退1
40. 兵七进一 炮2进4
41. 相九退七 车2进3
42. 炮三平五 车2平5
43. 车六平八 将5平4
44. 马三进五

第246局 黄学谦 胜 萧济福

1. 炮二平五 炮8平5
2. 马二进三 马8进7
3. 车一进一 马2进3
4. 车一平六 炮2进2
5. 车六进四 炮2平1
6. 相七进九 车1平2
7. 马八进六 车9进1
8. 兵九进一 卒3进1
9. 车六进二 马3进4
10. 兵九进一 马4进6
11. 兵三进一 车2进7
12. 马六进八 马6进7
13. 马八退六 车9平6
14. 仕六进五 车6进3
15. 车九平八 卒7进1
16. 车八进四 后马进8
17. 兵三进一 车6平7
18. 炮五进四 士6进5
19. 车八平六 将5平6
20. 前车退二 车7退1
21. 前车平二 车7平5
22. 车二平三 车5平6
23. 车三进四 将6进1
24. 帅五平六 马7退6
25. 兵九平八 炮5平8
26. 马六进八 炮8平4
27. 帅六平五 炮4平5
28. 相九退七 卒3进1
29. 马八进七 马6进4
30. 相三进五 马4进3
31. 车六退三 炮5进5
32. 帅五平六

第247局　宋德柔 胜 何成坚

1. 炮二平五　炮8平5
2. 马二进三　马8进7
3. 车一进一　马2进1
4. 车一平六　炮2平3
5. 马八进九　士4进5
6. 兵九进一　车1平2
7. 车九平八　车2进6
8. 兵三进一　车9平8
9. 车六进三　车8进4
10. 炮五平六　卒1进1
11. 兵九进一　车8平1
12. 炮六进一　车2退6
13. 相三进五　卒7进1
14. 兵三进一　车1平7
15. 炮六退二　马7进6
16. 车六平九　炮5进4
17. 马三进五　马6进5
18. 马九进八　炮3平2
19. 炮八进五　车2进2
20. 炮六平五　马5进7
21. 炮五平三　马7退9
22. 炮三平八　车2平6
23. 仕六进五　马9进7
24. 马八退六　车6进4
25. 马六退四　车7平2
26. 车九平三　马7退6
27. 炮八进三　马6进4
28. 车八进二　车6进1
29. 车八平六　车6退1
30. 车三平六　马4进6
31. 仕五进四　车6进1
32. 前车平三　车6进1
33. 车六进四　车2平6
34. 仕四进五　后车平9
35. 车三退四　车9进4
36. 帅五平六　车6退3
37. 炮八进四　车9平5
38. 炮八平九　象7进5
39. 车六进二　卒5进1
40. 炮九进一　马1退2
41. 炮九平七　士5进4
42. 车六退一　象5进7
43. 车三平二

第248局　黄炳蔚 胜 黄洪溢

1. 炮二平五　炮8平5
2. 车一进一　马2进3
3. 马二进三　马8进7
4. 车一平六　车9平8

5. 车六进五　象3进1　　6. 车六平七　车1平3
7. 炮八平七　马3退5　　8. 车七平六　炮2平3
9. 车六进二　炮3进5　　10. 马八进七　炮5平3
11. 马七退五　象7进5　　12. 兵三进一　马5退7
13. 车九平八　士6进5　　14. 马三进四　车8进8
15. 马五进三　车8平6　　16. 仕六进五　炮3平4
17. 炮五平八　车3平2　　18. 炮八进五　象5进3
19. 兵七进一　车6平7　　20. 车六平七　后马进6
21. 兵七进一　卒7进1　　22. 相三进五　卒7进1
23. 相五进三　马7进6　　24. 兵七平六　车7平6
25. 车七退二　后马进7　　26. 兵六进一　炮4平5
27. 兵六平五　马6进4　　28. 马四进六　炮5平4
29. 前兵进一　车6退4　　30. 前兵平六　车6平4
31. 兵六平七　车4平6　　32. 车七平六　马4进6
33. 兵七进一　马6进7　　34. 帅五平六　将5平6
35. 炮八进一　后马退6　　36. 车六退二　马6进5
37. 车六进一　车6退1　　38. 相三退五　马5退4
39. 车八进四　马4进2　　40. 车六进三　马2退3
41. 兵五进一　马3进2　　42. 车八平六　马2退4
43. 炮八平五　马4进3　　44. 炮五退三　马3进2
45. 后车退一　马2进1　　46. 后车平二　马1退3
47. 帅六进一　车2进8　　48. 帅六进一　士4进5
49. 车二进六　将6进1　　50. 车二退一　将6退1
51. 车二平五

第249局　甄达新 负 刘国华

1. 炮二平五　炮8平5　　2. 车一进一　马8进7
3. 马二进三　马2进3　　4. 车一平六　车9平8
5. 兵七进一　车8进5　　6. 马八进七　车8平3

7. 马七进六　卒7进1
8. 相七进九　炮2进4
9. 车九平七　卒3进1
10. 车六进二　士4进5
11. 马六进七　车3进4
12. 相九退七　炮2退2
13. 炮八平七　炮5平6
14. 车六平八　车1平2
15. 车八进一　象3进5
16. 炮五平四　炮2平1
17. 车八进五　马3退2
18. 相三进五　炮6进4
19. 兵九进一　炮1平2
20. 炮四退一　炮2进4
21. 兵五进一　炮6平3
22. 炮四进五　马7进6
23. 兵五进一　炮3退3
24. 炮七进四　卒5进1
25. 炮四平九　马2进4
26. 炮七平八　马6进7
27. 仕四进五　卒5进1
28. 炮八平三　炮2退1
29. 马三退二　马7进8
30. 炮九平一　马8退9
31. 马二进四　马9退8
32. 兵九进一　马4退2
33. 炮三平八　炮2退1
34. 炮一平五　马8退7
35. 炮五平三　马7进5
36. 马四进三　炮2平6
37. 马三进四　马5进4
38. 马四进六　卒5进1
39. 兵九平八　马2进4
40. 兵八平七　前马进2
41. 马六退七　马2进3
42. 帅五平四　卒5进1
43. 相七进五　象5进3
44. 炮三平六　马3退5
45. 马七退六　炮6退4
46. 马六进五　卒7进1
47. 马五进七　象7进5
48. 马七退九　炮6进2
49. 炮八退五　马4进2
50. 炮六退四　马2进1
51. 马九退七　马5退6
52. 帅四平五　马1进3
53. 仕五进四　炮6平5
54. 帅五平四　马6进4
55. 仕六进五　炮5平6
56. 帅四平五　炮6平3
57. 马七进九　马4进6
58. 仕五进四　马3进4
59. 炮八平六　炮3平4
60. 仕四退五　马4退3
61. 马九退七　卒7平6
62. 炮六平七　炮4平3
63. 马七退九　炮3进4
64. 马九退七　象5退7
65. 马七进八　士5进6
66. 帅五平六　卒6进1

67. 马八进六　卒6平5
68. 帅六平五　马3退2
69. 马六退七　马2进4
70. 帅五平四　士6退5
71. 帅四平五　士5退4
72. 帅五平四　将5进1
73. 仕五退六　卒5平4
74. 仕六进五　卒4平3
75. 马七退六　马4进6
76. 帅四进一　象7进9
77. 仕五退四　卒3平4
78. 仕四进五　马6进7
79. 马六进七　卒4平3
80. 马七退六　马7进5
81. 马六进五　卒3平4
82. 马五退七　马5退3
83. 马七退五　卒4平5
84. 马五进七　卒5平6
85. 马七退五　马3进4
86. 帅四退一　马4退5
87. 帅四进一　马5退7
88. 帅四退一　马7进8
89. 帅四进一　卒6进1

第250局　陈罗平 和 鲁钟能

1. 炮二平五　炮8平5
2. 车一进一　马8进7
3. 马二进三　马2进1
4. 兵九进一　车9平8
5. 车一平六　车8进6
6. 车六进六　炮2进7
7. 车九平八　车1平2
8. 炮五退一　卒7进1
9. 炮八进六　车2平1
10. 车六退二　车8平7
11. 车八进二　车1平2
12. 炮八退一　车2进2
13. 车八进五　车7进1
14. 相七进五　士6进5
15. 车八退三　车7退1
16. 车八平四　炮5平3
17. 车四进二　象7进5
18. 兵七进一　卒9进1
19. 兵五进一　炮3平2
20. 车六平八　炮2平4
21. 兵五进一　卒5进1
22. 炮五进四　车7平9
23. 车四平三　卒9进1
24. 车三退一　卒9平8
25. 车三进一　车9退2
26. 车三平六　将5平6
27. 车六平四　将6平5
28. 仕六进五　卒8进1
29. 车八平六　卒8平7
30. 车四平三　卒7平6

31. 车六进二　车9平5　32. 车六退四　卒6平5
33. 车六进三　马7退6　34. 车三平五　车5平2
35. 车五退二　卒1进1　36. 兵九进一　车2平1

第251局　韩文荣 负 李义庭

1. 炮二平五　炮8平5　2. 车一进一　马8进7
3. 马二进三　马2进1　4. 兵九进一　车9平8
5. 车一平六　士6进5　6. 马八进九　车8进6
7. 车六进七　车8平7　8. 车九进一　车7平6
9. 车九平二　卒7进1　10. 车二进三　车6平7
11. 车二平四　卒3进1　12. 车四进四　卒3进1
13. 兵七进一　卒7进1　14. 兵七进一　马7进8
15. 马九进八　炮2进5　16. 马八进六　炮2平7
17. 马六进五　车7平5　18. 兵七进一　马8进6
19. 兵七进一　炮7平6　20. 车四平五　士4进5
21. 马五进三　将5平6　22. 车六平五　马6进5
23. 车五进一　将6进1　24. 相三进五　卒7平6
25. 兵七平六　车5平7　26. 马三进一　车7退4
27. 兵六进一　车1进1　28. 车五退一　将6退1
29. 马一退三　马1进3　30. 兵六平七　炮6退1

第252局　吴宗翰 胜 林宗辉

1. 炮二平五　炮8平5　2. 车一进一　马8进7
3. 马二进三　马2进1　4. 马八进七　炮2平4
5. 车九平八　车1平2　6. 炮八进四　士6进5
7. 兵三进一　车9平8　8. 兵七进一　车8进4
9. 车一平四　卒1进1　10. 马七进六　马1进2
11. 兵七进一　车8平3　12. 炮八平五　卒7进1

13. 前炮退一　车3进1　14. 马六进四　马7进6
15. 车四进四　车3平7　16. 车四进一　马2退1
17. 车八进九　马1退2　18. 仕四进五　车7进2
19. 帅五平四　车7进2　20. 帅四进一　炮4进6
21. 帅四进一　炮4退1　22. 帅四退一　车7退1
23. 帅四退一　车7进1　24. 帅四进一　炮4进1
25. 帅四进一

第253局　胡荣华 和 杨官璘

1. 炮二平五　炮8平5　2. 车一进一　马8进7
3. 马二进三　马2进1　4. 马八进七　炮2平3
5. 车九平八　卒3进1　6. 车一平六　卒3进1
7. 马七退五　车1平2　8. 炮八进四　炮3进4
9. 兵三进一　车9进1　10. 车六进四　车9平6
11. 马五进七　车6平3　12. 相七进九　车3进3
13. 马三进四　车2进1　14. 车六退二　炮3平5
15. 马七进五　卒3进1　16. 车六进二　炮5进4
17. 仕六进五　车2平3　18. 车八进五　前车平2
19. 车六平八　象7进5　20. 炮八平三　马1进3
21. 炮三平七　车3进2　22. 兵三进一　卒3进1
23. 车八退二　炮5退2　24. 马四退六　士6进5
25. 马六进五　卒5进1　26. 车八平五　象5进7
27. 车五进二　象7退5　28. 车五平三　马7退6
29. 车三退一　车3平5　30. 炮五平一　马6进8
31. 车三退二　卒3进1　32. 炮一退一　车5平3
33. 相三进五　马8进6　34. 相五进七　卒3进1
35. 车三进一

第254局　詹国武 胜 林宗辉

1. 炮二平五　炮8平5
2. 车一进一　马8进7
3. 马二进三　马2进1
4. 车一平六　士6进5
5. 车六进七　车9平8
6. 车六平八　炮2平4
7. 兵九进一　车8进4
8. 马八进九　车8平7
9. 仕六进五　炮5平6
10. 炮五进四　象3进5
11. 炮五平九　车1平3
12. 相七进五　车7进2
13. 车九平六　车3进1
14. 车八平七　马1退3
15. 马九进八　马3进1
16. 车六进六　车7退2
17. 车六平三　车7退1
18. 炮九平三　炮6进4
19. 兵五进一　炮6平7
20. 兵九进一　卒3进1
21. 兵九进一　马1退3
22. 兵五进一　象5退3
23. 马八进六　炮4进1
24. 马三进五　马3进5
25. 炮八进四　炮7退2
26. 兵七进一　卒3进1
27. 马五进七　马5进4
28. 马七进六　马4退2
29. 兵九平八　象7进5
30. 兵八平七　炮7平8
31. 马六退四　马7退9
32. 兵五进一　象5进7
33. 马四退五　马9进7
34. 兵五平六　卒9进1
35. 马五进三　炮8进1
36. 马三退四　炮8退2
37. 马四进五　象7退5
38. 炮三退四　马7进8
39. 炮三平一　马8进9
40. 马五进四　炮8平7
41. 马四进三　将5平6
42. 炮一进三　马9退8
43. 仕五进四　炮7退1
44. 兵六平五　象5退7
45. 炮一退四　马8进7
46. 炮一进八　将6进1
47. 炮一退八　将6退1
48. 兵七平六　马7进8
49. 仕四进五　马8退7
50. 兵五平四　炮7平1
51. 相五进三　炮1退1
52. 炮一进八　将6进1
53. 兵六进一　马7退5
54. 兵六进一　炮1进1

55. 兵六进一 炮1平8
56. 炮一退一 炮8退1
57. 兵四平三 士5退4
58. 兵三平二 马5退7
59. 兵二进一 马7退8
60. 马三退四 将6退1
61. 马四进二 象7进5
62. 马二退四 炮8进8
63. 相三进五 炮8退8
64. 炮一进一 炮8平9
65. 马四进二 炮9平8
66. 炮一退四 将6平5
67. 炮一平五 炮8平5
68. 炮五平八 炮5平2
69. 马二退四 炮2平3
70. 炮八进四 炮3平2
71. 马四退六 象5进3
72. 马六退七 象3退5
73. 马七进五 象5退7
74. 马五进六 炮2平4
75. 马六进四 炮4平6
76. 帅五平六 将5进1
77. 炮八平六 将5进1
78. 马四退五 炮6平4
79. 马五进七 炮4进2
80. 炮六退一 将5平6
81. 炮六平八

第255局 李义庭 负 沈志弈

1. 炮二平五 炮8平5
2. 车一进一 马8进7
3. 车一平六 马2进1
4. 车六进六 炮2进2
5. 马二进三 士6进5
6. 车六退二 卒1进1
7. 兵七进一 炮5平4
8. 马八进七 象7进5
9. 兵九进一 卒3进1
10. 车六退一 卒3进1
11. 车六平七 炮2平3
12. 马七进八 炮4平3
13. 车七平六 卒1进1
14. 车九进四 后炮进7
15. 仕六进五 前炮平2
16. 车九退四 炮2退4
17. 车六平八 车9平6
18. 兵三进一 炮3平8
19. 车八进三 车1进1
20. 车九平七 车6进4
21. 车七进四 马1进2
22. 车七平八 车1进8
23. 炮八退二 卒7进1
24. 兵三进一 车6平7
25. 马三进二 马2退4
26. 前车退一 炮8退1

27. 前车平七　车7进5
28. 炮五平七　车7退3
29. 仕五进四　车7平5
30. 仕四进五　车5退1
31. 车八进四　马4进3
32. 马二进三　炮8进6
33. 车七平九　车1退6
34. 炮八平二　车5平7

第256局　李义庭 胜 刘忆慈

1. 炮二平五　炮8平5
2. 车一进一　马8进7
3. 车一平六　马2进1
4. 车六进六　炮2进2
5. 马二进三　士6进5
6. 车六退二　卒1进1
7. 兵七进一　炮5平3
8. 马八进七　象7进5
9. 车六进三　炮3平4
10. 车九进一　车9平6
11. 兵五进一　炮2平4
12. 车六平八　车6进6
13. 马三进五　前炮平7
14. 相三进一　炮7平8
15. 车九平二　卒7进1
16. 炮八进一　车6退1
17. 兵三进一　卒3进1
18. 兵三进一　象5进7
19. 炮八进四　象7退5
20. 兵七进一　炮8平6
21. 炮八退三　车6进1
22. 炮八退一　车6退1
23. 兵七平六　马1进3
24. 车八退二　炮6退1
25. 兵六进一　马3进4
26. 马七进六　炮4进3
27. 仕四进五　卒1进1
28. 马五进三　炮6平7
29. 车二进六　马7退6
30. 车二退一　炮7进1
31. 兵六平五　车6退1
32. 前兵进一　象3进5
33. 车二进三　车1进2
34. 炮八平五　车6退2
35. 兵五进一　炮4退4
36. 兵五进一　炮7退2
37. 马三进二

第257局　林显荣 负 何荣耀

1. 炮二平五　炮8平5
2. 车一进一　马8进7

3. 车一平六 炮2平3
4. 兵九进一 马2进1
5. 马八进九 车1平2
6. 车九平八 车2进6
7. 马二进三 卒7进1
8. 车六进四 象7进9
9. 炮五平六 士6进5
10. 相七进五 车9平6
11. 炮六进一 车2退3
12. 车六退一 马7进6
13. 车六平四 卒3进1
14. 炮六退二 车2平4
15. 炮六平四 车4进2
16. 车四退一 炮5平6
17. 车四进二 炮6进6
18. 车四平七 炮3平2
19. 炮八平七 车4进2
20. 马三退五 象3进5
21. 车七进二 炮6平9
22. 马五进三 炮9进1
23. 马九退七 车4平3
24. 车七平八 车3进1
25. 后车进一 车3平2
26. 车八退六 车6进7
27. 车八平一 车6平7
28. 车一退一 车7退1
29. 兵一进一 车7平5
30. 兵七进一 马1进3
31. 兵一进一 卒9进1
32. 车一进五 马3进5
33. 仕四进五 象9退7
34. 车一退三 马5进4
35. 相五退七 马4进3
36. 帅五平四 车5平6
37. 仕五进四 马3退4
38. 帅四进一 车6平7
39. 仕四退五 车7进2
40. 帅四退一 车7进1
41. 帅四进一 卒7进1
42. 车一平六 马4退6
43. 仕五进四 车7平5
44. 仕四退五 卒7进1
45. 车六平四 马6进7
46. 车四平六 车5平9
47. 帅四进一 卒7平6
48. 帅四平五 车9退2
49. 仕五进四 卒6进1

第258局 杨官璘 负 刘忆慈

1. 炮二平五 炮8平5
2. 车一进一 马8进7
3. 车一平六 炮2平3
4. 马八进九 马2进1
5. 车九平八 车1平2
6. 炮八进四 士6进5

7. 马二进三　卒7进1
8. 兵九进一　车9平8
9. 车六进四　象7进9
10. 车八进四　车8进6
11. 炮五平六　车8平7
12. 相三进五　车7平6
13. 炮六平八　车6平7
14. 仕六进五　车2进1
15. 前炮退一　卒1进1
16. 兵九进一　马1进2
17. 兵九平八　炮3平2
18. 兵八平九　炮2进5
19. 车八进四　炮2平7
20. 车八退四　卒7进1
21. 帅五平六　炮5平4
22. 车六平八　象3进5
23. 仕五进四　卒3进1
24. 后车退三　车7平5
25. 后车平三　卒7进1
26. 马九退七　炮4进2
27. 车八退一　车5平4
28. 帅六平五　炮4平5
29. 相五退三　车4进1
30. 车八平四　车4平2
31. 马七进六　炮5进2
32. 车四平五　马7进6
33. 车五平四　马6退7
34. 帅五平六　车2进2
35. 马六退五　卒5进1
36. 车三平二　马7进5
37. 车四进四　象9退7
38. 车二进八　炮7进1
39. 车二退五　炮7平6
40. 车四平三　马5进7
41. 马五进六　马7进5
42. 帅六平五　炮6平7
43. 车三平四　车2平3
44. 帅五进一　车3退3

第259局　洪家川 胜 胡伟长

1. 炮二平五　炮8平5
2. 车一进一　马8进7
3. 车一平六　士6进5
4. 马八进七　车9平8
5. 马二进三　马2进1
6. 兵三进一　车8进4
7. 兵九进一　炮2平4
8. 车九平八　车1平2
9. 炮八进四　卒1进1
10. 兵九进一　车8平1
11. 炮八退二　车1平3
12. 炮八平七　车2进9
13. 马七退八　马1进2
14. 马八进九　象3进1
15. 炮五平七　马2进1
16. 相三进五　卒7进1

17. 兵三进一 车3平7
18. 后炮平八 车7平2
19. 炮八退一 马1退3
20. 兵七进一 车2进3
21. 马三进四 炮5进4
22. 仕四进五 象1退3
23. 炮八平七 炮4进5
24. 马九进八 车2退2
25. 车六进一 车2平3
26. 车六进一 炮5退2
27. 车六平三 象3进5
28. 马四退六 车3进1
29. 炮七进五 炮5平7
30. 炮七平九 马7进6
31. 车三平二 马6进4
32. 马六退四 车3退3
33. 炮九退二 马4退2
34. 车二平八 马2进4
35. 车八平六 马4退6
36. 车六平二 车3平1
37. 炮九平二 士5退6
38. 炮二进五 士4进5
39. 车二平四 马6退7
40. 炮二退五 卒5进1
41. 车四进五 炮7进3
42. 马四进三 车1平5
43. 车四退六 炮7退1
44. 车四进一 卒5进1
45. 车四平三 马7进6
46. 车三平二 马6进8
47. 车二进一 卒5平6
48. 马三退二 车5进3
49. 车二平一 车5平8
50. 马二退三 卒9进1
51. 车一进一 车8退4
52. 车一平八 车8进7
53. 兵一进一 车8平9
54. 兵一进一 士5退4
55. 仕五退四 车9退3
56. 马三进二 车9进2
57. 兵一平二 车9平3
58. 相五进七 车3退3
59. 马二进一 车3平5
60. 仕四进五 车5退2
61. 车八平四 卒6平5
62. 马一进二 车5平7
63. 车四进三 士4进5
64. 马二进三 车7退1
65. 兵二进一 将5平4
66. 马三进一 车7平6
67. 车四平三 车6进1
68. 兵二平三 车6退1
69. 车三平二 车6平9
70. 马一退三 车9进7
71. 仕五退四 车9退5
72. 车二退六 车9平4
73. 仕四进五 车4退1
74. 兵三平四 卒5平4
75. 车二平五 车4进1
76. 兵四平五 车4平7

77. 马三退四　卒4进1
78. 车五进二　车7进5
79. 仕五退四　车7退3
80. 车五平六　将4平5
81. 仕六进五　士5退4
82. 相七进五　士6进5
83. 车六平四　象5退3
84. 相五进三　士5进6
85. 马四进二　车7平5
86. 兵五平四　士6退5
87. 马二进三　车5退4
88. 兵四平三　卒4进1
89. 马三退一　车5平9
90. 马一退三　卒4进1
91. 车四平六　卒4平3
92. 车六平七　卒3平4
93. 车七进五　士5进6
94. 相三退五　车9进5
95. 车七退二　士4进5
96. 车七平五　车9退3
97. 车五退一　车9平7
98. 马三退一　车7平4
99. 兵三平四　将5平4
100. 马一进二　车4退2
101. 车五退二　将4进1
102. 兵四平五　将4退1
103. 相五进七　车4退1
104. 兵五进一　车4平2
105. 仕五退六　车2进7
106. 车五平六　将4平5
107. 兵五平四

第三部分　红方缓开车

第一章　红正马进三兵对直车进3卒

第260局　朱琮思 负 陈湖海

1. 炮二平五　炮8平5
2. 马二进三　马8进7
3. 马八进七　车9平8
4. 兵三进一　卒3进1
5. 炮八进四　马2进3
6. 炮八平七　车8进4
7. 车九平八　车1平2
8. 车八进四　车8平4
9. 炮七平三　象7进9
10. 仕四进五　炮2平1
11. 车八进五　马3退2
12. 炮五平四　炮5平3
13. 相三进五　炮3进4
14. 车一平二　车4平6
15. 车二进八　士6进5
16. 马三进二　马2进3
17. 马二进一　马7进9
18. 车二退二　卒3进1
19. 炮三平一　炮3平4
20. 兵一进一　卒3进1
21. 马七退八　炮4平1
22. 炮一平五　马3进5
23. 车二平五　车6进2
24. 兵五进一　卒1进1
25. 车五平七　后炮平8
26. 马八进九　卒3平2
27. 车七平二　炮8平6
28. 炮四平二　车6平5
29. 兵三进一　车5退1
30. 车二平八　车5进1

31. 兵三进一　车5平8　　32. 兵三平四　炮6平5
33. 兵四平五　炮5平7　　34. 炮二平四　炮7进5
35. 兵一进一　卒2进1　　36. 车八退一　卒2平1
37. 车八平九　卒1平2　　38. 车九平二　车8平9
39. 车二退三　车9进3　　40. 炮四退二　炮7退7
41. 兵一平二　卒2平3　　42. 车二进一　炮1退2
43. 车二平七　炮7进7　　44. 兵二进一　车9平8
45. 兵二平三　炮7平9　　46. 相五进三　炮9进2
47. 车七退一　车8退2　　48. 炮四进二　车8平7
49. 车七进三　车7进2　　50. 仕五退四　车7退4
51. 帅五进一　车7进3　　52. 帅五进一　炮1退2
53. 车七平一　炮9平4　　54. 车一进二　车7退2
55. 帅五退一　车7平5　　56. 帅五平四　炮4退1
57. 炮四平九　车5退3　　58. 车一进二　士5退6
59. 车一平四　将5进1　　60. 兵三进一　车5进5
61. 帅四进一　车5退1　　62. 帅四退一　炮1平3
63. 车四退一　将5退1　　64. 车四平七　车5进1
65. 帅四进一　车5退6

第261局　陈寒峰 胜 宋国强

1. 炮二平五　炮8平5　　2. 马二进三　马8进7
3. 马八进七　车9平8　　4. 兵三进一　卒3进1
5. 炮八进四　炮2平3　　6. 相七进九　炮3进1
7. 车一进一　马2进3　　8. 车一平六　车1平2
9. 车九平八　车8进4　　10. 马三进四　车8平6
11. 车六进四　车6进1　　12. 车六平七　炮3进3
13. 车七进二　炮3平9　　14. 炮八平七　车2进9
15. 炮七进三　士4进5　　16. 马七退八　炮5进4
17. 仕六进五　象7进5　　18. 炮七平九　将5平4

19. 马八进七　炮5退2　20. 车七退一　炮9进3
21. 车七平六　士5进4　22. 帅五平六　车6平7
23. 车六进一　将4平5　24. 车六进二　将5进1
25. 车六退一　将5退1　26. 马七进六　车7进4
27. 马六进八

第262局　陈丽淳 胜 阎超慧

1. 炮二平五　炮8平5　2. 马二进三　马8进7
3. 兵三进一　车9平8　4. 马八进七　卒3进1
5. 炮八进四　炮2平3　6. 相七进九　马2进1
7. 车一进一　车8进4　8. 车一平六　士6进5
9. 炮八平三　象7进9　10. 车九平八　卒1进1
11. 马三进四　车8平6　12. 车六进三　车1平2
13. 车八进九　马1退2　14. 炮五平四　车6平5
15. 车六进一　炮3进4　16. 炮四平五　车5平4
17. 马四进六　炮5平3　18. 马六进四　后炮退1
19. 炮三平五　马7进5　20. 炮五进四　象3进5
21. 炮五平一　马2进3　22. 兵五进一　前炮平2
23. 马七进六　卒3进1　24. 马六进七　象5退7
25. 兵五进一　卒3进1　26. 兵一进一　卒3进1
27. 炮一平二　炮2平5　28. 马七进九　炮3平4
29. 马四退六　马3进4　30. 兵五平六　士5进4
31. 兵六平五　卒3平4　32. 炮二平五

第263局　尤颖钦 负 程福臣

1. 炮二平五　炮8平5　2. 马二进三　马8进7
3. 兵三进一　车9平8　4. 马八进七　卒3进1
5. 炮八进四　马2进3　6. 车一进一　车8进4

7. 炮八平三　象7进9
8. 车一平八　炮2进2
9. 车八进三　炮5退1
10. 马三进四　炮5平3
11. 车八平六　士6进5
12. 炮五平三　象3进5
13. 相七进五　车1平2
14. 仕六进五　卒1进1
15. 车九平六　炮3退1
16. 前车进二　车8平6
17. 后车进四　炮2进1
18. 后炮平四　车6平8
19. 马四进六　卒3进1
20. 后车退四　马3进4
21. 后车进五　车8平4
22. 车六退一　卒3进1
23. 马七退八　炮2进3
24. 车六退三　炮2平1
25. 车六平八　炮1进1
26. 马八进六　卒3平2
27. 车八平七　车2进4
28. 炮四进一　卒5进1
29. 兵九进一　卒2平1
30. 兵九进一　车2进5
31. 仕五退六　车2退1
32. 车七退二　炮1退2

第264局　伍霞 胜 吴彩芳

1. 炮二平五　炮8平5
2. 马二进三　马8进7
3. 兵三进一　车9平8
4. 马八进七　卒3进1
5. 炮八进四　卒5进1
6. 马三进四　马2进3
7. 马四进三　马3进5
8. 车九进一　卒5进1
9. 马三进五　象3进5
10. 炮五进二　士4进5
11. 车九平六　炮2平3
12. 车一进二　炮3进4
13. 相七进九　车1平4
14. 车六进八　将5平4
15. 车一平六　将4平5
16. 车六进一　炮3退1
17. 相九进七　卒3进1
18. 车六进三　卒3进1
19. 马七退八　马5进6
20. 车六平七　将5平4
21. 车七退三　车8进4
22. 车七平六　将4平5
23. 炮八退二　马6进7
24. 马八进六　车8平6
25. 仕六进五　车6平3
26. 炮八退二　前马退6
27. 马六进七　马6退5
28. 炮八平七　车3平5

29. 炮七平五　车5平3　30. 兵三进一

第265局　庄玉庭 和 柳大华

1. 炮二平五　炮8平5　2. 马二进三　马8进7
3. 兵三进一　车9平8　4. 马八进七　卒3进1
5. 炮八进四　马2进3　6. 车一进一　马3进2
7. 车一平六　车8进4　8. 炮八平三　象7进9
9. 马三进四　马2进3　10. 车九平八　车8平6
11. 车八进七　车6进1　12. 车六进七　车1进2
13. 车八平九　象3进1　14. 车六平三　马3进5
15. 相七进五　马7退5　16. 炮三平二　车6退2
17. 炮二进一　象1退3　18. 兵三进一　车6平8
19. 炮二平四　卒5进1　20. 兵三进一　车8进2
21. 炮四退一　炮5进1　22. 炮四平九　卒5进1
23. 兵三平四　炮5进3　24. 马七进五　卒5进1
25. 兵四进一　车8平6　26. 兵四进一　马5进3
27. 炮九平二　车6平8　28. 车三退二　马3进4
29. 车三平五　士6进5　30. 车五退一

第266局　章文彤 胜 常婉华

1. 炮二平五　炮8平5　2. 马二进三　马8进7
3. 兵三进一　车9平8　4. 马八进七　卒3进1
5. 炮八进四　炮2平3　6. 相七进九　马2进1
7. 炮八平三　象7进9　8. 车九平八　卒3进1
9. 相九进七　车8进4　10. 车一平二　车8平6
11. 仕六进五　卒1进1　12. 兵三进一　车6平7
13. 马三进四　士4进5　14. 炮五平四　车7进1
15. 马四进六　车7退2　16. 马六进七　卒5进1

17. 炮四进六　象9退7　18. 车二进四　车7平3
19. 前马进九　车3平6　20. 炮四平二　马7进6
21. 车二平四　车6退2　22. 马九退七　车6平8
23. 车四进一　马1进3　24. 车四进一　马3进4
25. 车八进二　车8平7　26. 相七退五　车1进2
27. 前马退六　炮5平8　28. 兵七进一　马4进5
29. 相三进五　炮8进7　30. 相五退三　车7进8
31. 车四平二　车1平6　32. 车二退六　车7平8
33. 车八进七　车8退6　34. 车八平七　士5退4
35. 车七退四　车6平1　36. 车七平八　象7进5
37. 马六退八　车8平3　38. 车八平九　车1进2
39. 马八进七　车1平2　40. 后马进六　车2进5
41. 仕五退六　车2退3　42. 马六进四　士4进5
43. 马七进五　车2平1　44. 兵七进一　车1退3
45. 马五退七　车1平2　46. 仕四进五　士5进4
47. 马七退五　车2平5　48. 兵五进一　士6进5
49. 马四退二　车5平8　50. 马五进三　车8进1
51. 兵五进一　车8平7　52. 兵一进一　士5进6
53. 兵七平六　士6退5　54. 仕五退四　士5进6
55. 马三进二　士4退5　56. 前马退一　车7平8
57. 马二退四　车8进2　58. 马一退三

第267局　郭瑞霞 负 刚秋英

1. 炮二平五　炮8平5　2. 马二进三　马8进7
3. 兵三进一　车9平8　4. 马八进七　卒3进1
5. 炮八进四　炮2平3　6. 相七进九　马2进1
7. 车一进一　车8进4　8. 炮八平三　象7进9
9. 车一平六　车1平2　10. 马三进四　士6进5
11. 车六进四　车8平4　12. 马四进六　炮3退1

13. 车九平八 车2进9
14. 马七退八 卒1进1
15. 炮五平七 炮5平6
16. 炮七进三 象3进5
17. 炮七退一 炮3进2
18. 炮七平五 象5退3
19. 炮三平七 马1进3
20. 兵七进一 马3进4
21. 马六进八 马7进6
22. 后马进六 将5平6
23. 兵三进一 象9进7
24. 仕六进五 象7退5
25. 仕五进四 马4进3
26. 马八退六 马3退1
27. 炮五平三 马1进3
28. 仕四进五 卒5进1
29. 相九退七 马3退4
30. 炮三退三 卒1进1
31. 炮三进五 炮6平9
32. 兵五进一 卒5进1
33. 后马进七 卒5进1
34. 马七进九 炮9进4
35. 炮三退二 马6退7
36. 相三进一 马7进5
37. 马九进八 卒9进1
38. 马六进四 卒9进1
39. 马八退六 卒9平8
40. 炮三进二 炮9退3
41. 马四进三 马5进7
42. 相一进三 卒5平6
43. 马六退四 马7进5
44. 相三退一 卒6进1
45. 仕五进四 马5进6
46. 帅五进一 马4进3
47. 帅五进一 马6进8
48. 帅五平六 马8退7
49. 相一退三 炮9进5
50. 炮三平二 马7进6
51. 帅六平五 马3进4
52. 帅五平四 马6退4
53. 马三退四 炮9平2
54. 相三进五 炮2退1
55. 后马退六 卒8进1
56. 炮二退一 卒8平7
57. 炮二平四 将6平5
58. 马四进三 将5平6
59. 马三退四 将6平5
60. 马四进三 将5平6

第268局 尤颖钦 胜 文静

1. 炮二平五 炮8平5
2. 马二进三 马8进7
3. 兵三进一 车9平8
4. 马八进七 卒3进1
5. 炮八进四 炮2平3
6. 相七进九 马2进1

7. 炮八平三　车1平2
8. 仕六进五　车2进6
9. 车九平六　士6进5
10. 马三进四　卒3进1
11. 马四进六　卒3进1
12. 马六进七　卒3进1
13. 马七退六　车2退2
14. 车一进二　车8进4
15. 炮三退一　车2退2
16. 马六进四　车8退3
17. 马四进三　将5平6
18. 车一平四　炮5平6
19. 车四进四　马7退9
20. 炮五平四　将6进1
21. 车四进一

第269局　王跃飞 负 庄玉庭

1. 炮二平五　炮8平5
2. 马二进三　马8进7
3. 兵三进一　车9平8
4. 马八进七　卒3进1
5. 炮八进四　马2进3
6. 炮八平七　车1平2
7. 车九平八　车8进4
8. 车一平二　车8平4
9. 炮七平三　象7进9
10. 仕四进五　车4进1
11. 兵三进一　卒3进1
12. 马三进二　卒3进1
13. 马二进四　车4平6
14. 马四进三　车6退3
15. 马三进二　卒3进1
16. 车八进三　象9退7
17. 车二进八　士6进5
18. 车二平三　象7进9
19. 车三平二　炮2平1
20. 车八平七　车2进4
21. 车二退三　马3进4
22. 马二退一　马4进3
23. 马一进三　将5平6
24. 炮三平四　车6进1
25. 马三退四　马3进5
26. 相三进五　卒3进1
27. 马四退三　卒3平4
28. 兵三平四　车2平3
29. 车二进四　将6进1
30. 车二退四　将6退1
31. 车二进四　将6进1
32. 车二退一　将6退1
33. 兵四进一　炮5平3
34. 车二进一　将6进1
35. 车二退一　将6退1
36. 车二进一　将6进1
37. 车二退一　将6退1

第 270 局 尚威 和 洪智

1. 炮二平五 炮 8 平 5
2. 马二进三 马 8 进 7
3. 兵三进一 车 9 平 8
4. 马八进七 卒 3 进 1
5. 炮八进四 马 2 进 3
6. 车九进一 车 8 进 4
7. 车一平二 车 8 平 4
8. 炮八平三 象 7 进 9
9. 车二进一 车 4 进 3
10. 车九平七 车 1 进 1
11. 仕四进五 车 4 退 2
12. 车二进三 马 3 进 2
13. 兵七进一 车 4 平 3
14. 炮五平四 炮 5 平 3
15. 相三进五 车 3 进 1
16. 车七平六 卒 3 进 1
17. 车六进四 马 2 进 4
18. 车六平八 炮 2 平 1
19. 马三进四 卒 3 平 2
20. 车八进二 车 1 平 4
21. 兵三进一 象 9 进 7
22. 马四进二 车 4 平 8
23. 车二平六 车 8 进 3
24. 车六进四 车 8 退 1
25. 炮三平九 卒 5 进 1
26. 车六平七 车 8 平 1
27. 车八平七 车 3 退 4
28. 车七退一 象 7 退 5
29. 马七进八 车 1 进 3
30. 车七退一 车 1 平 5
31. 马八进六 车 5 平 9
32. 马六进八 车 9 平 4
33. 马八进七 车 4 退 5
34. 车七进一 马 7 进 6
35. 马七退九 象 3 进 1
36. 车七平九 车 4 进 3
37. 车九退三 士 6 进 5
38. 相五退三 车 4 进 2
39. 车九进一 车 4 平 5
40. 炮四平八 车 5 平 2
41. 炮八平九 马 6 退 7
42. 车九平五 马 7 退 6
43. 车五平四 车 2 平 1
44. 炮九平二 车 1 平 8
45. 炮二平八 车 8 平 2
46. 炮八平二 车 2 平 8
47. 炮二平七 车 8 平 3
48. 炮七平八 车 3 平 2
49. 炮八平七 车 2 平 3
50. 炮七平八 车 3 平 2

第271局 阮武军 胜 翁德强

1. 炮二平五 炮8平5
2. 马二进三 马8进7
3. 兵三进一 车9平8
4. 马八进七 卒3进1
5. 炮八进四 炮2平3
6. 相七进九 马2进1
7. 车一进一 卒3进1
8. 相九进七 马1进3
9. 车一平六 马3进5
10. 马三进四 士6进5
11. 马四进六 炮3平4
12. 马六进五 象7进5
13. 炮五进三 卒5进1
14. 车六进五 车8进6
15. 相七退五 卒5进1
16. 兵五进一 车8平3
17. 车九进二 车1进2
18. 炮八平三 车1平3
19. 马七退五 后车进2
20. 马五进三 卒1进1
21. 车九平八 前车平1
22. 车八进二 卒1进1
23. 车八平七 车3平2
24. 车六退二 马7进5
25. 车六进二 马5退7
26. 车六退二 马7进5
27. 车六进二 马5退7
28. 仕四进五 卒1平2
29. 车七进二 卒2进1
30. 车六退三 车1退1
31. 车六平五 车1平4
32. 兵五进一 炮4平1
33. 车七平九 炮1平3
34. 炮三平七 卒2平3
35. 兵五进一 马7进6
36. 车五平二 车4进1
37. 车二进六 士5退6
38. 炮七平一 马6退7
39. 车二退二 车2平9
40. 兵五进一 象3进5
41. 兵一进一 车9进1
42. 炮一平八 马7进6
43. 炮八进三 士4进5
44. 车二进二 炮3平2
45. 车九进三 马6退7
46. 车二退七 车9退1
47. 相五退七 车9平8
48. 车二平一 象5退7
49. 炮八平四 士5退4
50. 炮四退七 炮2平3
51. 相七进九 炮3平5
52. 炮四平五 将5平6
53. 车九退五 车4平6
54. 车九平五 炮5进5

55. 车五退二 卒3平4
56. 相九退七 车6平7
57. 仕五退四 士4进5
58. 车一进七 车8退4
59. 车一退八 车8进4
60. 车一平八 卒4平5
61. 车八进八 将6进1
62. 马三进五 车7平6
63. 仕六进五 车8平5
64. 马五进七 车5进3
65. 相三进五 象7进9
66. 车八平一 马7进8
67. 车一退一 将6退1
68. 马七进五 车6退2
69. 车一平五

第272局 朱琮思 和 俞云涛

1. 炮二平五 炮8平5
2. 马二进三 马8进7
3. 兵三进一 车9平8
4. 马八进七 卒3进1
5. 炮八进四 马2进3
6. 炮八平七 车1平2
7. 车九平八 炮2进2
8. 车八进四 卒7进1
9. 车一平二 车8进9
10. 马三退二 炮5平4
11. 马二进三 士4进5
12. 兵七进一 卒3进1
13. 车八平七 卒7进1
14. 车七平三 象3进5
15. 车三平八 炮2平5
16. 马三进四 车2进5
17. 马七进八 炮5进3
18. 相三进五 炮4进1
19. 兵九进一 马7进6
20. 马八进六 士5进6
21. 仕四进五 士6进5
22. 仕五进四 士5退6
23. 兵五进一 士6退5
24. 仕四退五 马6退7
25. 仕五进四 马7进6
26. 马六退七 炮4退3
27. 炮七平一 炮4平3
28. 马七退九 炮3平1
29. 马九进七 炮1平3
30. 马七退九 炮3平1

第273局 文静 负 常婉华

1. 炮二平五 炮8平5
2. 马二进三 马8进7

3. 兵三进一　车9平8　　4. 马八进七　卒3进1
5. 炮八进四　炮2平3　　6. 相七进九　马2进1
7. 车一进一　卒3进1　　8. 相九进七　车8进4
9. 炮八平三　象7进9　　10. 车一平六　车1平2
11. 兵九进一　士6进5　　12. 仕六进五　车2进4
13. 马三进四　车8平6　　14. 车六进三　炮3进1
15. 炮五平三　炮3平7　　16. 炮三进四　炮5平6
17. 兵三进一　车6平7　　18. 炮三平九　车2平6
19. 马四退五　车7进5　　20. 车九平六　炮6退1
21. 前车平二　马1进3　　22. 炮九进三　象9退7
23. 车六平八　炮6平9　　24. 兵一进一　象7进5
25. 车八进六　马3退2　　26. 兵五进一　马2进4
27. 车八平六　炮9平6　　28. 炮九退四　炮6退1
29. 车六退三　炮6平7　　30. 相七退九　车7退2
31. 相九退七　马4进3　　32. 兵七进一　马3进1
33. 兵五进一　车6平5　　34. 马七进五　马1进2
35. 车六平八　车7平9　　36. 前马进三　车5平1
37. 车八退一　车1平7　　38. 马三退四　炮7平9
39. 马四进五　车9退2　　40. 车二平一　炮9进5
41. 帅五平六　车7平4　　42. 车八平六　炮9进4
43. 帅六进一　车4平2　　44. 前马退七　马7进6
45. 车六进一　炮9平3　　46. 马五进四　炮3退4
47. 马四进二　象5进7　　48. 车六平四　车2平1
49. 马七进五　炮3退3　　50. 马五进三　马6进4

第274局　刘殿中 和 洪智

1. 炮二平五　炮8平5　　2. 马二进三　马8进7
3. 兵三进一　车9平8　　4. 马八进七　卒3进1
5. 炮八进四　马2进3　　6. 炮八平三　车1平2

7. 车九进一 象7进9
8. 车九平六 炮2进5
9. 车六进六 车2进2
10. 车一进一 士6进5
11. 车六进一 车8进4
12. 车一平八 炮2退1
13. 车八平六 炮2进1
14. 炮三平九 炮2平5
15. 相三进五 车8进3
16. 后车平三 车2进1
17. 炮九退一 马3进2
18. 车六平七 车2平1
19. 炮九平七 象3进1
20. 炮七退一 马2进4
21. 马三进四 车1平4
22. 车七平八 车4平3
23. 马四进六 炮5平6
24. 兵五进一 车8退3
25. 马六退八 车3退1
26. 车三进二 马7进6
27. 车三平六 炮6平4
28. 车六平四 炮4平6
29. 车四平六 炮6平4
30. 车六平四 炮4平6
31. 车四平六 炮6退1
32. 马八进九 炮6平2
33. 马九进七 炮2进5
34. 车六退二 马4进5
35. 车六平八 马5进6
36. 车八平四 前马退8
37. 兵三进一 马6进7
38. 兵三平二 马7进6
39. 仕六进五 炮2平9
40. 前马退五 炮9进3
41. 相七进五 马8退7
42. 马五退四 马6进8
43. 相五退三 马7退5
44. 炮七平六 马8退7
45. 相三进五 马7退6
46. 炮六平四 马5进3
47. 马七进五 象9退7
48. 相五进七 马3退5
49. 马五进三 炮9平8
50. 兵九进一 炮8退3
51. 兵九进一 象1退3
52. 兵二进一 炮8退2
53. 兵二平一 炮8平7
54. 兵一平二 马5退6
55. 马三退四 马6进4
56. 炮四平五 象7进5
57. 兵九进一 炮7退3
58. 兵二平三 将5平6
59. 兵三进一 炮7平9
60. 马四进三 炮9进2
61. 马三进五 炮9平3
62. 兵三平二 炮3退1
63. 兵二进一 炮3退1
64. 马五进三 象5进7
65. 兵二进一 象3进5
66. 炮五平一 将6平5

67. 马三退五　士5退6
68. 马五进四　将5进1
69. 炮一平五　将5平4
70. 马四退二　士4进5
71. 炮五平六　马4退3
72. 兵九平八　马3进5
73. 炮六退三　将4退1
74. 兵八进一　马5退7
75. 兵八平七　炮3平1
76. 兵七平六　将4平5
77. 兵六进一　马7退8
78. 炮六进五　士5进4
79. 帅五平四　士6进5
80. 马二进三　马8进6
81. 炮六平一　炮1进5
82. 炮一进二　炮1平7

第275局　聂铁文 和 洪智

1. 炮二平五　炮8平5
2. 马二进三　马8进7
3. 兵三进一　车9平8
4. 马八进七　卒3进1
5. 炮八进四　马2进3
6. 炮八平七　车1平2
7. 车九平八　车8进4
8. 炮七平三　象7进9
9. 车八进六　马3进4
10. 车一进一　卒3进1
11. 车八退一　卒3进1
12. 车一平六　卒3进1
13. 车六进四　车8平4
14. 车八平六　炮2进7
15. 炮三平九　车2进5
16. 兵三进一　车2平7
17. 兵三进一　车7进2
18. 兵三进一　车7退5
19. 炮五进四　士6进5
20. 炮九进三　将5平6
21. 车六平四　车7平6
22. 车四进二　士5进6
23. 仕四进五　炮5进4
24. 帅五平四　炮2退3
25. 兵一进一　炮5平1
26. 炮九退三　炮2平9
27. 相三进五　炮1平8
28. 炮五平二　炮9进3
29. 炮九平一

第276局　张晓平 负 庄玉庭

1. 炮二平五　炮8平5
2. 马二进三　马8进7

3. 兵三进一 车9平8
4. 马八进七 卒3进1
5. 炮八进四 马2进3
6. 车九进一 车8进4
7. 炮八平三 象7进9
8. 车一平二 车8进5
9. 马三退二 车1平2
10. 车九平六 炮2进5
11. 马二进三 士6进5
12. 车六进五 炮2进1
13. 车六平七 炮2平3
14. 马七退五 车2进2
15. 马三进四 卒3进1
16. 马五进三 卒3平4
17. 车七平八 车2进1
18. 炮三平八 炮3退1
19. 炮五退一 马7进6
20. 炮八平一 炮5平7
21. 炮五平四 马6退5
22. 炮四平一 卒5进1
23. 前炮平二 卒4平5
24. 兵五进一 卒5进1
25. 马三退五 炮3平6
26. 马四退五 卒5进1
27. 前马退七 炮6进1
28. 相三进一 马5进6
29. 炮二平七 马3进5
30. 马五进七 马5进4
31. 炮七进二 炮7平5
32. 仕四进五 炮5平3
33. 前马进五 马6进5
34. 仕五进四 炮6平8
35. 相七进五 马5进7
36. 炮一退一 炮8进1
37. 马七进六 炮3平5

第277局 蔡福如 胜 郑新年

1. 炮二平五 炮8平5
2. 马二进三 马8进7
3. 兵三进一 车9平8
4. 马八进七 卒3进1
5. 炮八进四 马2进3
6. 炮八平七 炮2进2
7. 车九平八 车1平2
8. 车一进一 车8进4
9. 车一平六 士4进5
10. 马三进四 车8平6
11. 炮七平三 象7进9
12. 车八进四 卒5进1
13. 炮五平四 车6平8
14. 仕六进五 卒5进1
15. 兵五进一 马3进4
16. 炮三退一 马4进5
17. 车八进一 车2进4
18. 炮三平八 马5进4

19. 炮八平二　马7进8　　20. 马四进三　炮5平3
21. 相三进五　马4退3　　22. 兵五进一　马3退5
23. 炮四平二　卒3进1　　24. 炮二进二　卒3进1
25. 炮二平五　卒3进1　　26. 兵五平六　将5平4
27. 兵一进一　卒3进1　　28. 兵六进一　炮3平1
29. 马三退五　炮1进4　　30. 马五进七　炮1平3
31. 马七进八　炮3退5　　32. 兵六平七　马8退6

第278局　张江 和 宋国强

1. 炮二平五　炮8平5　　2. 马二进三　马8进7
3. 兵三进一　车9平8　　4. 马八进七　卒3进1
5. 炮八进四　炮2平3　　6. 相七进九　炮3进1
7. 车一进一　马2进3　　8. 车一平六　车8进4
9. 车六进五　炮3进3　　10. 车六退三　卒3进1
11. 相九进七　马3进4　　12. 炮八退一　炮3平5
13. 马三进五　马4进5　　14. 马七进五　车8平2
15. 马五进六　车1进2　　16. 马六进五　象3进5
17. 车九进一　卒7进1　　18. 车九平三　士4进5
19. 兵三进一　车2平7　　20. 车三进四　象5进7

第279局　李来群 胜 张荣安

1. 炮二平五　炮8平5　　2. 马二进三　马8进7
3. 兵三进一　车9平8　　4. 马八进七　卒3进1
5. 炮八进四　炮2平3　　6. 相七进九　马2进1
7. 车一进一　车1平2　　8. 车九平八　卒3进1
9. 相九进七　车8进4　　10. 车一平六　卒7进1
11. 马三进四　士6进5　　12. 马四进六　炮3进1
13. 炮八退一　车8进1　　14. 炮八平七　炮3平4

15. 车八进九　马1退2
16. 车六平八　象3进1
17. 车八进五　马2进3
18. 车八平六　马3进4
19. 车六退一　象1进3
20. 车六平三　士5进6
21. 炮五进四　将5平6
22. 相七退五　车8退2
23. 炮五退二　象3退1
24. 兵七进一　车8平4
25. 仕六进五　象7进9
26. 炮五平四　车4平6
27. 车三平五　炮5退1
28. 炮四退二　将6平5
29. 兵三进一　象9进7
30. 车五平三　马7退6
31. 马七进六

第二章 正马对正马

第280局 文静 胜 伍霞

1. 炮二平五 炮8平5
2. 马二进三 马8进7
3. 兵三进一 车9平8
4. 马八进七 马2进3
5. 兵七进一 炮2平1
6. 马七进八 车8进4
7. 车一平二 车8平4
8. 马八进七 车1平2
9. 炮八平七 炮5平4
10. 马七进九 车2进2
11. 仕六进五 象3进1
12. 车二进六 卒7进1
13. 车二平三 象7进5
14. 炮五进四 士4进5
15. 炮五退二 卒7进1
16. 车三退二 马7进6
17. 马三进四 车4退1
18. 车三进一 马6进4
19. 炮七平二 将5平4
20. 车三平五 象5退7
21. 炮二平六 马4进3
22. 炮六进五 车4退1
23. 兵七进一 前马退4
24. 相七进五 马4进2
25. 车九平七 象1进3
26. 炮五平七 象3退5
27. 炮七进二 车2进3
28. 车五退一 车2退2
29. 炮七平三 马2退3
30. 车五平七 后马进4
31. 炮三进一 车4进1
32. 炮三退一 车4退1
33. 炮三进一 马4进5
34. 前车退一 车4进3
35. 后车平六 车4进4
36. 仕五退六 马5退6
37. 炮三退六 车2进3
38. 车七平八 马3进2
39. 仕四进五 马2退3
40. 马四进二 马3退5
41. 炮三平一 马6退7
42. 马二进四 士5进6
43. 仕五进六 士6进5
44. 相五进三 马5进3
45. 兵一进一 马3退5
46. 炮一平六 将4平5

47. 炮六平三 马7退9
48. 炮三平一 马9进7
49. 相三进五 将5平4
50. 炮一平六 将4平5
51. 炮六平一 将5平4
52. 马四退五 马5进3
53. 马五进六 将4平5
54. 相五进七 将5平6
55. 炮一平四 将6平5
56. 炮四平七 马3退5
57. 炮七平九 马7进6
58. 马六进七 将5平4
59. 炮九进五 马5进3
60. 炮九平八 马6进7
61. 炮八退五 马7退9
62. 炮八平六 士5进4
63. 仕六退五 士4退5
64. 马七退八 马9退7
65. 马八进六

第281局 王跃飞 和 邱东

1. 炮二平五 炮8平5
2. 马二进三 马8进7
3. 兵三进一 车9平8
4. 马八进七 马2进3
5. 兵七进一 炮2平1
6. 车九平八 车8进4
7. 车一平二 车8平2
8. 车二进八 炮5退1
9. 炮八平九 车2进5
10. 马七退八 车1平2
11. 马八进七 车2进4
12. 车二平四 卒3进1
13. 马七进六 卒7进1
14. 兵七进一 车2平3
15. 兵三进一 车3平7
16. 炮五平七 马3进4
17. 相三进五 炮1平4
18. 马六退四 车7平6
19. 车四退三 马7进6
20. 马四进三 炮5进5
21. 后马进五 马4进5
22. 炮七退一 象7进5
23. 马三进一 马6进4
24. 炮七平四 炮4平1
25. 炮九进四 炮1进4
26. 马一进三 炮1平9
27. 仕四进五 马5进7
28. 炮九退四 马7退8
29. 仕五进四 士6进5
30. 炮九进二 马4进2
31. 马三退五 炮9平5
32. 仕四退五 马8进7
33. 炮四平三

第282局 张江 和 邱东

1. 炮二平五 炮8平5
2. 马二进三 马8进7
3. 兵三进一 车9平8
4. 马八进七 马2进3
5. 兵七进一 炮2平1
6. 车九平八 车8进4
7. 车一平二 车8平2
8. 车二进八 炮5退1
9. 炮八平九 车2进5
10. 马七退八 车1平2
11. 马八进七 车2进4
12. 车二平四 卒3进1
13. 马七进六 卒7进1
14. 兵三进一 卒3进1
15. 马六退四 卒3进1
16. 兵三进一 卒3平4
17. 炮五退一 炮1退1
18. 车四退四 炮5平3
19. 相七进五 车2进3
20. 兵三进一 车2平1
21. 炮五平三 车1平2
22. 兵九进一 卒4进1
23. 马三进二 马3进4
24. 车四平七 马4退2
25. 车七进二 炮1进4
26. 相五退七 炮1进4
27. 仕四进五 卒4进1
28. 炮三平六 车2进2
29. 帅五平四 炮1平3
30. 帅四进一 车2退4
31. 车七退六 炮3平6
32. 兵三平四 炮6进5
33. 马二退四 车2平6
34. 炮六进二 马2进3
35. 帅四退一 马3退5
36. 炮六平八 马5进6
37. 炮八平四 车6进1
38. 帅四平五 车6平9
39. 车七进六 车9平5
40. 车七平九 卒9进1

第283局 尤颖钦 胜 赵冠芳

1. 炮二平五 炮8平5
2. 马二进三 马8进7
3. 兵三进一 车9平8
4. 马八进七 马2进3
5. 兵七进一 炮2平1
6. 车九平八 车8进4
7. 车一平二 车8平2
8. 车二进八 士4进5

9. 马三进四 卒3进1
10. 炮五平三 炮1退1
11. 车二退三 卒3进1
12. 车二平八 马3进2
13. 炮八平九 车1平2
14. 马四进六 炮1平3
15. 炮三进四 马7退9
16. 马七退五 车2进2
17. 相七进五 马2退4
18. 车八进七 马4退2
19. 相五进七 炮5平9
20. 马五进三 象3进5
21. 炮九进四 马2进3
22. 炮九平七 炮3平2
23. 仕六进五 卒9进1
24. 炮七平八 炮2平4
25. 相三进五 炮9进1
26. 炮八退一 卒5进1
27. 马六进七 炮4进5
28. 炮八平五 炮4平9
29. 马三进一 炮9进3
30. 马七退八 卒9进1
31. 帅五平六 卒9平8
32. 炮三平七 炮9进3
33. 帅六进一 马9进8
34. 兵三进一 马8退6
35. 兵三平四 炮9退6
36. 马八进九 炮9平4
37. 兵四进一 马6退8
38. 马九进七 炮4退2
39. 帅六退一 将5平4
40. 帅六平五 士5进4
41. 马七退八

第284局 李来群 胜 胡荣华

1. 炮二平五 炮8平5
2. 马二进三 马8进7
3. 兵三进一 车9平8
4. 马八进七 马2进3
5. 兵七进一 炮2平1
6. 车九平八 车8进4
7. 车一平二 车8平2
8. 炮八平九 车1平2
9. 车八进五 车2进4
10. 炮五平四 卒3进1
11. 炮四进五 卒3进1
12. 炮四平七 马7退5
13. 炮七退一 卒3进1
14. 马七退九 车2平3
15. 炮七平三 炮1进4
16. 炮九平五 马5进3
17. 仕四进五 士4进5
18. 车二进九 炮1平5
19. 车二平三 将5平4
20. 炮三平二 车3平4

21. 马三进五　炮5进4　22. 帅五平四　象3进5
23. 车三退三　车4平6　24. 炮五平四　炮5平7
25. 炮二进三　将4进1　26. 车三平二　炮7进2
27. 炮四退一　炮7平9　28. 炮二退一　将4退1
29. 炮二进一　将4进1　30. 车二退三　马3进2
31. 炮二退四　车6进1　32. 兵三进一　卒5进1
33. 相三进一　马2进4　34. 车二平七　车6平8
35. 炮四进七　士5进4　36. 马九进八

第285局　陈孝堃 和 宇兵

1. 炮二平五　炮8平5　2. 马二进三　马8进7
3. 兵三进一　车9平8　4. 马八进七　马2进3
5. 兵七进一　炮2平1　6. 马七进八　车8进4
7. 车一平二　车8进5　8. 马三退二　炮5进4
9. 仕四进五　士4进5　10. 车九平八　象3进5
11. 马八进七　炮1进4　12. 马二进三　炮5退1
13. 马三进五　卒5进1　14. 马七退五　炮5进2
15. 相三进五　马7进5　16. 炮八平九　车1平2
17. 车八进九　马3退2　18. 炮九进四　卒7进1
19. 后马退七　炮1平3　20. 炮九平一　卒7进1
21. 马五退三　马5进7　22. 炮一平二　马2进3
23. 马七进五　炮3平4　24. 马五进四　炮4退5
25. 炮二平六　马3进5　26. 兵七进一　马5进4
27. 马四退六　炮4进4　28. 兵七进一　马7进5
29. 马三进五　炮4进1　30. 炮六退二　炮4平2
31. 兵一进一　炮2退2　32. 马五退三　象5进7
33. 兵一进一　马5退6　34. 马三进五　马6进4
35. 马五退四　马4退5　36. 兵七进一　炮2平9

第286局 董旭彬 负 万春林

1. 炮二平五 炮8平5
2. 马二进三 马8进7
3. 兵三进一 车9平8
4. 马八进七 马2进3
5. 兵七进一 炮2平1
6. 马七进六 车8进4
7. 马六进七 卒7进1
8. 炮八平七 炮5平6
9. 兵三进一 车8平7
10. 车九平八 士4进5
11. 车一平二 象3进5
12. 车二进三 车1平2
13. 车八进九 马3退2
14. 兵五进一 炮1平3
15. 兵五进一 炮6进1
16. 马三进五 炮6平3
17. 炮七进四 马2进4
18. 马五进六 炮3进3
19. 炮七进一 卒5进1
20. 车二平六 炮3平5
21. 仕六进五 马7进5
22. 马六退七 马5退3
23. 车六进五 炮5平8
24. 车六退二 车7进5
25. 帅五平六 车7退3
26. 车六平七 车7平4
27. 仕五进六 车4进1
28. 帅六平五 马3退4
29. 马七进八 马4进2
30. 车七退二 炮8退3
31. 仕四进五 车4退3
32. 马八退六 马2进4
33. 炮五平一 卒5进1
34. 马六退七 车4平5
35. 炮一进四 马4进3
36. 车七退一 炮8进1
37. 车七平二 炮8平3
38. 马七进八 炮3进6
39. 车二平七 炮3平2
40. 炮一进三 车5平9
41. 炮一平二 车9平8
42. 炮二平一 车8进5
43. 仕五退四 炮2平6
44. 车七平四 炮6平7
45. 车四平三 炮7退1
46. 帅五进一 炮7平9
47. 炮一退八 车8退1
48. 帅五退一 车8平9
49. 马八退六 马3进2

第287局 卜凤波 和 邱东

1. 炮二平五 炮8平5
2. 马二进三 马8进7
3. 兵三进一 车9平8
4. 马八进七 马2进3
5. 兵七进一 炮2平1
6. 车九平八 车8进4
7. 车一平二 车8平2
8. 车二进八 炮5退1
9. 车二平四 车1进1
10. 仕四进五 卒7进1
11. 炮八进二 炮5进1
12. 车四退四 车1平4
13. 马七进六 卒3进1
14. 马六进七 车4进3
15. 炮五平七 卒7进1
16. 车四平三 马7进6
17. 兵七进一 车4平3
18. 炮八平七 车3进1
19. 车三平七 车2进5
20. 马七进五 象7进5
21. 炮七进五 炮1进4
22. 相三进五 马6进7
23. 车七平三 车2退5
24. 炮七退四 车2平7
25. 车三进一 象5进7
26. 炮七平三 炮1平7
27. 兵五进一 象7退5
28. 马三进五 炮7退5
29. 马五退三 卒9进1
30. 马三进四 炮7平5
31. 马四进三 象5退7
32. 马三进四 象3进5
33. 马四退二 象5进3
34. 马二进四 象3退5
35. 马四退二 象5退3
36. 马二进四 卒1进1
37. 马四退五 炮5平9
38. 马五退三 炮9进5
39. 马三进四 将5进1
40. 马四进三 卒9进1
41. 马三退四 卒1进1
42. 马四退二 将5退1
43. 马二进四 将5进1
44. 兵五进一 卒9平8
45. 兵五进一 卒8进1
46. 马四退六 将5平6
47. 马六退五 士6进5
48. 兵五平四 卒1平2
49. 马五退四 卒8进1
50. 马四进三 炮9平7
51. 帅五平四 卒2进1
52. 仕五进六 卒8平7
53. 仕六进五 卒2平3
54. 马三退五 炮7平6

55. 帅四平五 卒7进1
56. 帅五平六 炮6平9
57. 马五进六 卒3平4
58. 马六退四 卒4平3
59. 马四退二 卒7平8

第288局 董旭彬 和 李来群

1. 炮二平五 炮8平5
2. 马二进三 马8进7
3. 兵三进一 车9平8
4. 马八进七 马2进3
5. 兵七进一 炮2平1
6. 车九平八 车8进4
7. 车一平二 车8平2
8. 车二进八 士4进5
9. 马三进四 炮5平4
10. 炮五平三 象3进5
11. 相三进五 卒3进1
12. 兵七进一 车2平3
13. 炮八平九 车1平2
14. 车八进九 马3退2
15. 车二退七 马2进3
16. 车二平八 炮1退2
17. 马七进六 炮1平4
18. 马六进五 马7进5
19. 马四进五 前炮进1
20. 马五退四 车3平6
21. 车八进五 前炮进5
22. 车八平七 车6进1
23. 车七进一 车6退2
24. 车七退四 车6平5
25. 相五退三 前炮退4
26. 炮九平五 前炮平5
27. 炮五进三 车5进1
28. 炮三平五 车5平3
29. 车七进二 象5进3
30. 炮五平三 象3退5
31. 炮三进四 炮4平1
32. 兵五进一 炮1进6
33. 兵五进一 卒1进1
34. 炮三平二 炮1平8
35. 兵五进一 将5平4
36. 炮二进三 象5进3
37. 兵三进一 炮8平2
38. 兵三进一 卒9进1
39. 炮二退七 炮2退4
40. 炮二平三 象7进5
41. 炮三平一 炮2进2
42. 兵五进一 卒1进1
43. 兵三平四 象3退5
44. 炮一进三 卒1平2
45. 兵四平五 象5退7
46. 炮一平三 卒2平3
47. 相三进五 卒3平4
48. 兵一进一 卒4平5

49. 仕四进五　炮 2 平 1　50. 炮三平二　炮 1 平 2
51. 炮二进一　炮 2 进 2　52. 兵一进一　炮 2 平 8
53. 炮二平一　炮 8 平 5　54. 兵五平六　炮 5 平 2
55. 兵一平二　象 7 进 5　56. 炮一进三　将 4 进 1
57. 仕五进六　炮 2 平 5　58. 帅五平四　炮 5 平 4
59. 相五进三　炮 4 进 3　60. 兵六平五　象 5 退 7
61. 炮一退八　炮 4 退 1　62. 炮一平三　象 7 进 9
63. 兵二进一　卒 5 平 4　64. 兵二平一　卒 4 进 1
65. 兵一进一　卒 4 进 1　66. 兵一平二　炮 4 平 2
67. 兵二平三　炮 2 退 6　68. 兵五平六　炮 2 进 4
69. 炮三进三　炮 2 平 6　70. 炮三平二　将 4 退 1
71. 炮二进六　将 4 进 1　72. 炮二退四　将 4 退 1
73. 帅四进一　炮 6 平 8　74. 帅四平五　炮 8 平 5
75. 炮二平六　将 4 平 5　76. 炮六平五　将 5 平 4
77. 相七进九　炮 5 退 1　78. 相九进七　炮 5 进 1
79. 炮五退一　卒 4 平 3　80. 相三退一　卒 3 平 4
81. 相一退三　炮 5 平 6　82. 兵三平四　炮 6 平 5
83. 兵四平三　炮 5 平 6　84. 炮五平六　将 4 平 5
85. 炮六平二　将 5 平 4　86. 兵三平四　炮 6 退 2
87. 兵四平五　炮 6 平 8　88. 炮二退二　炮 8 平 5
89. 炮二进七　将 4 进 1　90. 炮二退一　将 4 退 1
91. 兵六平七　士 5 进 6　92. 兵五平四　炮 5 退 4
93. 兵四进一　士 6 进 5　94. 相三进五　士 5 进 6
95. 帅五平四　炮 5 进 6　96. 炮二退六　卒 4 进 1
97. 炮二退一　炮 5 平 3

第 289 局　陈丽淳 胜 程进超

1. 炮二平五　炮 8 平 5　2. 马二进三　马 8 进 7
3. 兵三进一　车 9 平 8　4. 马八进七　马 2 进 3

5. 兵七进一　车1进1　6. 车九进一　车1平4
7. 车一进一　车4进5　8. 车一平六　车4平3
9. 车九平七　车8进4　10. 马七退五　车3进2
11. 车六平七　炮2平1　12. 车七平六　卒7进1
13. 兵三进一　车8平7　14. 马三进四　卒3进1
15. 车六平七　马3进4　16. 马四进六　车7平4
17. 兵七进一　车4进1　18. 马五进三　炮5退1
19. 兵七进一　炮5平7　20. 仕四进五　象7进5
21. 车七进二　炮1平2　22. 炮五平七　炮2进2
23. 兵七进一　象3进1　24. 相七进五　象1进3
25. 车七平八　炮2进3　26. 车八退一　车4进1
27. 车八进二　车4平1　28. 车八平五　车1平3
29. 炮七平六　象3退1　30. 兵七平六　象5退3
31. 马三进四　车3退3　32. 车五平八　士6进5
33. 马四进六　士5进4　34. 马六进四　车3退2
35. 车八平二　炮7平9　36. 车二进三　车3平6
37. 炮六进四　马7退6　38. 车二平六　炮9进5
39. 炮六平八　车6平2　40. 车六平九　马6进5
41. 车九退一　马5进7　42. 车九退二　马7退8
43. 车九平二　马8退6　44. 炮八退二

第290局　庄玉庭 负 朱琮思

1. 炮二平五　炮8平5　2. 马二进三　马8进7
3. 兵三进一　车9平8　4. 马八进七　马2进3
5. 兵七进一　车1进1　6. 马七进六　车1平4
7. 马六进四　车8进2　8. 车一进一　车4进3
9. 车一平四　炮5平6　10. 马四退二　士4进5
11. 炮八平七　炮2进3　12. 炮七进四　象7进5
13. 炮七平三　炮2平7　14. 车四进二　炮7进1

15. 车四平三 车8进3
16. 兵五进一 车8退2
17. 车九平八 车4平7
18. 车三进二 象5进7
19. 马三进四 车8进2
20. 马四进五 马3进5
21. 炮五进四 炮6平5
22. 车八进六 车8平5
23. 仕四进五 象7退9
24. 炮五平九 车5平7
25. 仕五进四 车7进4
26. 帅五进一 车7退1
27. 帅五退一 马7进5
28. 相七进五 马5进6
29. 炮三平五 将5平4
30. 车八平六 将4平5
31. 车六平八 将5平4
32. 车八平六 将4平5
33. 仕六进五 马6进5
34. 仕五进六 马5退4
35. 帅五平四 马4退6
36. 炮九进三 象3进1
37. 车六平八

第291局 欧阳琦琳 胜 杨伊

1. 炮二平五 炮8平5
2. 马二进三 马8进7
3. 兵三进一 车9平8
4. 马八进七 马2进3
5. 兵七进一 车1进1
6. 车九进一 车1平4
7. 车一进一 车4进5
8. 车一平六 车4平3
9. 车六进一 卒5进1
10. 车九平四 炮2进4
11. 车四进五 炮2平5
12. 马三进五 炮5进4
13. 炮五进三 车8进1
14. 炮五退一 车8平2
15. 炮八进三 车3退1
16. 车六进二 车3退1
17. 马七进五 车2进3
18. 车四进一 车3平4
19. 车六进一 车2平4
20. 马五退四 车4进4
21. 炮五退三 马7退8
22. 车四平七 车4退5
23. 马四进五 士6进5
24. 马五进七 车4平5
25. 车七退一 马8进7
26. 车七平九

第 292 局　陈信安 负 程进超

1. 炮二平五　炮 8 平 5
2. 马二进三　马 8 进 7
3. 兵三进一　车 9 平 8
4. 马八进七　马 2 进 3
5. 兵七进一　车 1 进 1
6. 车九进一　车 1 平 4
7. 车一进一　车 4 进 5
8. 车九平六　车 4 平 3
9. 车六进一　车 8 进 4
10. 炮五退一　卒 5 进 1
11. 炮五平七　卒 5 进 1
12. 炮七进二　卒 5 进 1
13. 马三退五　卒 5 平 4
14. 马五进六　炮 2 退 1
15. 帅五进一　炮 2 平 5
16. 帅五平四　后炮平 6
17. 帅四平五　马 7 进 5
18. 车六平五　炮 6 平 5
19. 马六进五　前炮进 2
20. 帅五平六　前炮进 1
21. 炮七进三　车 8 平 4
22. 车五平六　后炮平 4
23. 兵七进一　马 5 进 3
24. 车一平五　后马进 5
25. 车五进三　车 4 进 3
26. 帅六进一　马 3 进 5
27. 帅六平五　炮 4 平 5
28. 炮八进一　后马进 6

第 293 局　赵国荣 胜 谢业枧

1. 炮二平五　炮 8 平 5
2. 马二进三　马 8 进 7
3. 兵三进一　车 9 平 8
4. 马八进七　马 2 进 3
5. 兵七进一　车 1 进 1
6. 车一进一　车 1 平 4
7. 车九进一　车 8 进 4
8. 车一平六　车 4 进 1
9. 车六进六　炮 2 平 4
10. 车九平六　士 4 进 5
11. 车六进五　卒 7 进 1
12. 炮八进二　卒 3 进 1
13. 兵七进一　卒 7 进 1
14. 兵七进一　车 8 平 3
15. 兵七进一　炮 5 平 3
16. 马七退五　卒 7 进 1
17. 马三退二　马 7 进 6
18. 炮五进四　将 5 平 4
19. 马五进六　车 3 进 1
20. 炮八进五　象 3 进 1

21. 马六进五　车3退1　**22.** 兵五进一　炮3进7
23. 仕六进五　车3平2　**24.** 炮八平九　炮3平1
25. 仕五进四　车2进5　**26.** 帅五进一　车2退1
27. 帅五退一　马6进5　**28.** 炮五平九　马5进4
29. 车六退四　炮1平6　**30.** 马二进一　车2进1
31. 帅五进一　马4退2　**32.** 马五进六　士5进4
33. 后炮平六　将4平5　**34.** 马一进三　马2进3
35. 车六退二　车2退1　**36.** 帅五进一　车2退2
37. 车六平七　车2平5　**38.** 帅五平六　车5平7
39. 炮六平五　车7平4　**40.** 帅六平五　车4平9
41. 车七进九　将5进1　**42.** 车七退一　将5进1
43. 帅五退一　车9平2　**44.** 车七退四　车2退6
45. 炮九退一　将5退1　**46.** 兵九进一　车2进3
47. 兵五进一　车2进1　**48.** 车七平五　炮6平3
49. 兵九进一　车2进4　**50.** 帅五退一　炮3平7
51. 炮五平三　将5退1　**52.** 兵九进一　象1退3
53. 兵五进一　车2退4　**54.** 兵五平六　士4退5
55. 兵九平八　车2平1　**56.** 炮九平八　象3进5
57. 兵八平七　卒9进1　**58.** 炮三平五　车1进5
59. 帅五进一　炮7平5　**60.** 帅五平四　炮5退6
61. 兵六平五　车1平3　**62.** 兵七平六　车3平9
63. 车五平九　卒9进1　**64.** 车九进五　士5退4
65. 炮八进一　象5退3　**66.** 炮八平六　车9平3
67. 炮六平四　将5平6　**68.** 车九退五　车3退1
69. 帅四退一　卒9进1　**70.** 车九平四　将6平5
71. 车四平三　象7进9　**72.** 车三进三　卒9平8
73. 车三平一　卒8进1　**74.** 兵六进一　卒8平7
75. 兵六进一　车3进1　**76.** 帅四进一

第294局 尤颖钦 负 王斌

1. 炮二平五 炮8平5
2. 马二进三 马8进7
3. 兵三进一 车9平8
4. 马八进七 马2进3
5. 兵七进一 车1进1
6. 车一进一 车1平4
7. 车九进一 车4进5
8. 车一平六 车4平3
9. 车六进一 卒5进1
10. 车九平四 车8进6
11. 马三进四 卒5进1
12. 兵五进一 车8平5
13. 仕六进五 士4进5
14. 马四进三 车5退1
15. 炮五进五 象3进5
16. 相七进五 卒3进1
17. 炮八进二 车5退2
18. 马三退四 车5平6
19. 兵七进一 车3退2
20. 车四进一 车3进2
21. 马七退六 车6进1
22. 车六进一 车3退1
23. 车六进六 士5退4
24. 相五进七 马7进5
25. 马六进七 炮2平1
26. 马四退六 车6平4
27. 马六进四 车4平6
28. 马四退六 车6平4
29. 马六进四 车4平6
30. 马四退六 车6平4
31. 马六进四 车4平6
32. 马四退六 车6平2
33. 马六进四 车2平6
34. 马四退六 车6平2
35. 马六进四 车2平6
36. 马四退六 车6平4
37. 马六进四 车4平6
38. 马四退六 车6平2
39. 马六进四 车2平6
40. 马四退六 车6平2
41. 马六进四 车2平6
42. 马四退六 车6平4
43. 马六进四 车4平6
44. 马四退六 车6平2
45. 马六进四 车2平6
46. 马四退六 车6平9
47. 车四进一 士4进5
48. 马六退四 卒1进1
49. 车四平五 炮1退1
50. 相三进五 车9平2
51. 马四进二 炮1平3
52. 马二进四 马5退7
53. 车五进一 马3进5
54. 马四进五 马7进5

55. 车五进二 炮3进6
56. 车五平一 车2进1
57. 车一平九 炮3退1
58. 车九进三 象5退3
59. 车九退四 炮3平5
60. 帅五平六 车2进4
61. 帅六进一 车2退3
62. 车九平六 炮5平1
63. 帅六退一 车2进3
64. 帅六进一 炮1平8
65. 车六平二 炮8平4
66. 车二平六 炮4平8
67. 兵三进一 车2退1
68. 帅六进一 炮8退4
69. 车六平七 炮8平4
70. 相五退七 车2退2
71. 车七平五 车2平4
72. 帅六平五 炮4平5
73. 车五平九 车4平5
74. 帅五平六 炮5平4
75. 兵三平四 象3进5
76. 车九平五 车5平3
77. 相七退九 炮4退1
78. 帅六退一 车3平4
79. 仕五进六 炮4进6

第295局 伍霞 胜 刘君

1. 炮二平五 炮8平5
2. 马二进三 马8进7
3. 兵三进一 车9平8
4. 马八进七 马2进3
5. 兵七进一 车1进1
6. 车九进一 车1平4
7. 车一进一 车8进4
8. 车一平六 车8平4
9. 帅五进一 后车进1
10. 车六进四 车4进2
11. 车九平六 车4平2
12. 炮八进五 炮5平2
13. 车六进五 马3退5
14. 车六进一 象7进5
15. 马三进四 马5退7
16. 马四进三 士6进5
17. 车六平七 车2进4
18. 帅五退一 炮2进4
19. 车七平八 车2平3
20. 马七进六 炮2平3
21. 马六进四 炮3进3
22. 仕六进五 炮3平1
23. 马四进三 车3进1
24. 仕五退六 炮1平4
25. 炮五平六 炮4平6
26. 帅五进一 车3退1
27. 帅五退一 车3进1
28. 帅五进一 车3退1

29. 帅五退一 车3进1
30. 帅五进一 车3退4
31. 相三进五 车3平4
32. 炮六平七 炮6退3
33. 前马退五 车4平7
34. 马三退五 车7进3
35. 帅五退一 炮6退3
36. 后马退三 马7进8
37. 炮七进七 象5退3
38. 车八平二 炮6进3
39. 车二平三 车7退1
40. 帅五进一 车7进1
41. 帅五退一 车7退1
42. 帅五进一 车7进1
43. 帅五退一 车7退1
44. 帅五进一 炮6平1
45. 马五进六 车7进1
46. 帅五退一 车7平6
47. 马三进二 车6退7
48. 马六退五 象3进5
49. 车三平五 车6平8
50. 马二进四 车8平6
51. 马四退二 炮1平9
52. 车五平三 车6进5
53. 兵五进一 车6进1
54. 相五退七 炮9平5
55. 马五退三 车6退4
56. 车三进二 士5退6
57. 马二进三 车6退2
58. 后马进二 炮5平7
59. 马三退四 车6进1
60. 车三退六 卒3进1
61. 兵五进一

第296局 刘殿中 胜 徐超

1. 炮二平五 炮8平5
2. 马二进三 马8进7
3. 兵三进一 车9平8
4. 马八进七 马2进3
5. 兵七进一 车1进1
6. 马七进六 车1平4
7. 马六进四 马3退5
8. 兵七进一 卒3进1
9. 炮八平七 车4进6
10. 车九进二 象3进1
11. 车一进一 车8进4
12. 马四进五 象7进5
13. 炮七退一 车4平1
14. 相七进九 炮2进7
15. 仕六进五 卒7进1
16. 车一平四 马5退7
17. 马三进四 卒7进1
18. 马四进三 象1退3
19. 炮五平八 车8平7
20. 车四进七 车7退1

21. 车四平六 象3进1
22. 炮八进七 士4进5
23. 炮八平九 卒5进1
24. 车六平八 将5平4
25. 车八退八 卒3进1
26. 相九进七 卒1进1
27. 车八进九 将4进1
28. 车八退四 象1进3
29. 炮九平三 象5退7
30. 车八平七 车7平4
31. 炮七进一 车4进3
32. 车七平五 卒7平6
33. 炮七平六 士5进4
34. 车五平九 象7进5
35. 车九平五 士6进5
36. 车五进二 马7进6
37. 车五退一 马6进8
38. 兵九进一 将4退1
39. 车五平二 马8进7
40. 车二进三 将4进1
41. 车二退六

第297局 尤颖钦 胜 欧阳婵娟

1. 炮二平五 炮8平5
2. 马二进三 马8进7
3. 兵三进一 车9平8
4. 马八进七 马2进3
5. 兵七进一 车1进1
6. 车一进一 车1平4
7. 车九进一 车8进4
8. 车一平六 车8平4
9. 帅五进一 后车进1
10. 车六进四 车4进2
11. 车九平六 车4平8
12. 车六进五 炮5平6
13. 车六平七 象7进5
14. 帅五退一 炮2退1
15. 马七进六 车8平4
16. 炮八进二 炮2平3
17. 车七平八 炮3平6
18. 炮五平六 车4平5
19. 炮六平五 车5平4
20. 炮五进四 士6进5
21. 炮五退二 前炮进2
22. 车八平四 后炮退1
23. 相三进五 前炮平8
24. 车四平三 马7进5
25. 马六退七 车4平6
26. 仕四进五 炮8进3
27. 炮八退一 马5进6
28. 兵三进一 车6平2
29. 马七进八 车2进1
30. 炮五平八 马6退7
31. 兵三进一 马3进4
32. 前炮进一 炮6平7

33. 兵三平二 马4退3
34. 前炮平五 马3进5
35. 兵二平一 马5进7
36. 马三进二 炮8进2
37. 仕五进四 将5平6
38. 前兵进一 炮7平8
39. 马二进四

第298局 陈寒峰 负 程进超

1. 炮二平五 炮8平5
2. 马二进三 马8进7
3. 兵三进一 车9平8
4. 马八进七 马2进3
5. 兵七进一 车1进1
6. 车九进一 车1平4
7. 车一进一 卒3进1
8. 兵七进一 车8进4
9. 兵七进一 车8平3
10. 兵七进一 车3退2
11. 车一平七 车4平3
12. 炮八平九 前车进5
13. 车七进一 车3进6
14. 炮九进四 车3退4
15. 车九平八 炮2平1
16. 炮九平八 炮1平3
17. 车八退一 炮3进7
18. 仕六进五 士6进5
19. 兵九进一 炮3退4
20. 兵九进一 炮3平1
21. 炮八进一 马7退9
22. 车八平九 炮1平2
23. 车九平八 炮2平1
24. 兵九平八 马9进8
25. 兵八进一 车3进3
26. 炮五进四 马8进7
27. 相三进五 马7进5
28. 马三进四 马5退6
29. 车八进三 车3进1
30. 车八退一 车3退1
31. 车八进一 车3进1
32. 车八退一 车3退6
33. 车八进二 炮1平6
34. 车八平四 车3进3
35. 车四平三 将5平6
36. 车三进二 马6进4
37. 车三进三 将6进1
38. 炮八进一 士5进6
39. 车三退一 将6退1
40. 炮五退二 马4进5
41. 仕五进六 马5进7
42. 帅五平六 炮5平4
43. 炮五平六 马7退5
44. 帅六平五 马5退4

第 299 局 唐丹 和 伍霞

1. 炮二平五 炮 8 平 5
2. 马二进三 马 8 进 7
3. 兵三进一 车 9 平 8
4. 马八进七 马 2 进 3
5. 兵七进一 车 1 进 1
6. 车九进一 车 8 进 4
7. 车一平二 车 8 进 5
8. 马三退二 车 1 平 4
9. 马二进三 车 4 进 3
10. 马三进四 车 4 平 6
11. 炮八进二 卒 3 进 1
12. 炮五平四 车 6 平 8
13. 兵七进一 车 8 平 3
14. 相七进五 马 3 进 4
15. 马四进六 车 3 平 4
16. 炮四平三 车 4 进 2
17. 仕六进五 炮 5 进 4
18. 马七进五 车 4 平 5
19. 车九平七 象 7 进 5
20. 炮三进四 炮 2 平 4
21. 炮三平九 车 5 平 1
22. 车七进五 士 6 进 5
23. 炮八平七 象 3 进 1
24. 炮九平五 车 1 平 5
25. 炮五平二 车 5 退 3

第 300 局 陈寒峰 和 李鸿嘉

1. 炮二平五 炮 8 平 5
2. 马二进三 马 8 进 7
3. 兵三进一 车 9 平 8
4. 马八进七 马 2 进 3
5. 兵七进一 车 1 进 1
6. 车九进一 车 8 进 4
7. 车一平二 车 8 进 5
8. 马三退二 车 1 平 4
9. 马二进三 车 4 进 3
10. 车九平七 卒 7 进 1
11. 兵三进一 车 4 平 7
12. 炮五退一 车 7 平 2
13. 炮八进五 炮 5 平 2
14. 兵五进一 马 3 退 5
15. 马七进五 炮 2 平 5
16. 马五进三 炮 5 进 3
17. 相七进五 炮 5 进 3
18. 前马进二 马 5 进 6
19. 车七平五 士 4 进 5
20. 车五平四 马 7 进 8
21. 马三进四

第301局 吴贵临 胜 李家庆

1. 炮二平五 炮8平5
2. 马二进三 马8进7
3. 兵三进一 车9平8
4. 马八进七 马2进3
5. 车一进二 车1进1
6. 炮八平九 卒3进1
7. 车九平八 炮2退1
8. 车八进四 炮2平3
9. 炮九退一 车8进8
10. 仕六进五 车8退4
11. 车一平二 车8平6
12. 车二进四 卒3进1
13. 兵七进一 马3进2
14. 车二平三 炮3进6
15. 兵三进一 炮5平2
16. 兵三平四 炮2进3
17. 炮九平八 车1进1
18. 炮八进四 车1平4
19. 仕五退六 炮3平7
20. 车三退四 马7进6
21. 炮五进四 车4进2
22. 炮八平四 车4平6
23. 车三进七 车6平5
24. 车三退三 车5进2
25. 仕四进五 卒9进1
26. 相三进五 卒1进1
27. 炮五平九 炮2进4
28. 车三平八 炮2平1
29. 车八退六 炮1退1
30. 炮九进三 车5退2
31. 车八进一 炮1进1
32. 车八平六 士6进5
33. 车六平九 炮1平2
34. 车九平八 炮2平1
35. 车八进八

第302局 刘殿中 胜 汤卓光

1. 炮二平五 炮8平5
2. 马二进三 马8进7
3. 兵三进一 车9平8
4. 马八进七 马2进3
5. 兵七进一 车1进1
6. 马七进六 车1平4
7. 马六进四 马7退5
8. 车一进一 车8进4
9. 车一平四 炮5平6
10. 马四进五 象7进5
11. 车四进六 马5退7
12. 车四退一 卒3进1

13. 炮八平七　车4进6　14. 车九平八　马3进4
15. 车四退四　炮2平4　16. 仕四进五　车4进1
17. 炮五进四　士4进5　18. 车八进九　车8平5
19. 车八平七　炮4退2　20. 车七退三　车5进2
21. 炮七平五　卒3进1　22. 车四进三　车5退1
23. 前炮平九　炮4平1　24. 炮九退二　卒3进1
25. 车七平六　车5平7　26. 车四平六　车4退4
27. 车六退一　炮1进6　28. 炮九进二

第303局　刘殿中　和　许银川

1. 炮二平五　炮8平5　2. 马二进三　马8进7
3. 兵三进一　车9平8　4. 马八进七　马2进3
5. 兵七进一　车1进1　6. 车九进一　车8进4
7. 车一平二　车8进5　8. 马三退二　车1平4
9. 马二进三　车4进3　10. 车九平七　卒7进1
11. 兵三进一　车4平7　12. 炮五退一　车7平2
13. 炮八进五　炮5平2　14. 马三进四　象3进5
15. 马七进六　炮2退1　16. 炮五平三　炮2平1
17. 车七进二　炮1平9　18. 车七退一　马7进6
19. 车七平六　马6进4　20. 车六进二　车2平7
21. 炮三平一　卒3进1　22. 炮一进五　卒3进1
23. 车六平七　车7平3　24. 车七进一　象5进3
25. 炮一平二　炮9平5　26. 马四退三　卒5进1
27. 相三进五　象3退5　28. 炮二平七　卒5进1
29. 兵五进一　炮5进4　30. 仕四进五　马3进5
31. 马三进五　马5进3　32. 马五进七　士4进5
33. 兵一进一　炮5平4　34. 兵一进一　炮4退3
35. 兵一平二　炮4平2　36. 兵二进一　炮2平3
37. 兵二平三　将5平4　38. 兵三平四　将4平5

39. 马七进五 炮3平1
40. 马五退七 炮1平3
41. 仕五退四 马3进5
42. 马七进八 马5退6
43. 炮七平九 马6进5
44. 仕六进五 马5退3

第304局 于红木 和 万春林

1. 炮二平五 炮8平5
2. 马二进三 马8进7
3. 兵三进一 车9平8
4. 马八进七 马2进3
5. 兵七进一 车1进1
6. 仕六进五 车1平4
7. 相七进九 卒3进1
8. 兵七进一 车8进4
9. 兵七进一 车8平3
10. 兵七进一 车3进3
11. 兵七平八 车3平2
12. 车九平六 车4进8
13. 仕五退六 车2退5
14. 车一平二 车2进3
15. 车二进四 士4进5
16. 仕四进五 卒1进1
17. 帅五平四 炮5平1
18. 相九退七 车2平3
19. 兵三进一 车3平8
20. 马三进二 卒7进1
21. 炮五平三 马7退9
22. 马二进一 象3进5
23. 相三进一 炮1进4
24. 炮三平五 炮1平9
25. 炮五进四 马9进8
26. 马一退二 卒1进1
27. 兵五进一 卒1平2
28. 兵五进一 炮9平1
29. 兵五平四 炮1退1
30. 马二进三 马8进9
31. 马三退五 马9进7
32. 兵四平三 马7退5
33. 炮五退二 炮1平5

第305局 赵鑫鑫 和 程进超

1. 炮二平五 炮8平5
2. 马二进三 马8进7
3. 兵三进一 车9平8
4. 马八进七 马2进3
5. 兵七进一 车1进1
6. 车九进一 车8进4
7. 车一平二 车8进5
8. 马三退二 车1平4

9. 马二进三　车4进3　10. 马三进四　车4平6
11. 炮八进二　卒3进1　12. 炮五平四　车6平8
13. 兵七进一　车8平3　14. 相七进五　马3进4
15. 马四进六　车3平4　16. 仕六进五　炮2平3
17. 炮八退四　炮3进4　18. 车九平八　炮5平3
19. 车八进六　后炮进5　20. 炮四平七　象3进5
21. 炮八平九　卒7进1　22. 兵三进一　车4平7
23. 兵九进一　炮3平1　24. 车八退四　炮1进2
25. 炮七平九　卒1进1　26. 前炮进三　炮1退4
27. 炮九进五　象5退3　28. 兵五进一　象7进5
29. 炮九平八　马7进8　30. 炮八进四　士6进5
31. 炮八平九　马8退7　32. 炮九退四　车7平4
33. 车八平三　车4平7　34. 车三平四　车7进1
35. 车四平五　马7进6　36. 相五进三　马6进5
37. 相三进五　卒9进1　38. 炮九平二　马5进7
39. 炮二退三　马7退8　40. 兵九进一　马8退9
41. 炮二进四　马9退8　42. 兵九平八　马8进6
43. 炮二平四　马6进8　44. 兵八进一　卒9进1
45. 兵一进一　马8进9　46. 兵八平七　马9退7
47. 炮四退一　马7退6

第306局　李冰 胜 艾保宏

1. 炮二平五　炮8平5　2. 马二进三　马8进7
3. 兵三进一　车9平8　4. 马八进七　马2进3
5. 兵七进一　车1进1　6. 车九进一　车1平4
7. 车一进一　车8进4　8. 车一平六　车8平4
9. 帅五进一　炮2进4　10. 马三进四　前车进4
11. 车九平六　车4进7　12. 帅五平六　炮2平9
13. 马四进六　马3退1　14. 炮八平九　炮9退1

15. 炮五平三 炮5平4
16. 帅六平五 象7进5
17. 马六进四 炮4进1
18. 兵三进一 炮4平6
19. 兵三进一 炮6进2
20. 炮三进五 炮9平3
21. 马七进六 卒3进1
22. 炮九平五 士6进5
23. 炮五进四 卒9进1
24. 炮三平二 炮3进1
25. 相三进五 马1进2
26. 兵三进一 马2进4
27. 炮五退一 炮3平4
28. 兵三进一 将5平6
29. 相七进九 卒9进1
30. 炮二进二 象5进7
31. 炮五平七 象7退5
32. 炮七进一 炮6退2
33. 马六进四 马4进6
34. 马四进二 炮4退5
35. 兵五进一 卒9平8
36. 兵三进一 将6进1
37. 马二进三 炮6平7
38. 马三退一 炮4进1
39. 炮七进二 士5退6
40. 马一进三 将6进1
41. 帅五平四

第307局 郭莉萍 胜 赵雅倩

1. 炮二平五 炮8平5
2. 马二进三 马8进7
3. 兵三进一 车9平8
4. 马八进七 马2进3
5. 兵七进一 车8进4
6. 车一平二 车8进5
7. 马三退二 车1进1
8. 马二进三 车1平8
9. 车九进一 车8进3
10. 车九平六 卒3进1
11. 车六进三 车8平6
12. 炮五退一 炮5平6
13. 兵五进一 象3进5
14. 马七进五 炮2进2
15. 兵五进一 炮2平5
16. 兵七进一 象5进3
17. 炮五进四 车6平5
18. 炮八平五 车5平8
19. 马五进四 士6进5
20. 马四进三 车8退2
21. 炮五平七 马3退1
22. 车六进四 马1进2
23. 车六退二 马2退4
24. 炮七平五 马4退3
25. 车六平五 车8平7
26. 车五平三 炮6平5

27. 炮五平七 马3进4
28. 车三进一

第308局 阎文清 和 邱东

1. 炮二平五 炮8平5
2. 马二进三 马8进7
3. 兵三进一 车9平8
4. 马八进七 马2进3
5. 兵七进一 车1进1
6. 车一进一 车8进4
7. 车一平六 卒3进1
8. 车六进五 炮5平6
9. 车六平七 象7进5
10. 兵七进一 车1平4
11. 马三进四 车8平3
12. 车七退一 象5进3
13. 仕六进五 炮6进2
14. 炮五平三 马3退5
15. 炮三进四 炮2平3
16. 兵三进一 炮6平5
17. 相七进五 车4平2
18. 炮八进四 炮3进5
19. 车九平七 马5进4
20. 兵三平四 车2进2
21. 车七进二 车2进6
22. 仕五退六 车2退4
23. 兵四平五 车2平6
24. 炮三平六 车6平4
25. 前兵进一 卒9进1
26. 车七进二

第309局 赵国荣 胜 王斌

1. 炮二平五 炮8平5
2. 马二进三 马8进7
3. 兵三进一 车9平8
4. 马八进七 马2进3
5. 兵七进一 车1进1
6. 车九进一 车1平4
7. 车一进一 车4进5
8. 车一平六 车4平3
9. 车六进一 炮2进4
10. 炮五退一 炮2平5
11. 马三进五 炮5进4
12. 相七进五 炮5进2
13. 仕六进五 士6进5
14. 炮八退二 车3平2
15. 炮八平七 卒5进1
16. 马七进六 卒5进1
17. 马六进七 马7进5
18. 车九平七 象3进5
19. 车六进四 车8进4
20. 兵七进一 马5进6

21. 车七进三 马 3 进 5
22. 车七平五 车 8 进 2
23. 马七进六 车 8 平 5
24. 兵七平八 士 5 进 4
25. 车五退一 车 2 平 5
26. 车六进一 马 6 进 4
27. 马六退四 将 5 进 1
28. 帅五平六 马 5 进 6
29. 车六进二 车 5 平 9
30. 车六平九 将 5 平 6
31. 马四进二 将 6 平 5
32. 车九退一 将 5 退 1
33. 马二退四 将 5 平 4
34. 车九退二 将 4 进 1
35. 炮七进四 车 9 退 2
36. 车九平六 将 4 平 5
37. 炮七平五 将 5 平 6
38. 马四进二

第 310 局 尤颖钦 和 何静

1. 炮二平五 炮 8 平 5
2. 马二进三 马 8 进 7
3. 兵三进一 车 9 平 8
4. 马八进七 马 2 进 3
5. 兵七进一 车 1 进 1
6. 车一进一 车 8 进 4
7. 车九进一 车 1 平 4
8. 车一平六 车 8 平 4
9. 帅五进一 后车进 1
10. 车六进四 车 4 进 2
11. 车九平六 车 4 平 2
12. 炮八进五 炮 5 平 2
13. 车六进五 卒 7 进 1
14. 车六平七 马 3 退 5
15. 兵三进一 车 2 平 7
16. 马三进四 车 7 平 6
17. 马四退六 炮 2 进 4
18. 车七平八 炮 2 平 3
19. 车八退三 炮 3 进 3
20. 马六进七 马 5 进 4
21. 前马进六 将 5 进 1
22. 马七进六 车 6 进 1
23. 兵五进一 将 5 进 1
24. 车八平三 马 7 进 6
25. 前马进八 马 6 进 4
26. 车三平六 将 5 平 6
27. 帅五平六 后马进 2
28. 兵七进一 车 6 进 3
29. 仕六进五 马 2 进 3
30. 车六平七 马 4 进 5
31. 车七退三 士 6 进 5
32. 兵七平六 马 5 退 7
33. 兵五进一 卒 5 进 1
34. 兵六平五 车 6 退 5
35. 车七进四 马 7 进 8
36. 帅六退一 马 8 退 9

37. 马八退七　将6退1　38. 马七退六　将6退1
39. 马六进四　马9退8　40. 车七进五　马8进6
41. 车七退五　车6平4　42. 帅六平五　马6进4
43. 兵五进一　车4进1

第311局　朱琮思 胜 郑乃东

1. 炮二平五　炮8平5　2. 马二进三　马8进7
3. 兵三进一　车9平8　4. 马八进七　马2进3
5. 兵七进一　车1进1　6. 车九进一　车1平4
7. 车一进一　车8进4　8. 车一平六　车8平4
9. 帅五进一　后车进1　10. 车六进四　车4进2
11. 车九平六　车4平8　12. 帅五退一　卒3进1
13. 车六进五　炮5平6　14. 车六平七　象7进5
15. 马七进六　车8平4　16. 炮八进二　卒3进1
17. 车七退二　炮2退1　18. 马三进四　车4平8
19. 炮五进四　马3进5　20. 马六进五　炮6进1
21. 马五进七　士6进5　22. 马七退六　炮6平5
23. 相三进五　炮2进3　24. 马六进七　车8平6
25. 炮八退三　卒7进1　26. 炮八平四　车6平5
27. 马七退五　卒7进1　28. 马五进三　卒7平6
29. 车七平四　车5进2　30. 马三退四　车5退3
31. 车四平二　车5平7　32. 仕四进五　卒1进1
33. 车二进五　象5退7　34. 车二退三　车7进5
35. 炮四退一　炮2退2　36. 马四进六　炮2平4
37. 车二平一　车7退2　38. 马六退七　炮4平1
39. 马七进八　车7平3　40. 炮四进四　炮1平6
41. 兵一进一　象3进5　42. 兵一进一

第312局 刘殿中 和 胡荣华

1. 炮二平五 炮8平5
2. 马二进三 马8进7
3. 马八进七 车9平8
4. 兵三进一 马2进3
5. 兵七进一 车1进1
6. 马七进六 车1平4
7. 马六进四 马7退5
8. 车一进一 车4进3
9. 车一平四 炮2进2
10. 马四进五 象7进5
11. 车九进一 卒7进1
12. 马三进四 车4进3
13. 车九平六 车4平2
14. 车六进七 马5进7
15. 车四平六 卒7进1
16. 马四进六 士6进5
17. 马六进七 炮2退4
18. 后车进五 车8进6
19. 后车平七 象3进1
20. 车七平九 车2退5
21. 马七进八 车2退2
22. 车九进一 马7进6
23. 兵五进一 车2进3
24. 车六退三 车8平6
25. 兵五进一 卒5进1
26. 车六平五 卒7进1
27. 车九退二 马6进5
28. 车五退一 将5平6
29. 仕四进五 卒7进1
30. 车九平二 车2平7
31. 车二退一 马5进3
32. 车五平四 车7平6
33. 车四进二 车6退3
34. 车二进五 将6进1
35. 车二退六 马3退4
36. 炮五平八 马4进6
37. 炮八进六 士5进6
38. 炮八退七 士4进5
39. 兵九进一 马6进7
40. 炮八平三 卒7进1
41. 兵九进一 车6进1
42. 兵九进一 车6退1
43. 兵九进一 车6平5
44. 相三进五 车5进1
45. 兵九平八 卒9进1
46. 兵八平七 车5平6
47. 车二平五 象5进7
48. 前兵进一 卒7平6
49. 前兵平六 士5进4
50. 车五平二 象7退5
51. 车二平五 士6退5
52. 相五进三 象5进7
53. 相三退一 将6退1
54. 相七进五 将6进1

55. 车五平二　象7退5　　56. 车二退一　士5进6
57. 仕五进四　车6进2　　58. 仕六进五　车6平9
59. 车二退一　士4退5　　60. 车二平四　车9平4
61. 兵六平七　车4平1　　62. 前兵平八　车1平2
63. 兵八平九　车2平4

第313局　朱琮思 胜 洪智

1. 炮二平五　炮8平5　　2. 马二进三　马8进7
3. 兵三进一　车9平8　　4. 马八进七　马2进3
5. 兵七进一　车1进1　　6. 车九进一　车1平4
7. 车一进一　车4进5　　8. 车九平六　车4平3
9. 车六进一　车8进4　　10. 炮五退一　卒5进1
11. 炮五平七　车3平2　　12. 炮八进五　车2退4
13. 马七进六　卒5进1　　14. 马六进七　炮5退1
15. 炮七平五　卒5进1　　16. 车六进五　象3进5
17. 马七进五　象7进5　　18. 炮五进六　炮5平3
19. 车一平六　卒5平4　　20. 后车进二　车8平5
21. 相七进五　炮3平4　　22. 炮五平七　炮4进5
23. 炮七进二　士4进5　　24. 车六平八　马7进5
25. 炮七退三　马5退4　　26. 炮七平一　车5平9
27. 车八进一　士5进4　　28. 炮一平九　马4进6
29. 车八进一　将5进1　　30. 仕四进五　车9平1
31. 车八退六　炮4进2　　32. 炮九平四　炮4平1
33. 马三进五　马6进4　　34. 马五退七　炮1进1
35. 车八退三　车1平6　　36. 炮四平五　车6平5
37. 车八平九　车5退1　　38. 车九平八　马4进5
39. 车八进八

第 314 局　尤颖钦 胜 郭莉萍

1. 炮二平五　炮 8 平 5
2. 马二进三　马 8 进 7
3. 兵三进一　车 9 平 8
4. 马八进七　马 2 进 3
5. 兵七进一　车 1 进 1
6. 车一进一　车 8 进 4
7. 车一平六　卒 3 进 1
8. 车六进五　炮 5 平 6
9. 车六平七　象 7 进 5
10. 兵七进一　炮 2 退 1
11. 马七进六　炮 2 平 3
12. 车七平八　车 8 平 3
13. 相七进九　炮 6 进 1
14. 车八退二　卒 7 进 1
15. 马三进四　卒 7 进 1
16. 马四进五　马 3 进 5
17. 马六进五　车 3 退 1
18. 马五退六　车 3 进 3
19. 车八进二　马 7 进 8
20. 炮八进三　炮 3 平 7
21. 炮八平三　车 1 平 6
22. 车九平七　车 3 进 3
23. 相九退七　士 6 进 5
24. 炮五平四　炮 7 进 2
25. 炮四进六　炮 7 平 2
26. 相三进五　卒 7 进 1
27. 炮三退一　炮 6 进 3
28. 兵一进一　炮 6 平 1
29. 马六进四　炮 1 退 1
30. 炮三平二　卒 7 平 8
31. 炮四平一　卒 1 进 1
32. 炮一进一　士 5 进 4
33. 炮二平五　士 4 进 5
34. 炮五进二　马 8 进 6
35. 仕四进五　将 5 平 4
36. 炮五平六　将 4 平 5
37. 炮六平二　士 5 进 6
38. 马四进六　炮 2 平 8
39. 马六进四　将 5 平 6
40. 马四退二　马 6 进 4
41. 仕五进六　卒 8 平 7
42. 马二退四　卒 7 平 6
43. 仕六进五　马 4 退 3
44. 炮一平二　将 6 平 5
45. 炮二退三　炮 1 平 6
46. 炮二退一　马 3 进 2
47. 兵五进一　马 2 进 3
48. 帅五平六　卒 1 进 1
49. 炮二退四　马 3 退 2
50. 炮二平一　卒 6 平 7
51. 炮一进五　卒 7 进 1
52. 炮一平五　将 5 平 4
53. 炮五平六　将 4 平 5
54. 兵一进一　卒 7 进 1

55. 兵一平二　卒7平6
56. 兵二进一　炮6进1
57. 马四退五　卒1平2
58. 炮六平四　卒6平7
59. 炮四退二　马2进3
60. 炮四平八　炮6退5
61. 兵五进一　炮6平5
62. 马五进七　象5进3
63. 兵五平六　炮5平4
64. 兵六平七　卒7平6
65. 帅六进一　马3退4
66. 炮八进五　象3进1
67. 兵七进一　士4退5
68. 兵七平六　马4退3
69. 炮八退六　将5平6
70. 仕五进四　马3进5
71. 炮八平四　卒6平7
72. 兵二平三　象1进3
73. 兵三平四　将6平5
74. 兵四平五　马5进6
75. 马七进九　马6退8
76. 马九进八　炮4退1
77. 马八退七　卒7平6
78. 马七退五　马8退6
79. 兵五进一　马6退8
80. 炮四平五　马8退7
81. 兵五进一

第315局　文静 胜 何静

1. 炮二平五　炮8平5
2. 马二进三　马8进7
3. 兵三进一　车9平8
4. 马八进七　马2进3
5. 兵七进一　车8进4
6. 车一平二　车8进5
7. 马三退二　车1进1
8. 车九进一　车1平8
9. 马二进三　车8进3
10. 车九平六　卒7进1
11. 兵三进一　车8平7
12. 炮五退一　马7进8
13. 炮五平三　马8进7
14. 马七进六　炮5平7
15. 马六退五　炮2进2
16. 兵五进一　车7进1
17. 兵七进一　卒3进1
18. 车六进二　卒5进1
19. 马五进三　炮7进4
20. 相三进五　车7退2
21. 车六平三　车7进3
22. 炮三进二　卒5进1
23. 炮三平七　马3退5
24. 炮八平九　象7进5
25. 炮九进四　马5进7
26. 兵九进一　马7进6

27. 兵九进一 炮2进3
28. 马三退二 士6进5
29. 兵九平八 炮2平3
30. 兵八进一 马6进8
31. 马二进四 卒5平4
32. 炮七平二 卒4进1
33. 炮九退二 卒9进1
34. 炮九平三 卒3进1
35. 炮三退四 卒3平4
36. 炮三平一 马8退7
37. 炮二进三 炮3退1
38. 炮一进五 炮3平9
39. 炮一退一 马7进5
40. 马四进二 前卒平5
41. 炮二退二 卒4进1
42. 炮二平五 炮9平8
43. 仕四进五 马5退7
44. 兵八平七 马7进6
45. 相五进三 马6进7
46. 炮一退二 马7进8
47. 炮一进一 马8退7
48. 兵七平六 马7退6
49. 炮一进五 将5平6
50. 仕五进四 马6进7
51. 炮一退五 士5进6
52. 兵六平五 士4进5
53. 兵五平四 马7退6
54. 仕六进五 象3进1
55. 炮一进一 马6进7
56. 炮五进一 象1退3
57. 炮五平三 马7退8
58. 炮三平四 将6平5
59. 炮一进一 将5平4
60. 炮四退一 马8退9
61. 炮一平二 马9进7
62. 炮四进一 马7退8
63. 兵四平三 马8进7
64. 相七进五 将4平5
65. 仕五退六 将5平4
66. 相五退七 将4平5
67. 马二退三 卒5平6
68. 马三进五 卒6平7
69. 马五进七 卒4进1
70. 马七进六 卒7进1
71. 仕四退五 卒4进1
72. 炮四平六 炮8平5
73. 帅五平四 卒4平3
74. 马六进四 炮5退2
75. 兵三平四 卒7进1
76. 相七进五 象5退7
77. 仕五进六 象7进9
78. 炮二平一 卒7平8
79. 兵四平三 士5退6
80. 马四退三 炮5平9
81. 炮六平一 卒8平9
82. 仕六进五 象3进5
83. 相五退三 卒9进1
84. 相三进一 卒9平8
85. 马三退四 士6进5
86. 马四退二 马7进5

87. 马二进三　将5平4
88. 马三进五　象5进3
89. 相一退三　卒3平2
90. 炮一退四　马5进3
91. 马五退七

第316局　尤颖钦 胜 马天越

1. 炮二平五　炮8平5
2. 马二进三　马8进7
3. 兵三进一　车9平8
4. 马八进七　马2进3
5. 兵七进一　车1进1
6. 车九进一　车1平4
7. 车一进一　车4进5
8. 车一平六　车4平3
9. 车六进一　车8进6
10. 炮五退一　卒5进1
11. 炮八进二　士6进5
12. 兵九进一　卒5进1
13. 炮五进三　车8平6
14. 车九进二　车3退1
15. 相七进五　车3退1
16. 仕六进五　车6平7
17. 马三退二　马7进5
18. 马二进一　车7平8
19. 炮八平七　炮2平1
20. 车六进四　炮5进3
21. 兵五进一　车8平1
22. 马七进九　象3进5
23. 兵五进一　马5退7
24. 兵五平六　车3平2
25. 炮七进三　车2进2
26. 车六平三　象5退3
27. 兵三进一　车2平1
28. 兵三平四　车1平2
29. 兵四平五　马7退6
30. 车三进三　炮1进3
31. 炮七平一　车2进3
32. 仕五退六　炮1进4
33. 炮一进二　象3进5
34. 车三退一　象5退7
35. 车三进一　卒3进1
36. 马一进三　车2退7
37. 相五退七　卒3进1
38. 马三进四　车2进7
39. 相三进五　车2退2
40. 仕四进五　卒3进1
41. 马四进五

第317局 欧阳琦琳 胜 陈丽淳

1. 炮二平五 炮8平5
2. 马二进三 马8进7
3. 兵三进一 车9平8
4. 马八进七 马2进3
5. 兵七进一 车8进4
6. 车一平二 车8平4
7. 马三进四 车4平6
8. 炮八进二 卒7进1
9. 炮五平四 车6平5
10. 车二进四 卒3进1
11. 兵七进一 车5平3
12. 相七进五 卒7进1
13. 炮八平三 马7进8
14. 炮三退三 马8进6
15. 车二平四 车1平2
16. 仕六进五 士4进5
17. 车四平三 象7进9
18. 车九平六 炮5平6
19. 炮三平二 炮6平8
20. 车六进八 车3平7
21. 车三平七 马3进4
22. 车六退二 炮2进7
23. 马七退八 车2进9
24. 仕五退六 象3进1
25. 车六平五 炮8平5
26. 兵五进一 炮5平4
27. 仕四进五 车7平8
28. 车五退一 车8进4
29. 车五平六 车2退6
30. 兵五进一 车8退2
31. 车七进三 车8平1
32. 车七平九 车1平9
33. 车九进二 炮4退2
34. 相五进三 象9退7
35. 炮四平五 车9平5
36. 车九退二 炮4进2
37. 车九平七 象7进5
38. 车七退三 卒9进1
39. 相三退一 炮4退2
40. 兵五平四 炮4进2
41. 车七平三 车2平3
42. 车三平八 炮4平3
43. 车八进五 炮3退2
44. 车六退一 卒1进1
45. 车八平九 车3进1
46. 兵四进一 车3退1
47. 车六平四 士5退4
48. 帅五平四 士6进5
49. 仕五进六 车5退2
50. 炮五退二 象5退7
51. 兵四进一 炮3进1
52. 兵四进一 车5进5
53. 帅四平五 车3平5
54. 帅五平四 车5进1

55. 兵四进一　士5退6　　56. 车四进五　将5进1
57. 车九平六

第318局　董旭彬 胜 肖革联

1. 炮二平五　炮8平5　　2. 马二进三　马8进7
3. 兵三进一　车9平8　　4. 马八进七　马2进3
5. 兵七进一　车8进4　　6. 车一平二　车8进5
7. 马三退二　车1进1　　8. 车九进一　车1平4
9. 马二进三　车4进5　　10. 炮八退一　炮2进4
11. 炮八平四　车4平3　　12. 车九平八　车3进1
13. 车八进二　卒3进1　　14. 炮四进六　马3进4
15. 炮五进四　士6进5　　16. 相三进五　卒3进1
17. 车八进二　车3平4　　18. 仕四进五　车4退2
19. 炮五退一　卒3进1　　20. 车八平七　卒3平4
21. 兵五进一　卒7进1　　22. 兵三进一　将5平6
23. 炮四退三　象3进1　　24. 炮四平六　象1进3
25. 兵三进一　马7退8　　26. 炮五平七　炮5平3
27. 兵五进一　象7进5　　28. 兵五平六　象5进3
29. 兵六平七　马8进6　　30. 马三进四　炮3平1
31. 炮六平八　士5进4　　32. 兵一进一　马6进8
33. 马四进五　马8退6　　34. 帅五平四　士4进5
35. 兵三进一　士5进6　　36. 炮八平四

第319局　庄玉庭 负 李来群

1. 炮二平五　炮8平5　　2. 马二进三　马8进7
3. 兵三进一　车9平8　　4. 马八进七　马2进3
5. 兵七进一　车1进1　　6. 车九进一　车8进4
7. 车一平二　车8进5　　8. 马三退二　车1平4

9. 马二进三 车4进3
10. 车九平七 卒3进1
11. 马七退五 车4进3
12. 兵七进一 车4平2
13. 兵七进一 车2平4
14. 兵七进一 炮2进7
15. 马五进七 车4进2
16. 帅五进一 车4退2
17. 相三进一 士6进5
18. 马七进八 车4退2
19. 马八进七 车4退1
20. 马七进五 象7进5
21. 车七平八 炮2平1
22. 车八退一 炮1退1
23. 兵七进一 卒7进1
24. 车八进四 马7进6
25. 马三进四 车4进5
26. 兵三进一 马6进4
27. 车八平七 马4进6
28. 炮五平四 炮1进1
29. 相七进五 车4平6
30. 马四退二 车6平8
31. 马二退三 车8退1
32. 车七平三 马6退5
33. 车三退一 马5进4
34. 帅五平六 马4进3
35. 帅六退一 炮1退1

第320局 阎文清 胜 苗利明

1. 炮二平五 炮8平5
2. 马二进三 马8进7
3. 兵三进一 车9平8
4. 马八进七 马2进3
5. 兵七进一 车1进1
6. 车一进一 车8进4
7. 车一平六 卒3进1
8. 车六进五 炮5平6
9. 车六平七 象7进5
10. 兵七进一 车1平4
11. 马三进四 车4进7
12. 仕六进五 士6进5
13. 炮五平三 炮2退1
14. 炮三退一 车4退7
15. 炮八进五 马7退6
16. 炮八退二 车8平3
17. 车七退一 象5进3
18. 炮八退一 马3进4
19. 马四进五 车4进2
20. 马五退六 炮6平3
21. 相七进五 炮2平3
22. 马六进四 车4平6
23. 马七进六 马6进5
24. 炮三平四 车6平2
25. 炮八平七 前炮进3
26. 相五进七 炮3进4

27. 车九平七　马5进6　28. 马六进四　炮3进1
29. 兵五进一　象3退5　30. 车七平六　马4进6
31. 仕五进四　车2进4　32. 马四进二　炮3退5
33. 车六进八　车2平6　34. 马二进三　将5平6
35. 帅五进一　炮3进7　36. 车六退二

第321局　朱琮思 胜 王晓华

1. 炮二平五　炮8平5　2. 马二进三　马8进7
3. 兵三进一　车9平8　4. 马八进七　马2进3
5. 兵七进一　车1进1　6. 车九进一　车1平4
7. 车一进一　车4进5　8. 车九平六　车4平3
9. 车六进一　卒3进1　10. 兵七进一　车8进4
11. 兵七进一　车3退3　12. 炮五退一　炮2进4
13. 马七进六　车3进3　14. 炮五平七　车8平4
15. 炮八平七　炮2进1　16. 后炮进二　炮2平4
17. 前炮进六　士4进5　18. 马六退八　炮4退1
19. 车一平七　炮4平1　20. 后炮平九　士5进4
21. 马八进七　卒5进1　22. 马七进九　马3进2
23. 炮七平九　炮1平3　24. 后炮平五　车4退1
25. 马九进八　士4退5　26. 车七平八　马2进4
27. 炮五平六

第322局　张影富 和 许波

1. 炮二平五　炮8平5　2. 马二进三　马8进7
3. 兵三进一　车9平8　4. 马八进七　马2进3
5. 兵七进一　车1进1　6. 炮八进一　车8进4
7. 车一平二　车8进5　8. 马三退二　车1平8
9. 马二进三　车8进3　10. 炮八平七　卒7进1

11. 兵三进一 车8平7
12. 马三退一 炮2进4
13. 炮七进三 象3进1
14. 车九进一 车7进1
15. 兵七进一 车7退1
16. 车九平八 车7平3
17. 车八进二 车3进3
18. 炮七平八 车3进2
19. 炮八进一 车3退4
20. 马一进二 马7进6
21. 炮八平五 象7进5
22. 马二退四 马6进4
23. 车八平六 马4进6
24. 兵五进一 马6退7
25. 兵五进一 卒5进1
26. 车六平五 卒5进1
27. 炮五进二 士4进5
28. 相三进五 车3平4
29. 炮五平三 象1退3
30. 炮三退三 马3进4
31. 车五平八 车4进2
32. 炮三进一 马4进6
33. 仕四进五 车4退4
34. 炮三退一

第323局 尚威 负 李智屏

1. 炮二平五 炮8平5
2. 马二进三 马8进7
3. 兵三进一 车9平8
4. 马八进七 马2进3
5. 兵七进一 车1进1
6. 车九进一 车1平4
7. 车一进一 车4进5
8. 车一平六 车4平3
9. 车九平七 车8进4
10. 马七退五 车3进2
11. 车六平七 炮2退1
12. 炮八平七 炮2平7
13. 兵七进一 车8平3
14. 炮七进四 车3进4
15. 炮七进三 士4进5
16. 炮七退八 卒7进1
17. 马五进七 马3进4
18. 兵三进一 炮7进3
19. 马三进二 马4进6
20. 仕四进五 马6进4
21. 炮七平六 炮7平3
22. 相七进九 炮3进2
23. 马二退三 马4退3
24. 马三进二 马7进8
25. 马二进四 马8进6
26. 马四进二 炮5平8
27. 兵一进一 马3进2
28. 炮五平六 象7进5
29. 前炮进四 士5进4
30. 兵五进一 士6进5

31. 马七进五　马2进3　32. 仕五进四　马6进8
33. 仕六进五　马8退7　34. 兵五进一　卒5进1
35. 马五进七　卒5进1　36. 马七进八　炮8退1
37. 马二进三　将5平6　38. 前炮平二　炮3平7
39. 马三退四　炮8平9　40. 炮二退五　炮9进4
41. 炮二平四　炮9平6　42. 炮四进三　卒5平6
43. 马四退六　卒6平5　44. 相三进五　马3退1
45. 马六进五　马1退3　46. 炮六进二　卒5平4
47. 炮六进四　马7进8　48. 炮六平八　马3进5
49. 马五退四　炮7退3　50. 炮八进一　马8进7
51. 帅五平六　炮7平6　52. 马八进七　卒4进1
53. 炮八平五　马5退3　54. 炮五退二　马3进2
55. 帅六进一　马7退5　56. 仕五进六　马5进6
57. 帅六平五　卒4进1

第324局　张晓平 和 许波

1. 炮二平五　炮8平5　2. 马二进三　马8进7
3. 兵三进一　车9平8　4. 马八进七　马2进3
5. 兵七进一　车1进1　6. 车九进一　车8进4
7. 车一平二　车8进5　8. 马三退二　车1平4
9. 马二进三　车4进3　10. 马三进四　车4平6
11. 炮八进二　卒3进1　12. 炮五平四　车6平8
13. 兵七进一　车8平3　14. 相七进五　马3进4
15. 马四进六　车3平4　16. 炮八平七　卒7进1
17. 车九平八　炮2进2　18. 兵三进一　炮5平2
19. 车八平二　车4平7　20. 炮七平三　象7进5
21. 炮三进三　后炮平7　22. 车二进五　车7平3
23. 车二平一　车3进2　24. 车一平五　炮7退1
25. 车五平八　炮2平3　26. 车八平七　炮7平5

27. 仕六进五 卒1进1　28. 兵一进一 炮5进5
29. 马七进五 车3平5　30. 炮四进三

第325局 许银川 和 万春林

1. 炮二平五 炮8平5　2. 马二进三 马8进7
3. 兵三进一 车9平8　4. 马八进七 马2进3
5. 兵七进一 车1进1　6. 车九进一 车8进4
7. 车一平二 车8进5　8. 马三退二 车1平4
9. 马二进三 车4进3　10. 马三进四 车4平6
11. 炮八进二 卒3进1　12. 炮五平四 车6平8
13. 兵七进一 车8平3　14. 相七进五 马3进4
15. 马四进六 车3平4　16. 仕六进五 士6进5
17. 炮八退四 炮2平3　18. 车九平八 炮5平4
19. 车八进五 象7进5　20. 车八平九 卒7进1
21. 马七进八 车4进1　22. 马八退七 车4退1
23. 车九退二 卒7进1　24. 车九平三 炮3进4
25. 炮八进六 车4退1　26. 炮八退一 马7进6
27. 车三平七 炮3平2　28. 兵一进一 炮2进1
29. 车七平四 马6退7　30. 炮八平九 炮2退6
31. 车四平七 车4进1　32. 炮九进一 车4退1
33. 炮九退一 车4平2　34. 炮九平六 卒5进1
35. 炮六退五 马7进5　36. 车七平三 马5进3
37. 相五进七 炮2平3　38. 相三进五 炮4进4
39. 炮六平七 马3退4　40. 马七进六 炮3进8
41. 相五退七 炮4平2　42. 相七退五 马4进3
43. 马六退八 车2进3　44. 炮四平一 车2平1
45. 炮一进四 车1平5

第326局 吕钦 和 胡荣华

1. 炮二平五 炮8平5
2. 马二进三 马8进7
3. 兵三进一 车9平8
4. 马八进七 马2进3
5. 兵七进一 车1进1
6. 车九进一 车8进4
7. 车一平二 车8进5
8. 马三退二 车1平4
9. 马二进三 车4进5
10. 炮八退一 卒5进1
11. 马三进四 车4进1
12. 车九进一 炮2进4
13. 炮八平三 炮2平3
14. 仕六进五 车4退2
15. 马四进三 车4平7
16. 马三进五 象7进5
17. 炮三进六 车7退3
18. 炮五进三 马3进5
19. 相七进五 士6进5
20. 车九平八 马5进7
21. 车八进一 炮3平9
22. 兵五进一 炮9退1
23. 车八平三 车7进1
24. 炮五平四 车7平5
25. 车三平五 马7退6
26. 炮四平八 炮9退1
27. 兵九进一 车5平4
28. 炮八进二 车4退1
29. 炮八退四 车4进2
30. 马七进八 卒3进1
31. 兵七进一 车4平3
32. 马八进九 车3退1
33. 马九退八 车3进1
34. 炮八退一 炮9进1
35. 兵五进一 马6进5
36. 马八退六

第327局 于幼华 胜 丁如意

1. 炮二平五 炮8平5
2. 马二进三 马8进7
3. 兵三进一 车9平8
4. 马八进七 马2进3
5. 车九进一 卒3进1
6. 炮八进四 车8进4
7. 车一平二 车8平4
8. 炮八平三 象7进9
9. 车二进八 士4进5
10. 车二平三 马3进2
11. 马三进四 车4平6
12. 炮五平四 车6平8

13. 兵三进一　车8进3
14. 仕六进五　象9进7
15. 车九平六　马2进3
16. 车六进五　车8退4
17. 车六平七　马3退4
18. 马四进六　车8平7
19. 马六退四　车7平8
20. 车七进一　车1平2
21. 车三退一　炮5进4
22. 马七进五　炮2平7
23. 车七平三　象3进5
24. 马五进六　车2进5
25. 马四进三　车2平4
26. 马六进五　象7退5
27. 马三进五　车8进3
28. 马五进三　将5平4
29. 炮四平六　车4进2
30. 仕五进六　车8平9
31. 车三平九　车9平4
32. 马三退五　车4退3
33. 车九平七

第328局　吕钦 胜 柳大华

1. 炮二平五　炮8平5
2. 马二进三　马8进7
3. 兵三进一　车9平8
4. 马八进七　士6进5
5. 兵七进一　马2进1
6. 马七进六　炮2平4
7. 车九进一　车1平2
8. 炮八平七　车2进6
9. 车一进一　车8进4
10. 车一平四　车8平4
11. 马六进四　车2平3
12. 炮七退一　卒1进1
13. 炮七平六　炮4平2
14. 马四进三　炮2平7
15. 车四进五　炮5平2
16. 马三进四　车4进1
17. 炮五进四　象7进5
18. 马四退五　车3退1
19. 兵五进一　车4平5
20. 炮六平一　车5平7
21. 车九平四　炮7平6
22. 后车平二　车7平8
23. 车二进三　车3平8
24. 车四平三　炮6平7
25. 炮一进五　马1进2
26. 仕四进五　炮2平3
27. 相七进九　将5平6
28. 车三平四　将6平5
29. 车四平三　将5平6
30. 车三平四　将6平5
31. 车四平三　车8退1
32. 马五进三　车8平5

33. 马三进一　车5平9
34. 马一进三　将5平6
35. 车三平四　将6平5
36. 帅五平四　炮7平6
37. 马三进四

第329局　马仲威 胜 陈俊卫

1. 炮二平五　炮8平5
2. 马二进三　马8进7
3. 兵三进一　车9平8
4. 马八进七　士6进5
5. 车一进一　车8进4
6. 车一平六　马2进1
7. 马三进四　卒1进1
8. 车六进四　车8平4
9. 马四进六　车1进1
10. 兵九进一　卒1进1
11. 车九进四　车1平4
12. 马六退四　炮2平3
13. 车九平八　炮3进4
14. 仕六进五　卒3进1
15. 相七进九　马1进3
16. 炮五平三　炮5平3
17. 车八进三　车4进1
18. 马四进三　卒3进1
19. 相九进七　后炮进3
20. 车八退四　车4进4
21. 炮三进一　后炮进2
22. 车八平七　车4平3
23. 炮三平七　马3进5
24. 马三退四　马5进7
25. 相三进五　后马进8
26. 马四进六　马7进9
27. 马六退八　马9进7
28. 马八退七　马7退6
29. 兵五进一　马8退6
30. 炮七进一　前马退8
31. 马七进六　马8进7
32. 马六进五　马6进5
33. 相五进三　象7进5
34. 马五进三　马5退4
35. 炮七进二　卒9进1
36. 马三退二　马7退5
37. 马二进一　卒9进1
38. 马一进三　将5平6
39. 炮八进七　马4进6
40. 炮七平一　卒9平8
41. 相三退五　卒8进1
42. 相五进三　卒8平7
43. 炮一退五　马5退3
44. 炮一平四　马6进5
45. 相三退五　卒7进1
46. 马三退五　马3进2
47. 仕五进四

第330局 李来群 胜 陈俊卫

1. 炮二平五 炮8平5
2. 马二进三 马8进7
3. 兵三进一 车9平8
4. 马八进七 士6进5
5. 车一平二 车8进9
6. 马三退二 马2进3
7. 兵七进一 车1进1
8. 马二进三 车1平4
9. 马三进四 卒5进1
10. 仕六进五 马7进5
11. 炮八平九 卒5进1
12. 马四进五 马3进5
13. 车九平八 炮2平1
14. 兵五进一 炮5进3
15. 炮九进四 马5进4
16. 炮九退二 马4进3
17. 炮九平五 炮1平5
18. 后炮进五 象7进5
19. 车八进三 车4进2
20. 车八平七 车4进2
21. 炮五退二 马3进1
22. 相三进一 车4退1
23. 炮五平九 卒3进1
24. 车七退二 卒3进1
25. 车七平九 车4进2
26. 车九平七 车4平1
27. 车七进三 车1平9
28. 炮九平五 车9平5
29. 车七进二 卒9进1
30. 车七平三 卒9进1
31. 兵三进一

第331局 郭莉萍 和 张致忠

1. 炮二平五 炮8平5
2. 马二进三 马8进7
3. 兵三进一 车9平8
4. 马八进七 车8进4
5. 车一平二 车8平3
6. 相七进九 车3进2
7. 车九平七 马2进1
8. 马七退五 车3进3
9. 马五退七 炮2平3
10. 炮八进四 车1平2
11. 炮八平五 士4进5
12. 车二进五 马7进5
13. 炮五进四 将5平4
14. 车二平六 炮3平4
15. 相三进五 车2进6
16. 马七进六 车2平1

17. 相九退七　车 1 退 2　**18.** 车六进一　卒 7 进 1
19. 马六进五　炮 5 进 3　**20.** 兵五进一　卒 7 进 1
21. 相五进三　车 1 进 1　**22.** 兵五进一　车 1 退 1
23. 车六退一　车 1 平 4　**24.** 兵五平六　卒 1 进 1
25. 相三退五　炮 4 平 9

第三章　红方两头蛇对双横车

第332局　黎德志 负 许长进

1. 炮二平五　炮8平5　　2. 马二进三　马8进7
3. 马八进七　车9进1　　4. 兵三进一　马2进3
5. 兵七进一　车1进1　　6. 炮八进二　车9平4
7. 仕四进五　车1平3　　8. 马七进六　卒3进1
9. 炮五平六　马3进4　　10. 兵七进一　车3进3
11. 相七进五　炮5平4　　12. 炮八平七　炮4进3
13. 车九平八　车4平2　　14. 炮六平七　车3平1
15. 后炮进七　士4进5　　16. 前炮平九　车1平3
17. 车一平二　炮2进5　　18. 车二进七　炮4进1
19. 炮七平四　马4进3　　20. 帅五平四　炮4进2
21. 车二平三　炮4平2　　22. 车八平七　后炮平7
23. 炮四退一　炮2进1　　24. 帅四进一　车2进5
25. 车七进三　车3进2　　26. 炮四平七　车2平3
27. 车三平八　炮2平1　　28. 车八进二　士5退4
29. 车八退九　车3退6　　30. 炮九退一　炮1退1
31. 帅四退一　车3进6　　32. 兵五进一　炮7退1
33. 炮九进一　将5进1　　34. 车八进八　将5进1
35. 车八退二　车3平6　　36. 帅四平五　将5平6
37. 炮九平四　车6平3　　38. 兵五进一　将6退1
39. 炮四平五　将6退1　　40. 炮五平三　炮7平5
41. 兵五平四　车3退2　　42. 炮三平二　炮1平3

第333局　卜凤波 和 申鹏

1. 炮二平五　炮8平5
2. 马二进三　马8进7
3. 马八进七　车9进1
4. 兵三进一　马2进3
5. 兵七进一　车1进1
6. 车一平二　车1平4
7. 仕六进五　车4进5
8. 相七进九　车9平6
9. 车九平七　车6进5
10. 马三进二　车6平7
11. 炮八进二　卒7进1
12. 马二进三　卒7进1
13. 马七进六　车4平2
14. 马六进四　卒7平6
15. 马三进五　炮2平5
16. 马四进二　士6进5
17. 炮八平四　车7平6
18. 车二进四　炮5进4
19. 兵七进一　卒5进1
20. 兵七平六　卒5进1
21. 车七进六　马3进5
22. 兵六平五　车6退1
23. 车二平四　卒5平6
24. 兵五进一　马7进5
25. 相九退七　卒6平5
26. 马二进三　将5平6
27. 马三退四　车2退1
28. 车七平九　马5进3
29. 车九平六　车2平4
30. 车六退二　卒5平4
31. 帅五平六　卒4进1
32. 炮五平四　将6平5
33. 马四进三　将5平6
34. 马三退四　将6平5
35. 马四进三　将5平6
36. 马三退二

第334局　胡荣华 胜 洪家川

1. 炮二平五　炮8平5
2. 马二进三　马8进7
3. 马八进七　车9进1
4. 兵三进一　马2进3
5. 兵七进一　车1进1
6. 仕四进五　车1平4
7. 马三进四　车9平6
8. 炮八进二　车6进3
9. 炮五平四　车6平8
10. 相三进五　卒3进1
11. 兵三进一　车8平7
12. 兵七进一　车7平3

13. 马四进三 车3平7　14. 炮八平三 马3进2
15. 车一平三 炮5平3　16. 炮三平五 车7平5
17. 马三退五 士4进5　18. 马五退三 车4进3
19. 炮五平八 炮2平1　20. 马三进二 象7进5
21. 车三进四 炮1退1　22. 车九平八 炮3平4
23. 马二进四 炮4平6　24. 车三进三 炮1进1
25. 炮八平二 车4平8　26. 车八进五 车8进1
27. 车三退一

第335局 胡明 负 李来群

1. 炮二平五 炮8平5　2. 马二进三 马8进7
3. 兵三进一 车9进1　4. 马八进七 马2进3
5. 兵七进一 车1进1　6. 车一进一 车1平4
7. 车九进一 车4进5　8. 车一平六 车9平4
9. 车六进二 车4进5　10. 炮八退一 炮2进4
11. 炮八平三 车4平3　12. 车九进一 车3退1
13. 炮三平七 炮2平3　14. 炮七进二 车3进1
15. 马三进四 卒3进1　16. 炮五平三 炮5进4
17. 马七进五 车3平5　18. 相七进五 卒5进1
19. 炮三退一 车5平6　20. 马四进三 车6进2
21. 炮三进一 卒5进1　22. 车九平六 马7进5
23. 仕六进五 车6退2　24. 车六进四 马5进4
25. 炮三平一 车6平1　26. 炮一进四 马4进2
27. 炮一退二 卒5进1　28. 兵三进一 卒5进1
29. 相三进五 马2进3　30. 车六退五 前马退4
31. 马三进二 士6进5　32. 炮一平五 马3进5
33. 马二退四 将5平6　34. 马四进三 马5进7
35. 炮五平三 马4退6　36. 车六进一 车1平9
37. 相五退三 将6平5　38. 车六进二 马6退5

39. 车六进二　车9平8　40. 炮三平八　车8平2
41. 炮八平二　车2平8　42. 炮二平八　车8退6
43. 炮八进二　马5进6　44. 车六平四　马7进8

第336局　吕钦 胜 李曰纯

1. 炮二平五　炮8平5　2. 马二进三　马8进7
3. 兵三进一　车9进1　4. 马八进七　马2进3
5. 兵七进一　车1进1　6. 炮八平九　车1平4
7. 车九平八　车4进5　8. 车一平二　车4平3
9. 车八进二　车9平6　10. 仕四进五　卒3进1
11. 炮九进四　卒3进1　12. 炮九平七　卒3平2
13. 炮七进三　士4进5　14. 车八进二　马3进4
15. 车八进三　车3退6　16. 车二进五　马4退3
17. 车八退三　马3进1　18. 车八进二　车3进7
19. 车八平九　炮5平3　20. 相七进九　车6进7
21. 炮五平六　卒7进1　22. 车二退一　车6退4
23. 相三进五　象7进5　24. 相九进七　车6平3
25. 马三进四　前车退1　26. 车九进三　士5退4
27. 马四进三　象5退7　28. 车二进四　前车平4
29. 车二平三　炮3进3　30. 车三退一　炮3进2
31. 车三平四　士6进5　32. 车四进一　炮3平5
33. 帅五平四　车4退2　34. 炮六进七　车4平6
35. 仕五进四　炮5平1　36. 车九平八　士5退4
37. 兵三进一　车6退3　38. 马三进四　车3平7
39. 马四进六　炮1进2　40. 仕六进五　车7进5
41. 帅四进一　将5进1　42. 马六退七　将5平6
43. 马七退五

第四章　其他变例

第337局　傅光明 胜 徐伟敏

1.	炮二平五	炮8平5	2.	马二进三	马8进7
3.	兵三进一	车9平8	4.	马八进七	马2进3
5.	兵七进一	车8进4	6.	车一平二	车8平6
7.	马七进六	车6平4	8.	炮八进二	卒3进1
9.	炮五平六	卒3进1	10.	炮六进三	马3进4
11.	马六进四	卒3平2	12.	相七进五	车1进1
13.	车九平七	车1平6	14.	车二进五	卒7进1
15.	马四进三	炮2平7	16.	车二平三	马4进5
17.	马三进二	炮7进3	18.	仕六进五	车6平8
19.	马二退一	炮7平5	20.	车七进六	马5退3
21.	车三平六	马3退5	22.	马一进三	前炮进1
23.	马三进四	车8进5	24.	车七退三	前炮平6
25.	车七进六	士6进5	26.	车七退三	炮6进2
27.	车七平五	马5进4	28.	马四进二	马4进3
29.	帅五平六	车8平6	30.	仕五进四	将5平6
31.	车六退四	车6平4	32.	车六进二	马3退4
33.	车五平六	炮5平4	34.	帅六平五	炮4平5
35.	帅五平六	炮5平4	36.	帅六平五	炮4平5
37.	仕四退五	马4进3	38.	帅五平六	炮6退6
39.	马二进四	士5进6	40.	车六进三	炮5退2
41.	车六退三	卒1进1	42.	车六平一	卒2进1
43.	车一平七	马3退4	44.	车七平六	马4退3
45.	车六平四	炮5平4	46.	车四进一	将6平5

47. 帅六平五　卒2平1
48. 相五进七　后卒进1
49. 车四退二　马3退4
50. 车四平九　后卒平2
51. 车九退二　卒2平3
52. 车九平五　将5平6
53. 仕五进六

第338局　尤颖钦 和 伍霞

1. 炮二平五　炮8平5
2. 马二进三　马8进7
3. 兵三进一　车9平8
4. 马八进七　马2进3
5. 兵七进一　车8进4
6. 车一平二　车8进5
7. 马三退二　车1进1
8. 炮八平九　车1平8
9. 马二进三　车8进3
10. 车九平八　卒7进1
11. 兵三进一　车8平7
12. 炮五退一　马7进8
13. 炮五平三　马8进7
14. 相七进五　炮5平7
15. 马七进六　炮2平1
16. 炮九平七　炮1进4
17. 兵七进一　车7平3
18. 炮三平七　车3平4
19. 马六进八　炮1进1
20. 马三退一　车4进4
21. 后炮进五　马3退1
22. 仕四进五　马7进6
23. 后炮退二　马6退5
24. 车八进三　炮7平5
25. 车八平九　车4退4
26. 马八进七　马1进3
27. 后炮进七　炮1平3
28. 前炮退五　马5进3
29. 车九平七　马3退5
30. 炮七平一　车4平9
31. 炮一平九　车9进2
32. 炮九退五　马5进7

第339局　于幼华 负 李鸿嘉

1. 炮二平五　炮8平5
2. 马二进三　马8进7
3. 兵三进一　车9平8
4. 马八进七　马2进3
5. 车一进一　车8进4
6. 车一平六　卒3进1
7. 车九进一　士4进5
8. 马三进四　车8平6

9. 车六进三 卒5进1
10. 马四退三 卒7进1
11. 车九平六 马3进5
12. 前车平四 车6进1
13. 马三进四 卒7进1
14. 马四进五 马7进5
15. 炮八进三 象3进1
16. 车六进五 马5进7
17. 兵七进一 马7退6
18. 兵七进一 车1平3
19. 车六平七 炮2平3
20. 炮八平五 炮3进2
21. 车七进三 象1退3
22. 马七进八 将5平4
23. 前炮平六 炮3平2
24. 炮六退四 炮2平7
25. 马八进六 将4平5
26. 炮六平九 卒1进1
27. 兵五进一 炮7进5
28. 仕四进五 马6进7
29. 兵五进一 卒7平6
30. 兵五平四 马7进8
31. 炮五进四 炮7退6
32. 相七进五 象3进1
33. 帅五平四 象1进3
34. 炮九进四 炮7退1
35. 炮九平八 卒6平5
36. 兵四进一 将5平4
37. 炮八退四 马8退7
38. 炮五退一 马7进6
39. 炮五平七 炮7进2
40. 炮七平三 马6退7
41. 相五进三 炮5平9
42. 炮八进四 马7退8
43. 兵四平三 马8进9
44. 马六进四 马9退7
45. 炮八平六 将4平5
46. 马四退五 炮9进4
47. 马五进四 炮9平6
48. 炮六退四 马7进6
49. 马四进三 将5平4
50. 兵九进一 卒9进1
51. 马三退二 炮6平2
52. 仕五进六 炮2平4
53. 炮六平三 象7进5
54. 兵九进一 炮4退3
55. 兵九平八 士5进4
56. 马二进三 象5退3
57. 兵八平七 士6进5
58. 炮三平七 象3进1
59. 兵七进一 炮4进1
60. 炮七进三 卒9进1
61. 炮七平六 卒9进1
62. 帅四平五 卒9平8

第340局　欧阳琦琳 和 文静

1. 炮二平五　炮8平5　**2.** 马二进三　马8进7
3. 马八进七　车9平8　**4.** 兵三进一　马2进3
5. 兵七进一　车8进4　**6.** 车一平二　车8进5
7. 马三退二　车1进1　**8.** 车九进一　车1平4
9. 马二进三　车4进3　**10.** 车九平七　卒3进1
11. 马七退五　车4进3　**12.** 兵七进一　车4平2
13. 兵七进一　马3退5　**14.** 兵七进一　炮2进2
15. 兵七平六　车2平4　**16.** 兵六平五　象3进5
17. 车七进五　车4退3　**18.** 马五进七　卒7进1
19. 马三进四　车4平3　**20.** 车七退一　象5进3
21. 兵三进一　炮2平7　**22.** 马四进五　马7进5
23. 炮五进四　马5进3　**24.** 炮五退一　将5进1
25. 马七进八　将5平4　**26.** 相三进五　士4进5
27. 炮五平四　炮7退2　**28.** 兵五进一　将4退1
29. 兵五进一　象3退5　**30.** 马八进七　炮7平9
31. 炮四退二　炮9进4　**32.** 炮四平七　象5进3
33. 兵九进一　炮9平5　**34.** 仕六进五　将4平5
35. 帅五平六　象7进5　**36.** 炮七平六　卒9进1
37. 炮六进三　炮5平4　**38.** 帅六平五　士5进6
39. 炮六退二　炮4平3　**40.** 相五进七　炮3平5
41. 相七进五　士6进5

第341局　李鸿嘉 和 卜凤波

1. 炮二平五　炮8平5　**2.** 马二进三　马8进7
3. 兵三进一　车9平8　**4.** 马八进七　马2进3
5. 车一进二　卒3进1　**6.** 炮八进四　马3进4

7. 炮八平三 炮2平3
8. 车一平二 卒3进1
9. 车二进七 马7退8
10. 兵七进一 炮3进5
11. 炮五进四 士4进5
12. 车九进二 炮3退1
13. 相三进五 象3进1
14. 车九平六 车1平4
15. 炮五平一 马4退3
16. 车六进七 将5平4
17. 兵一进一 马8进9
18. 炮三退一 马3进5
19. 仕四进五 炮3平2
20. 炮一平九 马9进8
21. 兵五进一 炮2进3
22. 炮三平五 马5退3
23. 炮九平八 马3进4
24. 炮八平三 马8退6
25. 炮五平四 马4进3
26. 兵五进一 炮5进5
27. 仕五进六 马6退4
28. 炮三平六 马4进2
29. 兵七进一 马2进3
30. 炮六平七 前马退5
31. 炮七退二 马5进6
32. 帅五进一 炮5平7
33. 相七进五 象1进3
34. 炮四平七 炮7退1
35. 后炮平六 炮7平5
36. 帅五平六 炮2退3
37. 炮七退二 炮2进1
38. 仕六退五 马6退5
39. 兵五平六 将4平5
40. 炮七进一 马5进7
41. 炮六退一 炮5平1
42. 炮六平四 炮1平5
43. 兵一进一 象7进5
44. 炮七平八 马7进6
45. 兵六进一 炮5退1
46. 仕五进四 马6退8
47. 炮四平五 炮5进2
48. 兵三进一 马8退7
49. 炮八平四 将5平4
50. 炮五平六 将4平5
51. 炮六平五 马7进6
52. 帅六进一 马6退8
53. 炮四退一 马8退7
54. 炮四退一 马7进5
55. 帅六平五 炮2平6
56. 炮五进四 士5进6
57. 兵六平五 马5退7
58. 帅五平四 马7退5
59. 帅四退一 将5进1
60. 炮五平九 马5进4
61. 炮九退六 将5退1
62. 兵一进一 马4退6
63. 帅四退一 士6进5
64. 炮九平三 士5进4
65. 仕六进五 士6退5
66. 炮三进四 马6进4

67. 炮三平五　将5平4　　68. 炮五退一　马4退5
69. 炮五进一　马5进7　　70. 兵一平二　士5退6
71. 炮五平六　士4退5　　72. 兵二平三　马7进6
73. 仕五退六　士5进6　　74. 兵三平四　士6进5
75. 炮六退四　马6退7　　76. 仕六进五　马7进5
77. 兵四平五　马5退7　　78. 兵五平六　将4平5
79. 炮六退一　马7进6　　80. 帅四进一　马6进8
81. 帅四进一　马8退7　　82. 帅四平五　马7进5
83. 仕五进六　马5退6　　84. 帅五退一　马6进7
85. 兵六进一　马7退5　　86. 帅五进一　马5进3
87. 帅五退一　马3进2　　88. 炮六进一　马2退4
89. 兵六进一　马4退5

第342局　赵国荣 和 许银川

1. 炮二平五　炮8平5　　2. 马二进三　马8进7
3. 兵三进一　车9平8　　4. 马八进七　马2进3
5. 车一进二　车1进1　　6. 炮八平九　炮2进4
7. 车九进一　卒3进1　　8. 车九平六　车8进1
9. 车一退一　车8平4　　10. 车六进七　车1平4
11. 车一平八　炮2退2　　12. 车八进三　车4进5
13. 兵七进一　车4平3　　14. 兵七进一　炮2平1
15. 车八退二　炮1进3　　16. 相七进九　车3退2
17. 炮五退一　车3平4　　18. 马三进四　车4进3
19. 炮五进一　马3进4　　20. 仕四进五　车4进1
21. 马四进三　车4退2　　22. 车八进三　马4进5
23. 车八平七　马5退7　　24. 马三进五　象3进5
25. 车七平三　车4平7　　26. 相三进一　车7进1
27. 车三退一　车7平5　　28. 马七进六　车5平1
29. 车三进三　车1退1　　30. 兵一进一　车1退2

31. 马六进七　车1平4
32. 马七进九　车4平3
33. 车三退一　车3退2
34. 马九进八　车3退1
35. 车三平五　车3平2
36. 车五平一　卒1进1
37. 车一平九　车2退1

第343局　陈寒峰 负 申鹏

1. 炮二平五　炮8平5
2. 马二进三　马8进7
3. 兵三进一　车9进1
4. 马八进七　马2进3
5. 兵七进一　车9平4
6. 车一进一　车1进1
7. 马三进四　车4平6
8. 马四进六　车1平3
9. 马六退八　炮2进5
10. 炮五平八　卒5进1
11. 马八进七　炮5退1
12. 车一平六　车6进2
13. 兵七进一　车3平2
14. 车九平八　车2进5
15. 后马进六　车2平5
16. 仕六进五　车6平4
17. 炮八进四　车4退2
18. 炮八平三　马7进5
19. 马六进四　车4进7
20. 马四退五　车4平3
21. 马五进四　车3退4
22. 马四进二　马5退6
23. 炮三平一　卒5进1
24. 相七进五　车3平9
25. 炮一进二　炮5平9
26. 马二进一　车9退3
27. 车八进四　车9进5
28. 车八平五　士6进5
29. 兵九进一　车9平1
30. 兵三进一　马6进5
31. 兵三平四　马5进3
32. 车五平七　象7进5
33. 兵四平五　车1退1
34. 车七平九　前马进1
35. 马七退八　马3进2
36. 仕五进六　马1进2
37. 仕四进五　将5平6
38. 兵五平四　卒1进1
39. 马八进六　卒1进1
40. 马六退五　后马进4
41. 兵四进一　马4进6
42. 仕五进四　卒1平2
43. 仕六退五　马2退4
44. 马五进四　卒2平3
45. 马四退三　卒3平4
46. 马三进四　卒4平5

47. 兵四平五　象5进7　48. 马四进三　将6平5
49. 马三退四　卒5平6　50. 兵五平四　马4退5
51. 兵四平五　士5进6　52. 马四进三　士4进5
53. 帅五平六　象3进5　54. 兵五平四　象5退7
55. 马三退一　象7进9　56. 马一进三　马6退4
57. 马三退一　马5进4　58. 帅六平五　卒6进1
59. 马一退二　前马退6　60. 帅五平六　卒6平7
61. 帅六平五　卒7平8　62. 帅五平六　马6进7
63. 马二进一　卒8进1　64. 帅六平五　卒8进1
65. 相五进七　卒8平7　66. 帅五平四　将5平4
67. 相三进五　马4进6　68. 马一进三　马7退8
69. 兵四平五　马6进8　70. 帅四平五　卒7平6
71. 兵五平六　前马退6　72. 帅五平六　象9退7
73. 帅六平五　马6退4　74. 帅五平六　将4平5
75. 帅六平五　马8退7　76. 马三退一　象7退9
77. 帅五平六　马4退6　78. 兵六平五　马7退8

第344局　许银川 胜 黄仕清

1. 炮二平五　炮8平5　2. 马二进三　马8进7
3. 兵三进一　车9进1　4. 马八进七　马2进3
5. 兵七进一　车9平4　6. 车一平二　车1进1
7. 相七进九　车4进5　8. 马三进四　车4平3
9. 车九平七　卒3进1　10. 车二进五　车1平6
11. 炮八进二　卒7进1　12. 车二平三　马7进6
13. 兵七进一　象7进9　14. 车三平二　车3退2
15. 炮五平四　炮2进2　16. 车二进二　炮2退2
17. 车二退二　炮2进2　18. 车二进二　炮2退2
19. 车二退二　马3进4　20. 马四退六　马6退7
21. 马六进七　马7进8　22. 前马进六　将5进1

23. 仕六进五 车6进4
24. 炮八平五 炮5进3
25. 兵五进一 车6退3
26. 马六退七 车6进2
27. 后马进八 炮2平5
28. 兵五进一 炮5进2
29. 帅五平六 炮5进2
30. 车七进二 马8退7
31. 车七平六 马4进3
32. 车六进六 将5退1
33. 车六进一 将5进1
34. 马七进九 车6退2
35. 炮四平七 马3退2
36. 车六退四

第345局 刘殿中 胜 陆峥嵘

1. 炮二平五 炮8平5
2. 马二进三 马8进7
3. 兵三进一 车9进1
4. 马八进七 马2进3
5. 兵七进一 车9平4
6. 马三进四 车1进1
7. 车一进一 车1平3
8. 炮八退一 车4进6
9. 车九进二 车3平6
10. 马四进三 车6进2
11. 炮八平三 士6进5
12. 车九平八 将5平6
13. 仕四进五 炮5进4
14. 炮三平四 车6平7
15. 车一平三 将6平5
16. 兵三进一 车7平8
17. 炮四进一 车8平6
18. 车三进一 车4退5
19. 马七进五 车6进3
20. 车八进五 车6平5
21. 兵三进一 马7退6
22. 兵三平四 象7进5
23. 车三进四 卒3进1
24. 兵七进一 象5进3
25. 炮五进四 象3退5
26. 车三平一 车5平6
27. 炮四平七 象3进1
28. 车八平九 车6平1
29. 兵四进一 车1平6
30. 炮五退四

第346局 郭莉萍 胜 姚倩

1. 炮二平五 炮8平5
2. 马二进三 马8进7
3. 兵三进一 车9进1
4. 马八进七 马2进3

5. 兵七进一　车9平4　6. 马三进四　车1进1
7. 车一进一　车4平6　8. 马四进六　车1平3
9. 车一平六　卒3进1　10. 马六进五　炮2平5
11. 兵七进一　马3退1　12. 炮八进七　士6进5
13. 车九进二　车3进3　14. 车九平八　马1进3
15. 炮八平九　马3进2　16. 相七进九　炮5平2
17. 马七进八　车6进4　18. 车六进四　车6退1
19. 车六进三　车6进1　20. 车八平七　车6退1
21. 车七进三　车6平3　22. 车六退三　车3平4
23. 马八进六　马2进4　24. 炮五平三　马7退9
25. 炮三进四　卒1进1　26. 炮九退一　士5退6
27. 马六进八　马9进7　28. 兵三进一　士6进5
29. 相九进七　马7退6　30. 炮三平二　马6进5
31. 兵五进一　马5退3　32. 马八退六　炮2平5
33. 炮二退二　马4进3　34. 炮九退二　后马进4
35. 炮九平五

第347局　肖革联 胜 陈信安

1. 炮二平五　炮8平5　2. 马二进三　马8进7
3. 兵三进一　车9进1　4. 马八进七　马2进3
5. 兵七进一　车9平4　6. 车一平二　车1进1
7. 相七进九　车4进5　8. 仕六进五　卒3进1
9. 车二进五　卒5进1　10. 兵七进一　马3进5
11. 马三进四　车4平3　12. 车九平七　车1平3
13. 炮八进四　后车进3　14. 炮八平三　前车进1
15. 车七平八　卒5进1　16. 车二平七　马5进3
17. 兵五进一　车3退1　18. 车八进六　炮2平4
19. 车八平七　士6进5　20. 兵五进一　马3进5
21. 兵五进一　车3退3　22. 炮三平七　炮4进3

23. 马四进三 炮5平1 **24.** 炮五平七 象7进5
25. 兵五进一 象3进5 **26.** 马三进五 士5进4
27. 马五进三 将5进1 **28.** 后炮平五 马5退6
29. 马三退一 马6进7 **30.** 马一退三 将5平6
31. 炮七进一 将6退1 **32.** 相三进一 前马进9
33. 炮七平三 炮1平7 **34.** 马三进五 士4进5
35. 马五退四 炮7进5 **36.** 马四退六 炮7平1
37. 仕五进六 炮1进2 **38.** 马六进四 卒9进1
39. 马四进三 将6进1 **40.** 炮五平四 炮1平2
41. 马三退四 士5进6 **42.** 马四进二 士6退5
43. 马二退四 士5进6 **44.** 炮四进一 卒9进1
45. 马四进二 士6退5 **46.** 马二退一 马9进7
47. 马一进二 马7退8 **48.** 炮四退二 炮2退9
49. 马二退三 将6退1 **50.** 仕四进五 马8退9
51. 马三进四 将6平5 **52.** 仕五进四 将5平4
53. 炮四平九 马9进7 **54.** 炮九进五 炮2进3
55. 相一进三 炮2平5 **56.** 炮九平六 将4平5
57. 帅五平六 马7退6 **58.** 炮六退一 马6进4
59. 兵九进一 马4退2 **60.** 帅六平五 马2进3
61. 兵九进一 马3进2 **62.** 兵九进一 马2进4
63. 帅五平四 马4退3 **64.** 相三退五 马3退5
65. 相五退七 士5进6 **66.** 兵九平八 炮5退2
67. 马四进二 马5进7 **68.** 仕四退五 炮5进3
69. 马二退三 士6退5 **70.** 炮六进一 马7进9
71. 炮六平五 将5平4 **72.** 马三退二 马9进8
73. 马二退三 马8退9 **74.** 马三进二 马9进8
75. 马二退三 马8退9 **76.** 相七进五 马9进7
77. 帅四平五 炮5进2 **78.** 兵八平七 马7进5
79. 兵七进一 马5退7 **80.** 帅五平六 马7退6
81. 炮五退二 炮5平9 **82.** 马三进四 炮9退2

83. 马四进六 炮9平4
84. 帅六平五 马6退5
85. 马六进八 马5进3
86. 马八进九 炮4平5
87. 炮五退一 士5进6
88. 马九退七 炮5进3
89. 兵七平六 将4平5
90. 兵六进一 炮5平7
91. 马七退五 将5平6
92. 帅五平四 炮7退6
93. 炮五平四 炮7平6
94. 炮四进五 马3退5
95. 炮四平五

第348局 杨剑 胜 张影富

1. 炮二平五 炮8平5
2. 马二进三 马8进7
3. 兵三进一 车9平8
4. 马八进七 马2进3
5. 车一进一 车8进4
6. 车一平六 卒7进1
7. 兵三进一 车8平7
8. 炮五退一 车7平6
9. 兵七进一 马7进8
10. 车六进七 炮5平7
11. 相七进五 士4进5
12. 炮五平七 马8进7
13. 马七进六 车6平2
14. 炮八平六 车1平2
15. 炮七进二 马7退6
16. 兵七进一 前车平3
17. 马六进四 车3平6
18. 炮七进四 炮2进7
19. 仕六进五 车6进4
20. 马三进二 炮7进2
21. 车六退三 炮7平5
22. 炮六退一 炮5进3
23. 帅五平六 车6退6
24. 马二进四 炮5平8
25. 炮六进三 车6平3
26. 炮六平五 象3进1
27. 车九进二 炮8平6
28. 车九平八 车3退2
29. 车八进七 车3平2
30. 仕五进四

第四部分　网络对局精选

第349局　棋魂开心（月将）胜 大师讲棋（人王）

1. 炮二平五　炮8平5
2. 马二进三　车9进1
3. 车一平二　马8进7
4. 马八进七　车9平4
5. 兵三进一　马2进3
6. 兵七进一　炮2平1
7. 车九平八　车4进5
8. 马三进四　车4平3
9. 马四进六　车3进1
10. 马六进七　炮1进4
11. 炮八进七　炮5进4
12. 仕四进五　炮1平3
13. 相七进九　车3平1
14. 车二进七　马7退5
15. 炮八平六　后车进2
16. 炮六退一　前车平4
17. 帅五平四　车4退6
18. 车二平四　马5进7
19. 炮五平九　炮3平1
20. 车八进三　车4平3
21. 车四平三　车1平3
22. 车三平七　车3进1
23. 车八平五　车3平6
24. 帅四平五　炮1退2
25. 车五进三　象7进5
26. 相三进五　炮1平2
27. 车五平三　车6进3
28. 炮九平八　车6平5
29. 仕五进六　炮2平5
30. 车三平五　士6进5
31. 炮八进七　象3进1
32. 炮八退四　车5进2
33. 仕六进五　炮5进1
34. 车五退一　将5平6
35. 炮八退一　炮5进1
36. 炮八进二　卒9进1
37. 车五进二　象1退3
38. 车五进一　炮5退4

39. 炮八进三　象3进1　　40. 兵三进一　车5退4
41. 炮八退六　象1退3　　42. 兵三平四

第350局　强强爱疯了（5段）胜 北工大胡欣（月将）

1. 炮二平五　炮8平5　　2. 马二进三　马8进7
3. 车一平二　卒7进1　　4. 马八进七　卒3进1
5. 车九进一　炮2平3　　6. 车二进四　车9平8
7. 车二平八　马2进1　　8. 车九平六　炮3进4
9. 仕六进五　炮3进3　　10. 马七进六　车8进5
11. 相三进一　车8进1　　12. 马六进五　车8退3
13. 兵三进一　马7进5　　14. 车六进五　炮3平2
15. 炮八平六　车1平2　　16. 车八进五　马1退2
17. 炮五进四　士6进5　　18. 炮六平七　炮2平3
19. 兵三进一　马2进3　　20. 炮七进五　炮3退7
21. 马三进四　卒1进1　　22. 帅五平六　将5平6
23. 车六平七　炮3平4　　24. 车七退一　车8平6
25. 车七平四　车6进1　　26. 兵三平四　炮5进4
27. 炮五平九　炮5平3　　28. 兵四进一　炮3退3
29. 兵四平五　炮4平9　　30. 马四进二　卒9进1
31. 炮九平八　炮9平1　　32. 炮八退一　炮1进4
33. 炮八平一　卒1进1　　34. 马二进三　将6平5
35. 炮一进四　象7进5　　36. 兵一进一　卒1平2
37. 马三进二　士5退6　　38. 兵一进一　卒2平3
39. 兵五平四　炮1平8　　40. 兵四进一　炮8退5
41. 兵四进一

第351局　龙城无名子（无极）胜 缘分社族长（风魔）

1. 炮二平五　炮8平5　　2. 马二进三　马8进7

3. 车一平二 马2进3
4. 马八进七 炮2进2
5. 兵七进一 炮2平7
6. 马七进八 炮7进3
7. 炮八平三 炮5进4
8. 仕六进五 车1平2
9. 马八退七 炮5退2
10. 车二进六 卒7进1
11. 车二平三 马7退5
12. 炮五进一 马5进4
13. 相七进五 马4进5
14. 炮五进二 卒5进1
15. 车九平六 车9进2
16. 车三进三 车2进4
17. 兵三进一 卒7进1
18. 车三退五 卒3进1
19. 兵七进一 车2平3
20. 车六进六 车9平6
21. 车六平一 车6进4
22. 兵九进一 象3进5
23. 兵一进一 马5进3
24. 车三进三 象5退3
25. 车一退一 前马进1
26. 车三平六 车6平7
27. 炮三平二 车7平8
28. 炮二平三 车8平3
29. 车六退六 象3进5
30. 车六平八 前车平7
31. 炮三平二 车7平8
32. 炮二平四 马1退3
33. 车八进五 士4进5
34. 炮四平三 车8进1
35. 炮三进五 车8退2
36. 车八进一 前马退2
37. 马七进五 车8平1
38. 马五进七 将5平4
39. 仕五退六 车1平2
40. 炮三平二 象5退7
41. 车一平三 车2进3
42. 车三进二 马2进1
43. 马七退八 车2进1
44. 仕四进五

第352局 八匹马二（人王）胜 dmdmdmdm（日帅）

1. 炮二平五 炮8平5
2. 车一进一 马8进7
3. 马二进三 车9平8
4. 车一平六 车8进4
5. 马八进七 卒3进1
6. 兵三进一 马2进3
7. 车九进一 士6进5
8. 车六进五 炮5平6
9. 车九平四 象3进5
10. 车四进五 车1平3
11. 兵五进一 马3进4
12. 兵五进一 车8平5

13. 车四退三　炮2进4　　14. 马七进五　车5平8
15. 车六平五　马4进5　　16. 马三进五　马7退8
17. 车四进一　马8进9　　18. 马五退三　炮2退4
19. 炮八进三　卒3进1　　20. 炮八平五　炮2平4
21. 兵七进一　马9退7　　22. 马三进五　炮6进1
23. 马五进六　炮6退1　　24. 马六进八　炮4退1
25. 车四进三　士5进6　　26. 车五进一　士6退5
27. 车五进一　将5平6　　28. 车五平三　车8平5
29. 车三平六　车3进3　　30. 车六进一　车5退4
31. 车六退五　车5进7　　32. 相七进五　车3平2
33. 车六进五　将6进1　　34. 车六平三　车2平5
35. 车三平一　车5平6　　36. 仕四进五　卒9进1
37. 车一退四　将6平5　　38. 车一进一　车6进3
39. 兵七进一　车6平1　　40. 兵七进一　车1平3
41. 车一平三　卒1进1　　42. 兵一进一　卒1进1
43. 兵一进一　车3退2

第353局　一生有棋（无极）胜 宇宙战神二（5f）

1. 炮二平五　炮8平5　　2. 马二进三　马8进7
3. 车一平二　卒7进1　　4. 马八进七　马2进3
5. 兵七进一　炮2进4　　6. 马七进八　车9进1
7. 车九进一　车9平4　　8. 车九平七　车4进6
9. 炮八平九　车4退5　　10. 仕四进五　炮2进3
11. 车七平八　炮2平1　　12. 马八进七　车4进1
13. 炮九平七　车1平2　　14. 车八进八　马3退2
15. 车二进四　炮5平2　　16. 车二平六　炮2进7
17. 仕五退四　车4进2　　18. 马七退六　炮1平3
19. 帅五进一　象3进5　　20. 炮五进四　马7进5
21. 马六进五　炮3退4　　22. 兵五进一　炮2退3

23. 兵九进一 炮2退1
24. 兵五进一 炮3平1
25. 兵五平四 炮2平5
26. 帅五平六 炮5进4
27. 马五进三 炮5平7
28. 前马退一 马2进3
29. 炮七平五 士4进5
30. 马一退三 炮1平4
31. 前马进四 将5平4
32. 马四退五 炮7退3
33. 马五进七 炮4退4
34. 兵一进一 炮7平4
35. 帅六平五 后炮进8
36. 马三进五 后炮退5
37. 马五进六 后炮进2
38. 马六退七 后炮平8
39. 后马进八 马3进5
40. 马七退五 马5进3
41. 马八进七 将4进1
42. 炮五平六 卒1进1
43. 马五退六 马3退4
44. 马六退四 马4进3
45. 帅五退一 炮4平1
46. 马七退六 士5进4
47. 马六进四 士4退5
48. 后马进六 马3退4
49. 兵一进一 炮1退3
50. 兵一进一 炮8进6
51. 帅五进一 炮8退9
52. 马六进八 马4进3
53. 马八进七 将4退1
54. 马七进八 将4进1
55. 炮六进二 马3进4
56. 帅五平四 士5进6
57. 马八退七 将4平5
58. 炮六平五 象5进3
59. 兵四平五 象7进5
60. 兵五平六 象5退3
61. 马七退五 象3进5
62. 马五进四 马4退5
63. 前马退二 将5平6
64. 炮五平四 马5退6
65. 马二进四 炮8进2
66. 前马进二

第354局 四海铁血（无极）和 楚水苑战神（天罡）

1. 炮二平五 炮8平5
2. 马二进三 马8进7
3. 车一平二 卒7进1
4. 马八进七 马2进3
5. 兵七进一 车9进1
6. 车二进四 车1进1
7. 车二平六 车1平4
8. 车九进一 马7进6
9. 车六平四 车4进3
10. 兵五进一 马6退7

11. 兵三进一　车9平8　12. 车九平四　士4进5
13. 马三进五　车8进5　14. 仕六进五　卒3进1
15. 兵三进一　车4平7　16. 炮八进一　车8退6
17. 后车进二　马3进4　18. 兵五进一　马4进5
19. 马七进五　炮5进2　20. 前车平六　象3进5
21. 炮五进三　车7平5　22. 相三进五　卒3进1
23. 马五进七　车5平6　24. 车四平七　车6平3
25. 炮八退二　车8进4　26. 车七平八　炮2进6
27. 车八退二　车8平4　28. 车六平三　车4平7
29. 车三进一　车3平7　30. 兵一进一　车7平4
31. 车八进八　士5退4　32. 车八退三　象5进3
33. 车八平九　车4进1　34. 马七退八　车4平9
35. 车九平六　士6进5　36. 马八进九　车9退1
37. 马九进八　将5平6　38. 兵九进一　车9平6
39. 兵九进一　卒9进1　40. 兵九进一　车6退1
41. 马八进七　马7进6　42. 车六退一　象3退5
43. 兵九平八　卒9进1　44. 兵八平七　马6进8
45. 车六平一　车6平9

第355局　十九级台风（北斗）负 逸方闲（无极）

1. 炮二平五　炮8平5　2. 马二进三　马8进7
3. 车一平二　卒7进1　4. 马八进七　马2进3
5. 兵七进一　车9进1　6. 车二进四　车1进1
7. 兵三进一　卒7进1　8. 车二平三　车9平7
9. 车三进一　马7退9　10. 车三进三　车1平7
11. 马七进六　炮2退1　12. 炮五平六　车7进4
13. 马六进四　车7退1　14. 马四进五　象3进5
15. 相七进五　炮2平7　16. 车九平七　马9进7
17. 炮八退一　车7平2　18. 炮八平七　卒5进1

19. 炮七进五 马3进5
20. 车七进一 车2退1
21. 炮七进二 车2进3
22. 车七平四 卒5进1
23. 兵五进一 马5进7
24. 仕四进五 前马进5
25. 帅五平四 炮7进6
26. 炮六平三 士4进5
27. 车四进三 车2平5
28. 兵一进一 马7进8
29. 车四平二 车5平6
30. 帅四平五 马8进6
31. 兵九进一 马6进8
32. 炮三平二 马5退7
33. 车二平三 马8退6
34. 炮七平六 马6进4
35. 炮二平三 马7退5
36. 炮三进一 车6进2
37. 车三平五 马5进7
38. 车五退一 马7进6
39. 炮三进一 马6进7
40. 车五平三 车6平5
41. 帅五平四 车5进1
42. 帅四进一 马4退6
43. 炮三退三 马6进5
44. 帅四进一 马5进4
45. 炮三平六 士5进4
46. 后炮平五 士4退5
47. 炮五平六 士5进4
48. 前炮平四 车5退4
49. 车三平四 车5平3
50. 炮六平五 士4退5
51. 炮四平二 车3平5
52. 炮五进一 马4退5
53. 相三进五 车5平9
54. 炮二退二 车9平5
55. 相五进七 卒9进1
56. 车四进三 车5平3
57. 车四平九 车3平6
58. 帅四平五 车6平5
59. 帅五平四 卒9进1
60. 炮二平五 车5平4
61. 兵九进一 将5平4
62. 车九进三 将4进1
63. 炮五平二 卒9平8
64. 炮二进二 士5进6
65. 车九平四 车4平6
66. 帅四平五 卒8进1
67. 车四退一 将4退1
68. 帅五退一 卒8进1
69. 车四进一 将4进1
70. 炮二进一 象7进9
71. 车四退一 将4退1
72. 车四平九 车6平5
73. 帅五平四 卒8平7
74. 车九进一 将4进1
75. 车九退一 将4退1
76. 炮二平四 将4平5

第356局　崇拜吴明月（天罡）和 我爱老虎油（天罡）

1. 炮二平五　炮8平5　2. 马二进三　马8进7
3. 车一平二　卒7进1　4. 马八进七　卒3进1
5. 车二进四　车9平8　6. 车二平六　车8进8
7. 炮五退一　马2进1　8. 兵七进一　炮5平3
9. 兵五进一　象3进5　10. 马七进五　炮3进3
11. 车六进二　炮2平3　12. 车六平九　车1平2
13. 炮八平七　车2进2　14. 相七进五　前炮进1
15. 兵五进一　卒5进1　16. 马五进六　士6进5
17. 前车平三　马7退9　18. 兵九进一　后炮进1
19. 马六退七　车2进5　20. 马七进八　炮3进4
21. 马八进九　车8平6　22. 相五退七　将5平6
23. 炮五平九　炮3退1　24. 仕六进五　车6退3
25. 相七进五　车6平1　26. 马九退七　炮3退3
27. 车三平七　车2平1　28. 车七平一　马9进7
29. 车一平三　马7退8　30. 车三平五　卒5进1
31. 兵一进一　马8进7　32. 车五平三　马7退9
33. 兵一进一　前车进1　34. 车九进一　车1进3
35. 马三进一　车1进1　36. 仕五退六　车1退3
37. 车三平四　将6平5　38. 马一进二　车1退5
39. 车四平五　卒5进1　40. 车五退三　车1进2
41. 仕四进五　马9进8　42. 车五平四

第357局　红精灵（7星）负 棋魂飞刀（地煞）

1. 炮二平五　炮8平5　2. 马二进三　马8进7
3. 车一进一　马2进1　4. 车一平六　士6进5
5. 马八进七　车9平8　6. 兵三进一　车8进4

7. 马三进四 卒1进1
8. 车六进四 车8平4
9. 马四进六 车1进1
10. 兵九进一 卒1进1
11. 车九进四 车1平4
12. 马六进四 炮5平6
13. 仕六进五 车4进3
14. 炮五进四 将5平6
15. 炮五平三 车4平6
16. 兵三进一 车6平7
17. 炮三进三 车7平6
18. 炮三平六 炮2平5
19. 炮六退九 车6退1
20. 相三进五 将6平5
21. 车九平三 卒3进1
22. 炮八进二 马7进6
23. 车三平四 炮6退1
24. 兵五进一 炮5平6
25. 车四平三 马6进4
26. 马七进五 前炮平5
27. 兵五进一 马4进2
28. 炮八平五 马2进3
29. 炮六进一 炮5进3
30. 车三平五 车6进3
31. 兵五平四 马1进2
32. 车五进一 马2进3
33. 马五退七 车6平4
34. 帅五平六 炮6进1
35. 车五平七 炮6平4
36. 车七进四 士5退4
37. 车七退三 炮4进6
38. 相五退三 前马进1

第358局 星期八（天罡）胜 葱油饼（天罡）

1. 炮二平五 炮8平5
2. 马二进三 马8进7
3. 车一平二 卒7进1
4. 马八进七 卒3进1
5. 车二进四 车9平8
6. 车二平六 车8进8
7. 炮五退一 马2进1
8. 车六进三 炮2退1
9. 车六进一 炮2平3
10. 炮八进五 炮3进1
11. 炮八平五 象7进5
12. 兵五进一 士6进5
13. 兵五进一 卒5进1
14. 车九进一 将5平6
15. 车六退二 卒5进1
16. 车六平四 士5进6
17. 车九平六 士4进5
18. 车六进七 马7进8
19. 车四平一 炮3平4
20. 炮五进六 车8平6
21. 车一平二 车6退1
22. 车二进三 将6进1

23. 车二退一　将6退1　24. 仕六进五　车6退1
25. 炮五平九　车1进2　26. 车二进一　将6进1
27. 车二退四　车6平3　28. 马七退六　车3平7
29. 马三退一　卒7进1　30. 车二进三　将6退1
31. 车二进一　将6进1　32. 马一进二　车1平2
33. 马二进三

第359局　棋魂冰妹妹（风魔）胜 我有几下（电神）

1. 炮二平五　炮8平5　2. 马二进三　马8进7
3. 车一平二　卒7进1　4. 马八进七　马2进3
5. 兵七进一　炮2进4　6. 马七进八　炮2平7
7. 车九进一　车9平8　8. 车二进九　炮7进3
9. 仕四进五　马7退8　10. 车九平六　炮5平9
11. 车六进三　象3进5　12. 车六平二　马8进7
13. 马三进四　炮7退4　14. 车二进三　炮9进4
15. 马四进六　车1平3　16. 马八进七　炮9退2
17. 马六进四　马7进6　18. 兵五进一　车3平2
19. 炮八平六　马6退4　20. 炮六进二　炮7进2
21. 车二退五　炮7进1　22. 车二平三　炮7平6
23. 车三退一　炮6退2　24. 车三进四　马4进5
25. 马四进三　将5进1　26. 车三平四　车2进6
27. 车四退一　炮6平3　28. 帅五平四　将5平4
29. 车四进四　士4进5　30. 车四退三　炮9进1
31. 炮五平六　马5进4　32. 仕五进六　炮9进1
33. 兵七进一　车2退1　34. 兵七平六　车2平4
35. 马七退六　炮9平1　36. 兵六进一　炮1进2
37. 车四平七　炮1平4　38. 车七进二　炮4退3
39. 车七退四　卒5进1　40. 车七平六　卒5进1
41. 马三退四　将4退1　42. 马四退五　炮4平3

43. 兵六平五　将4平5　44. 马五进六

第360局　决战沙场（人王）胜 安新白洋淀（天帝）

1. 炮二平五　炮8平5　2. 马二进三　车9进1
3. 炮五进四　士6进5　4. 炮八平五　马2进3
5. 前炮退二　炮2进5　6. 马八进七　炮2平5
7. 相三进五　车1平2　8. 车一平二　马8进7
9. 车二进六　车9平6　10. 车二平三　马3进5
11. 车九平八　车2进9　12. 马七退八　炮5进3
13. 兵五进一　马5进6　14. 车三进一　马6进7
15. 仕六进五　车6退1　16. 马八进九　马7退9
17. 兵五进一　象3进5　18. 车三退一　马9退8
19. 车三平一　马8进7　20. 车一平七　卒1进1
21. 车七平九　车6进6　22. 车九退一　车6平4
23. 车九平六　车4平5　24. 兵九进一　马7退8
25. 兵五平四　马8进6　26. 车六退一　马6进8
27. 兵九进一　车5退3　28. 马九进八　马8进7
29. 帅五平六　马7退6　30. 车六退一　马6退8
31. 相五进三　车5进2　32. 马八进六　车5平7
33. 马六进八　车7平6　34. 兵四平五　马8进6
35. 马八进七　将5平6　36. 马七退六　车6平4
37. 车六进一　马6退4　38. 兵七进一　马4进3
39. 帅六平五　马3进1　40. 相七进九　马1退3
41. 兵七进一

第361局　鱼网（4段）胜 火车头张梅（9段）

1. 炮二平五　炮8平5　2. 马二进三　马8进7
3. 车一平二　卒7进1　4. 马八进七　马2进3

5. 兵七进一　车1进1
6. 炮八进二　车1平4
7. 兵三进一　车4进3
8. 仕六进五　卒7进1
9. 炮八平三　卒3进1
10. 兵七进一　车4平3
11. 马七进六　马3进4
12. 车二进六　炮5平4
13. 炮五进四　马7进5
14. 车二平五　象7进5
15. 炮三平五　士6进5
16. 车五平六　车9平7
17. 马三进二　车7进5
18. 马二进一　炮2进3
19. 相七进五　车7平6
20. 炮五进一　车3进2
21. 车六退一　炮4进3
22. 车九平六　车3平5
23. 后车进四　车6平4
24. 车六退一　车5退2
25. 车六平八　车5进2
26. 车八平九　车5平9
27. 车九进二　车9退2
28. 兵九进一　象5退7
29. 车九平四　象3进5
30. 马一进三　车9退2
31. 马三退二　车9进2
32. 车四平二　车9进1
33. 马二进四　士5进6
34. 马四退三　象5进7
35. 兵九进一　士6退5
36. 兵九平八　车9退3
37. 兵八平七　车9平6
38. 兵七平六　车6进3
39. 车二平三　象7进9
40. 兵六平五　车6退3
41. 兵五进一　士5退6
42. 车三平二　象9退7
43. 兵五平四　车6平5
44. 马三进一　车5平7
45. 马一退二　象7进5
46. 马二退四　象5退7
47. 马四进五　车7退1
48. 马五进六　士6进5
49. 马六退五　士5退6
50. 兵四平五　象7退5
51. 车二平四　车7平4
52. 兵五平六　象7进9
53. 兵六平七　象5退7
54. 兵七进一　士6进5
55. 仕五退六　象7进5
56. 车四进二　车4进3
57. 马五进四　车4平7
58. 马四进三　车7退2
59. 兵七进一　士5进6
60. 兵七平六　象9进7
61. 仕四进五　象5进3
62. 帅五平四

第362局 铁岭大阿哥（无极）胜 恐龙园传奇（天罡）

1. 炮二平五 炮8平5
2. 马二进三 马8进7
3. 车一平二 卒7进1
4. 马八进七 马2进3
5. 兵七进一 车9进1
6. 车二进四 车1进1
7. 兵三进一 卒7进1
8. 车二平三 车9平7
9. 炮五退一 马7退9
10. 车三平四 炮2进2
11. 炮五平四 炮2平7
12. 相三进一 马9进7
13. 仕四进五 卒5进1
14. 马七进六 卒3进1
15. 炮八平四 士4进5
16. 车九平八 卒3进1
17. 马六进七 卒3进1
18. 车四平七 马7进5
19. 马三进四 车7平8
20. 后炮平三 车8进8
21. 仕五退四 车8退9
22. 车八进六 马5进3
23. 马七退五 车1平4
24. 车八平二 车8平9
25. 炮四平五 将5平4
26. 马五退六 卒3平4
27. 炮三平六 前马退4
28. 炮五进五 象7进5
29. 车七进三 车4平2
30. 炮六进六 士5进4
31. 车七平六 将4平5
32. 车六退四 士6进5
33. 马四进五 炮7退3
34. 相七进五 车9平6
35. 兵五进一 车2进4
36. 马五进七 炮7进1
37. 马七进五 将5进1
38. 兵五进一 车2平5
39. 兵五进一 炮7退2
40. 车二平三 炮7平8
41. 仕六进五 卒9进1
42. 兵五平四 车5平2
43. 帅五平六

第363局 紫贝壳（天罡）胜 hellboy（风魔）

1. 炮二平五 炮8平5
2. 马二进三 马8进7
3. 车一平二 卒7进1
4. 马八进七 马2进3

5. 兵七进一　车1进1　6. 炮八进一　车1平6
7. 仕六进五　车9进1　8. 炮五平六　车6平4
9. 炮八平七　象3进1　10. 车九平八　炮2退2
11. 炮七进三　车4进2　12. 相七进五　卒5进1
13. 车八进六　炮5进1　14. 车二进四　车4进4
15. 车八进三　车4退4　16. 车八退三　车9平6
17. 兵七进一　车6进7　18. 马七进八　车4进5
19. 车八进一　马7退5　20. 兵七平六　炮5平7
21. 兵六平五　象1进3　22. 马八进六　炮7进3
23. 相三进一　车6退5　24. 马六退七　车4退2
25. 车八退一　卒1进1　26. 车二退一　卒7进1
27. 相五进三　马3退1　28. 炮七平五　马5进3
29. 车八平七　车6进3　30. 马七进六　马3进5
31. 车七平五　士6进5　32. 车二进二　车4平2
33. 车二平四　车2进3　34. 仕五退六　车6退2
35. 前兵平四　马1进2　36. 马六进四　车2退2
37. 马三退一　马2退4　38. 兵九进一　车2平6
39. 车五平七　卒1进1　40. 马四进六　士5进4
41. 车七退一　炮7平8　42. 马一退三　车6平9
43. 兵四进一　车9退1　44. 车七平二　炮8平7
45. 相三退五　炮7退5　46. 车二进四　炮7平6
47. 车二平三　炮6退1　48. 兵五进一　车9平6
49. 兵四平五　卒9进1　50. 仕六进五　卒9进1
51. 马三进二　车6平8　52. 马二退四　车8退3
53. 后兵进一　车8进1　54. 前兵平六　车8平5
55. 兵六进一　车5平4　56. 兵六平五　卒9进1
57. 车三退二　车4平5　58. 马四进二　士4进5
59. 马二进三　车5退1　60. 车三平二　卒9平8
61. 马三进二　将5平4　62. 马二退四　炮6平5
63. 兵五进一　车5退2　64. 车二平六　车5平4

65. 马四进五 炮5进1
66. 车六平七 将4平5
67. 车七进二 车4退1
68. 马五进三 炮5平6
69. 车七退一 将5平6
70. 车七退五 车4平2
71. 车七平二 车2进9
72. 仕五退六 炮6平5
73. 相五退七

第364局 软件下棋（无极）胜 真行家（无极）

1. 炮二平五 炮8平5
2. 马二进三 马8进7
3. 车一平二 马2进3
4. 马八进七 卒7进1
5. 兵七进一 车1进1
6. 炮八进一 象3进1
7. 炮八平七 车9进1
8. 车九平八 车1平4
9. 车二进四 车9平6
10. 仕六进五 车6进7
11. 炮五平六 车4进5
12. 炮七进三 马7进6
13. 车八进六 炮2退2
14. 兵三进一 炮5平7
15. 兵七进一 马6退5
16. 相七进五 车6退4
17. 车二进三 炮7退1
18. 炮七平一 车6平3
19. 炮一进三 车4退4
20. 马七进六 车4进3
21. 车二平五 士4进5
22. 车八进一 车4退3
23. 车五平六 士5进4
24. 兵三进一 士4退5
25. 兵三进一 炮2平4
26. 车八平九 马3进2
27. 车九平三 车3平9
28. 炮一平四 炮4平6
29. 车三进一 车9平7
30. 车三进一 马2进1
31. 车三退二 马1进2
32. 炮六平八 炮6进2
33. 兵一进一 车7平1
34. 炮八平七 车1平6
35. 马三进二 车6进1
36. 车三平二 马2退1
37. 炮七进四 卒5进1
38. 车二进一 马1进3
39. 兵三进一 炮6平3
40. 炮七平五 将5平4
41. 车二进一 车6退5
42. 车二平四 士5退6
43. 马二进三 士6进5
44. 马三退五 卒1进1

45. 炮五平六　将 4 平 5
46. 马五退三　卒 1 进 1
47. 兵五进一　马 3 退 2
48. 兵五进一　马 2 进 4
49. 兵一进一　卒 1 平 2
50. 仕五进六　炮 3 平 2
51. 仕四进五

第 365 局　ywcywc（风魔）负 玫巛誉姹（天罡）

1. 炮二平五　炮 8 平 5
2. 马二进三　马 8 进 7
3. 车一平二　卒 7 进 1
4. 车二进四　车 9 平 8
5. 车二进五　马 7 退 8
6. 马八进七　马 2 进 3
7. 车九进一　马 8 进 7
8. 车九平六　卒 3 进 1
9. 车六进五　车 1 进 2
10. 车六平七　炮 2 退 1
11. 车七退一　炮 2 平 7
12. 炮八进四　炮 5 平 6
13. 炮八平七　象 3 进 5
14. 车七退一　马 7 进 6
15. 兵三进一　车 1 平 2
16. 兵三进一　象 5 进 7
17. 马三退一　车 2 进 2
18. 仕四进五　象 7 退 5
19. 车七平三　炮 6 平 7
20. 车三平四　后炮平 8
21. 马一进二　炮 7 平 8
22. 马二退四　前炮进 7
23. 相三进一　前炮平 9
24. 马四进二　马 6 进 4
25. 车四平六　车 2 平 8
26. 帅五平四　炮 8 进 5
27. 车六平四　士 4 进 5
28. 炮五平二　炮 8 平 3
29. 炮二进二　炮 3 平 9

第 366 局　棋魂燕双飞（天罡）胜 浪漫之剑（风魔）

1. 炮二平五　炮 8 平 5
2. 马二进三　马 8 进 7
3. 车一平二　卒 7 进 1
4. 马八进七　马 2 进 3
5. 兵七进一　车 1 进 1
6. 马七进六　车 1 平 4
7. 马六进七　车 4 进 5
8. 车二进四　车 9 平 8
9. 车二进五　马 7 退 8
10. 兵九进一　炮 2 进 4

11. 兵九进一 炮2平5
12. 仕四进五 前炮退1
13. 兵九进一 车4平7
14. 车九进五 车7平2
15. 炮八平九 卒7进1
16. 马三退四 卒7进1
17. 车九平三 马3进1
18. 车三进四 马8进9
19. 车三退五 后炮退1
20. 马七进六 马1退3
21. 车三进三 马3进4
22. 车三平一 马4进3
23. 车一平六 马3进2
24. 车六退六 后炮进1
25. 马六退四 将5进1
26. 前马退三 将5退1
27. 炮九平七 象3进1
28. 车六进三 前炮进1
29. 马四进三 卒7进1
30. 帅五平四 车2退5
31. 车六平四 士4进5
32. 炮七平三 车2进1
33. 马三进五 士5进6
34. 车四进三 士6进5
35. 车四平二 将5平4
36. 车二进二 将4进1
37. 炮三进六 士5进4
38. 炮五平二 前炮平8
39. 车二退六 车2进2
40. 车二平四 车2平8
41. 车四进五 将4退1
42. 车四进一 将4进1
43. 炮二平四 车8退3
44. 车四平五 车8平7
45. 车五退二 车7进8
46. 帅四进一 车7退1
47. 帅四退一

第367局 安顺大侠（月将）和 华峰论棋（日帅）

1. 炮二平五 炮8平5
2. 马二进三 马8进7
3. 车一平二 卒7进1
4. 马八进七 马2进3
5. 兵七进一 炮2进4
6. 马七进八 车9进1
7. 车九进一 车9平4
8. 车九平七 车4进6
9. 炮八退一 炮2进1
10. 仕四进五 车4退4
11. 车七进一 炮2平5
12. 相七进五 卒1进1
13. 车七平六 车4进4
14. 仕五进六 马7进6
15. 马八进七 车1平2
16. 炮八平五 炮5平4

17. 炮五平一　车2进7　18. 仕六退五　炮4进4
19. 车二进七　马6退5　20. 炮一进五　炮4平7
21. 兵五进一　马5进3　22. 车二平七　马3进2
23. 车七平四　车2退1　24. 帅五平四　士4进5
25. 车四退一　炮7平1　26. 炮一平五　将5平4
27. 车四退一　卒7进1　28. 相五进三　炮1进3
29. 帅四进一　象7进5　30. 车四平九　车2平6
31. 仕五进四　炮1平7　32. 车九平六　将4平5
33. 相三退一　炮7平9　34. 车六平七　将5平4
35. 车七平八　马2进3　36. 车八平六　将4平5
37. 车六退三　马3退1　38. 马三进二　车6平3
39. 马二进三　炮9退3　40. 帅四退一　马1退3
41. 车六进二　马3退1　42. 炮五平九　士5退4
43. 炮九进三　士6进5　44. 马三进五　炮9平6
45. 帅四平五　马1进2　46. 车六退三　车3平5
47. 仕六进五　车5退1　48. 马五进七　将5平6
49. 车六进五　马2进3　50. 帅五平六　炮6退4
51. 马七退八　车5进1　52. 炮九退四　车5平4
53. 车六退三　马3退4　54. 炮九退四　炮6平4
55. 马八进六　士5进4　56. 炮九进五　士4进5
57. 炮九平二　象3进5　58. 炮二退六　将6平5
59. 炮二平五　士5进6

第368局　任我吓吓你（天罡）胜 我爱老虎油（天罡）

1. 炮二平五　炮8平5　2. 车一进一　马8进7
3. 马二进三　车9平8　4. 马八进七　马2进3
5. 车九进一　炮2平1　6. 车九平八　卒7进1
7. 炮八平九　卒3进1　8. 车一平六　车8进6
9. 车六进五　炮5平6　10. 兵五进一　车8平7

11. 车六平七　车7平3　12. 车七进一　象3进5
13. 炮五进四　士4进5　14. 车七退一　车3进1
15. 相三进五　车1平4　16. 车八进二　卒3进1
17. 车七退二　车3退2　18. 相五进七　卒7进1
19. 兵五进一　马7进8　20. 相七退五　卒7进1
21. 马三进五　马8进6　22. 马五进七　卒7平6
23. 炮五平六　炮1平3　24. 炮九进四　车4平3
25. 炮六平五　车3平4　26. 仕四进五　卒9进1
27. 炮九退二　马6进8　28. 车八平四　马8进7
29. 车四退二　马7退8　30. 马七退五　车4进5
31. 车四平二　炮3进4　32. 相五进七　车4退2
33. 马五进六　车4进1　34. 兵五平六　炮3平5
35. 帅五平四　马8进6　36. 车二平四　炮5平6
37. 仕五进四　后炮进5　38. 帅四平五　后炮进2
39. 兵一进一　卒9进1　40. 炮九平一　后炮平8
41. 相七进五　炮6退4　42. 炮一进五　炮8进2
43. 炮五退三　炮6平9　44. 兵六进一　炮8退4
45. 炮五进一　炮9退1　46. 兵六进一　将5平4
47. 炮五进四　炮8退3　48. 兵六平五　炮9退1
49. 炮五平二　炮9平5　50. 仕六进五　炮5进3
51. 炮二进一　将4进1　52. 炮一平三　士6进5
53. 炮三退二　将4退1　54. 炮二平一　炮8平9
55. 炮三进二　将4进1　56. 炮三退三　炮5退2
57. 炮三进一　炮5进2　58. 炮三平五　将4退1
59. 炮五退一　士5进6　60. 炮一平二　炮9平8
61. 炮二退一　炮5平9　62. 炮五退二　炮8进4
63. 兵九进一　炮8平5　64. 帅五平四　炮5平4
65. 炮二退三　炮9平3　66. 炮二平六　将4平5
67. 兵九进一　炮3退4　68. 兵九平八　炮3平6
69. 帅四平五　炮4平8　70. 兵八进一　炮6平9

71. 兵八平七 炮8进3
72. 仕五进四 炮8退3
73. 兵七平六 炮8平5
74. 仕四退五 将5平6
75. 炮六平四 士6退5
76. 炮五平四 将6平5
77. 前炮平五 将5平6
78. 炮五进二 炮9进5
79. 兵六平五 炮5退4
80. 兵五进一 士5退4
81. 兵五平四 将6平5
82. 炮四平五 将5平6
83. 帅五平四 炮9平6
84. 相五进七 炮6退3
85. 帅四进一 士4进5
86. 兵四平五 士5退4
87. 仕五进六 炮6进2
88. 炮五退四 炮6退2
89. 炮五平四 炮6退2
90. 炮四进八 将6平5
91. 炮四退一 士4进5
92. 炮四退五 士5退6
93. 炮四平五 将5平4
94. 炮五退一 士6进5
95. 兵五进一

第369局 金鹏十九变（地煞）胜 totentanz（地煞）

1. 炮二平五 炮8平5
2. 马二进三 马8进7
3. 车一平二 卒7进1
4. 马八进七 卒3进1
5. 车二进四 车9平8
6. 车二进五 马7退8
7. 炮八平九 马2进3
8. 车九平八 车1进1
9. 车八进四 马8进7
10. 兵七进一 卒3进1
11. 车八平七 马3进4
12. 车七进五 马4进6
13. 马七进八 车1平4
14. 车七退五 车4平6
15. 车七进三 车6进1
16. 仕六进五 炮2退2
17. 兵三进一 马6进5
18. 相三进五 卒7进1
19. 车七进二 炮2进4
20. 相五进三 炮5平2
21. 马八进六 前炮进5
22. 仕五退六 后炮平1
23. 炮九进四 士6进5
24. 仕四进五 车6平4
25. 马三进四 卒5进1
26. 车七退二 车4平3
27. 马六进七 马7进8
28. 马四进三 马8进9

29. 炮九平五 象7进5
30. 马七退六 炮2退7
31. 马三退五 炮2平4
32. 相三退五 卒9进1
33. 马五进三 卒9进1
34. 马六进八 炮4退1
35. 马三进五 将5平6
36. 炮五平四 马9进7
37. 马八进七 炮1平3
38. 兵五进一 卒9进1
39. 兵九进一 将6平5
40. 兵九进一 马7退8
41. 兵九平八 马8进6
42. 兵八平七 卒9平8
43. 帅五平四 炮3平2
44. 兵七平六 士5进4
45. 马五退四 马6退7
46. 炮四平六 炮2退1
47. 炮六平五 将5平6
48. 兵五进一 炮2进1
49. 兵六进一 士4进5
50. 炮五平四 卒8进1
51. 兵五进一 卒8进1
52. 兵六进一 士5进4
53. 马七退八 马7退8
54. 马八进六 马8进6
55. 兵五平四 卒8平7
56. 马四进二 将6平5
57. 兵四进一 将5进1
58. 马六进八 炮2平3
59. 马二退四 炮4进1
60. 兵四进一 将5平6
61. 马八退六 将6平5
62. 马四退二 将5平4
63. 马六退五 炮3退2
64. 马二退四 卒7平8
65. 帅四平五 将4平5
66. 马五进六 炮3平4
67. 马六退四 将5平6
68. 后马进五 卒8平7
69. 马五进六 将6退1
70. 相五进三 炮4进1
71. 仕五进四 炮4平1
72. 马四退二 炮1进1
73. 马二退四 炮1退1
74. 马四进三 炮1平7
75. 马三进二 卒7平6
76. 马六退四

第370局 大漠（北斗）负 condonat（无极）

1. 炮二平五 炮8平5
2. 马二进三 马8进7
3. 车一平二 卒7进1
4. 马八进七 马2进3
5. 兵七进一 炮2进4
6. 马七进八 车9进1

7. 车九进一　车9平4　8. 车九平七　车4进6
9. 炮八退一　炮2平7　10. 兵七进一　马3退5
11. 仕六进五　车4退2　12. 马八进七　炮7平1
13. 炮五平九　卒7进1　14. 车七进二　炮1退1
15. 兵五进一　炮5进3　16. 马三进五　车1进1
17. 车二进六　卒7平6　18. 相七进五　车1平3
19. 炮八进五　马5进3　20. 兵七平八　车4退1
21. 兵八平七　车4进4　22. 兵七平八　马7进6
23. 车二平三　象7进5　24. 车三平四　马6进8
25. 炮九进四　车3平1　26. 炮八平五　士4进5
27. 车七平九　马3进5　28. 炮九平五　车4退5
29. 马七退八　马8进6　30. 仕五进四　马6进8
31. 仕四进五　卒6进1　32. 马五退七　车1平3
33. 兵八进一　车4平2　34. 帅五平四　车3进3
35. 炮五平七　炮5平8　36. 炮七平六　马8退7
37. 车四退三　炮8进4　38. 相三进一　马7进8
39. 炮六退六　马8退6　40. 炮六平二　马6退8
41. 车九进一　马8进7　42. 帅四平五　马7进8
43. 相一退三　马8退7　44. 车九退一　马7进9
45. 相三进一　车2平8　46. 车九平四　车8进6
47. 相五退三　车3平7　48. 仕五退四　车8退4
49. 仕四进五　车8平5　50. 车四平五　车5进1
51. 马七进五

第371局　数学之天才（无极）胜 羽毛球球（北斗）

1. 炮二平五　炮8平5　2. 马二进三　马8进7
3. 车一平二　卒7进1　4. 马八进七　马2进3
5. 兵七进一　炮2进4　6. 马七进八　车9进1
7. 车九进一　车9平4　8. 仕四进五　炮2平7

9. 车九平七 象3进1
10. 兵五进一 士4进5
11. 马八进七 车4进2
12. 兵七进一 象1进3
13. 车七进四 车1平2
14. 炮八平七 车2进6
15. 马七进九 马3进2
16. 车七进四 士5退4
17. 车七平八 车2平3
18. 车八退四 炮7平1
19. 炮七平八 炮1退4
20. 车八进二 炮1退1
21. 兵五进一 炮1平3
22. 相七进九 炮3进1
23. 车八退二 卒7进1
24. 车二进八 士4进5
25. 兵五平六 车4退3
26. 车二平三 车3平7
27. 相九进七 卒7平6
28. 车三进一 炮5进5
29. 相三进五 卒6平5
30. 兵六平五 后卒进1
31. 车八平五 卒5平4
32. 马三进五 车4进2
33. 炮八进一 车7退3
34. 马五进三 卒4进1
35. 炮八进四 炮3进1
36. 炮八退一 炮3退2
37. 炮八平四 卒9进1
38. 炮四退四 车7平3
39. 炮四平二 马7退9
40. 车三退四 车4平8
41. 车五退一 炮3平2
42. 车三平八 炮2进2
43. 车五平六 卒4平5
44. 炮二进三 士5进4
45. 炮二平五 将5平4
46. 马三退五 车8平5
47. 相七退九 将4进1
48. 马五进七 车5进1
49. 车六平四 车5平6
50. 炮五平六 将4平5
51. 车四进二 炮2平6
52. 车八进三 将5退1
53. 车八平一

第372局 休闲象棋（无极）和 求真（北斗）

1. 炮二平五 炮8平5
2. 马二进三 车9进1
3. 炮五进四 士4进5
4. 炮八平五 马8进7
5. 前炮退一 马2进3
6. 马八进七 车1平2
7. 车九平八 炮2进4
8. 兵七进一 马7进5

9. 兵五进一　马5进7
10. 兵三进一　马7进5
11. 马三进五　马5进3
12. 马五进六　前马进5
13. 相三进五　马3进5
14. 马六进五　象7进5
15. 车一平二　炮2平5
16. 仕四进五　车2进9
17. 马七退八　车9平6
18. 车二进三　炮5平6
19. 马八进七　车6进3
20. 炮五退二　卒3进1
21. 炮五平八　车6退1
22. 炮八进六　象3进1
23. 相七进九　车6退1
24. 炮八退三　卒7进1
25. 车二进三　马5进6
26. 兵三进一　炮6平2
27. 马七进六　马6进4
28. 仕五进六　马4进6
29. 帅五进一　炮2平5
30. 相五退七　马6进7
31. 帅五退一　车6进6
32. 车二退三　炮5退2
33. 炮八平三　车6平5
34. 帅五平四　车5退3
35. 马六退五　炮5进3
36. 炮三退六　车5平6
37. 帅四平五　炮5退3
38. 炮三平一　车6平5
39. 帅五平四　车5平7
40. 炮一进六　车7退1
41. 炮一进三　象5退7
42. 车二进六　将5平4
43. 兵一进一　卒3进1
44. 相九进七　炮5退2
45. 兵一进一　车7平6
46. 帅四平五　车6平9
47. 炮一平三　将4进1
48. 车二退三　卒1进1
49. 车二平六　士5进4
50. 车六平八　士6进5
51. 炮三退六　车9平5
52. 帅五平四　车5平6
53. 帅四平五　车6进2
54. 炮三进二　车6平5
55. 帅五平四　车5平6
56. 帅四平五　车6平5
57. 帅五平四　车5平6
58. 帅四平五　车6平5
59. 帅五平四　车5平6
60. 帅四平五　车6退2
61. 炮三退四　车6平5
62. 帅五平四　车5平6
63. 帅四平五　车6平5
64. 帅五平四　车5平6
65. 帅四平五　车6平5
66. 帅五平四　车5平4
67. 炮三进五　士5进6
68. 车八平四　士4退5

69. 仕六退五 车4进2
70. 车四平五 象1进3
71. 相七进五 车4平1
72. 车五平六 士5进4
73. 车六退一 车1平6
74. 帅四平五 车6退3
75. 炮三退三 车6平8
76. 炮三退三 卒1进1
77. 车六平七 炮5退1
78. 相七退九 卒1进1
79. 相九进七 车8进3
80. 车七平五 炮5平9
81. 炮三进四 车8退1
82. 车五平四 车8平7
83. 相五进三 士6退5
84. 车四退二 炮9进2
85. 车四平九

第373局 中盘硬手（月将）和 弈林翰骏（月将）

1. 炮二平五 炮8平5
2. 马二进三 马8进7
3. 车一平二 卒7进1
4. 兵七进一 马2进3
5. 炮八平七 象3进1
6. 马八进九 炮2进4
7. 兵七进一 象1进3
8. 马九进七 车9进1
9. 马七进六 车1平3
10. 兵三进一 卒7进1
11. 车九平八 炮2退5
12. 车二进六 马7进6
13. 车二平四 马6进4
14. 炮七进一 车9平7
15. 炮五退一 车3进1
16. 炮七进三 车3平6
17. 车四进二 车7平6
18. 车八进四 卒7进1
19. 车八平六 车6平4
20. 炮五平三 炮5平7
21. 炮三进二 炮7进5
22. 炮三进一 卒5进1
23. 车六退二 车4进2
24. 车六平三 车4平3
25. 炮三平七 车3平4
26. 炮七进三 车4进1
27. 炮七进二 士4进5
28. 车三平八 炮2平3
29. 相七进五 炮3进1
30. 炮七平九 将5平4
31. 仕四进五 炮3平5
32. 车八进七 将4进1
33. 车八退六 象7进9
34. 炮九平八 将4退1

第374局 清溪深不测（无极）和 齐梁文化（天罡）

1. 炮二平五 炮8平5
2. 马二进三 马8进7
3. 车一平二 卒7进1
4. 马八进七 马2进3
5. 兵七进一 车9进1
6. 车二进四 车1进1
7. 兵三进一 卒7进1
8. 车二平三 车9平7
9. 炮八进四 马7进6
10. 炮八平五 马3进5
11. 炮五进四 炮5平9
12. 相七进五 车7进4
13. 相五进三 炮2平7
14. 相三退五 马6进7
15. 相五进三 车1平4
16. 车九进二 车4进2
17. 炮五退一 车4进1
18. 炮五进一 车4平7
19. 相三进五 车7平5
20. 马七进六 车5平4
21. 车九平六 炮7平4
22. 炮五平三 炮9平7
23. 车六进一 炮4平1
24. 仕六进五 炮1退1
25. 炮三平九 炮1平8
26. 炮九平一 炮8进2
27. 车六退一 炮7平4
28. 炮一平七 炮8平4
29. 兵七进一 车4进1
30. 车六进二 后炮进3
31. 兵七平六 后炮平7
32. 炮七退三 炮4进1
33. 兵九进一 炮7退2
34. 兵九进一 象3进5
35. 兵九平八 士4进5
36. 炮七退一 士5退4
37. 兵六进一 炮7平3
38. 兵八进一 炮3进3
39. 兵八平七 士4进5
40. 兵六平五 炮4平3
41. 炮七进三 象5进3
42. 前兵平六 炮3平2
43. 仕五进六 炮2退4
44. 兵六平五 炮2平9
45. 仕六退五 炮9进1
46. 前兵平六 象3退1
47. 兵七进一 炮9退1
48. 帅五平六 将5平4
49. 仕五进六 炮9平8
50. 兵六平七 士5进6
51. 帅六平五 士6进5
52. 仕六退五 将4平5
53. 帅五平六 士5退4
54. 相五退三 炮8平7

55. 帅六进一　炮7平8
56. 仕五退六　炮8平7
57. 相三进五　炮7平8
58. 仕四进五　炮8平7
59. 仕五进四　炮7平8
60. 相五进七

第375局　南地球（6段）负 楚水苑战神（1段）

1. 炮二平五　炮8平5
2. 马二进三　马8进7
3. 车一平二　卒7进1
4. 车二进六　马2进3
5. 车二平三　车9进2
6. 炮八平六　车1进1
7. 马八进七　车1平4
8. 仕六进五　车4进5
9. 车九平八　车4平3
10. 车八进六　车9平8
11. 相七进九　炮5平4
12. 车三退一　士6进5
13. 车三退一　象7进5
14. 车三平七　车3退1
15. 相九进七　卒3进1
16. 车八平七　马3退2
17. 车七平八　马2进3
18. 相七退九　车8进4
19. 炮六进一　马3进4
20. 炮六进四　炮2平3
21. 车八平六　士5进4
22. 车六退一　炮3进5
23. 车六退三　炮3退1
24. 车六进一　炮3进1
25. 车六退一　炮3退1
26. 兵三进一　车8平7
27. 兵三进一　士4退5
28. 兵三进一　车7退3
29. 马三进四　车7进2
30. 车六进一　车7平6
31. 车六平七　车6平7
32. 相三进一　车7进1
33. 相九退七　车7平9
34. 相一退三　卒9进1
35. 炮五平七　士5退6
36. 炮七平九　马7进6
37. 炮九进四　车9平5
38. 车七平五　马6进5
39. 相七进五　马5进3
40. 兵九进一　马3退2
41. 炮九平八　马2进4
42. 兵九进一　卒3进1
43. 兵九平八　卒5进1
44. 炮八平九　卒9进1
45. 炮九退二　卒9进1
46. 炮九退一　马4进3
47. 帅五平六　卒3平4
48. 兵八进一　卒5进1

49. 兵八平七 卒9平8
50. 兵七平六 卒8平7
51. 兵六平五 卒7平6
52. 兵五平四 卒5进1
53. 兵四平三 马3退4
54. 炮九进二 士4进5
55. 炮九平一 卒4平3
56. 炮一退二 卒3进1
57. 兵三进一 象5退7
58. 兵三进一 马4退3
59. 炮一平二 马3退5
60. 炮二进三 卒6平7
61. 炮二平四 马5进4
62. 炮四平九 象3进5
63. 炮九退三 马4进3

第376局 逸方闲（天罡）胜 我有几下（天罡）

1. 炮二平五 炮8平5
2. 马二进三 马8进7
3. 车一进一 车9平8
4. 车一平六 卒3进1
5. 兵三进一 马2进3
6. 马八进七 车8进4
7. 车六进五 车1进2
8. 车九进一 卒7进1
9. 兵三进一 车8平7
10. 炮五退一 马7进6
11. 车六平七 炮2退1
12. 炮五平三 马6进7
13. 车九平四 炮5平7
14. 车七平六 炮2平8
15. 车六平八 车1退1
16. 相七进五 象3进5
17. 车八退二 炮8平7
18. 车四进六 马3进4
19. 炮八退一 后炮平3
20. 炮八平七 炮3进1
21. 车四退五 卒3进1
22. 车八平七 车1平2
23. 相五进三 车7平8
24. 炮七平六 车2进6
25. 仕六进五 士6进5
26. 炮六进二 炮3进4
27. 炮六退二 车2退2
28. 车七平八 马4进2
29. 马七退九 车8进3
30. 炮六平八 马2退4
31. 车四平七 士5退6
32. 炮三平一 士4进5
33. 炮一进五 车8退4
34. 炮一进三 车8平9
35. 炮一平二 车9平7
36. 相三进五 车7平8
37. 炮二平一 车8进4
38. 相五退三 炮7进2

39. 炮八进八 车8退7　40. 炮一退四 炮7退3
41. 炮八平九 车8平9　42. 炮一平二 车9进4
43. 炮二进四 车9平7　44. 相三进一 车7平8
45. 炮二平一 炮7进2　46. 炮一退三 车8平5
47. 车七平八 马4退2　48. 马九进七 卒1进1
49. 车八进二 炮7平8　50. 马七退六 炮3进3
51. 马六进五 马7进5　52. 相三退五 炮3平1
53. 炮九退三 车5平4　54. 车八退二 车4平3
55. 炮一平五 将5平4　56. 仕五进六 车3进5
57. 帅五进一 车3退1　58. 帅五退一 车3退2
59. 兵九进一 马2进1　60. 车八进七 象5退3
61. 炮九平二 炮1退2　62. 炮五平九 炮1平5
63. 炮九进三 将4进1　64. 炮二进二 士5进6
65. 车八退一 将4进1　66. 炮九平四 车3退2
67. 炮四退一 车3进5　68. 帅五进一 马1退3
69. 马三进四 士6退5　70. 车八平六 将4平5
71. 马四进三 将5平6　72. 车六退三 车3退1
73. 帅五进一 车3平6　74. 炮四退七 马3退4
75. 车六平二 象3进5

第377局 棋魂开心（月将）胜 明月我心（9段）

1. 炮二平五 炮8平5　2. 马二进三 车9进1
3. 马八进七 马8进7　4. 车一平二 车9平4
5. 兵三进一 马2进3　6. 兵七进一 车1进1
7. 相七进九 车4进5　8. 马三进四 车4平3
9. 车九平七 卒3进1　10. 车二进五 炮2进4
11. 兵七进一 卒7进1　12. 车二平三 车1平6
13. 马四退三 马7进6　14. 马七退五 车3进3
15. 马五退七 马6进5　16. 马三进五 炮5进4

17. 仕六进五　象3进5　18. 车三平二　车6平4
19. 兵七进一　马3退1　20. 兵一进一　炮2退1
21. 兵三进一　卒5进1　22. 兵三进一　车4进3
23. 车二退一　炮2退4　24. 车二平八　炮2平9
25. 兵三进一　马1退3　26. 兵七进一　士4进5
27. 兵三进一　车4平3　28. 兵七平八　车3平4
29. 兵三平四　炮9进1　30. 兵八进一　马3进4
31. 兵八平七　象5退3　32. 车八平四　马4进3
33. 相九进七　车4进4　34. 炮八进七　象3进1
35. 马七进九　车4平1　36. 帅五平六　炮9平4
37. 炮五进三　将5平4　38. 兵四进一　士5进6
39. 车四进三　炮4进3　40. 炮八退五　炮4进3
41. 仕五进六　马3退4　42. 相七退五　马4进2
43. 车四平八　炮5平3　44. 炮八平五　车1进1
45. 帅六进一　炮3平4　46. 仕六退五　车1退1
47. 帅六退一　车1平4　48. 帅六进一　象1退3
49. 兵四平五

第378局　大师克星（地煞）负 我爱老虎油（天罡）

1. 炮二平五　炮8平5　2. 马二进三　马8进7
3. 车一平二　卒7进1　4. 马八进七　卒3进1
5. 炮八平九　炮2平4　6. 车九平八　马2进3
7. 车二进四　车9平8　8. 车二进五　马7退8
9. 炮五进四　士4进5　10. 炮五退一　炮5进1
11. 仕四进五　象3进5　12. 车八进四　车1平2
13. 车八进五　马3退2　14. 炮九进四　马8进7
15. 相七进五　马2进3　16. 炮九平七　马3进1
17. 兵七进一　炮5平7　18. 马三退二　炮7进3
19. 马二进一　炮7进1　20. 兵七进一　炮7平3

21. 炮七退四　马1进3　**22.** 炮五平六　马7进6
23. 兵五进一　炮4平2　**24.** 仕五进六　马3进2
25. 炮七进一　炮2进1　**26.** 仕六进五　马2进3
27. 帅五平六　马6进4　**28.** 炮七进三　炮2进3
29. 相五进七　象5进3　**30.** 炮七平六　马4进3
31. 兵九进一　象7进5　**32.** 兵五进一　炮2平5
33. 帅六进一　后马退1　**34.** 相三进五　马1进2
35. 兵一进一　炮5平1　**36.** 帅六退一　炮1平6
37. 兵九进一　卒7进1　**38.** 帅六进一　炮6平1
39. 仕五退四　马3退4　**40.** 前炮平九　炮1平2
41. 炮九平八　马2退3　**42.** 帅六退一　马4退5
43. 相五进三　马5进6　**44.** 仕四进五　炮2退1
45. 炮六退二　炮2平7　**46.** 帅六平五　马6进8
47. 马一进二　炮7平9　**48.** 马二进一　炮9进4
49. 帅五平四　马8进7　**50.** 帅四进一　炮9退5
51. 炮八退一　马7退8　**52.** 帅四退一　炮9进1
53. 马一进三　马8退6　**54.** 马三退四　炮9退4
55. 炮八进一　炮9平6　**56.** 帅四平五　马3进2
57. 马四进二　马6进7　**58.** 帅五平四　马2退1
59. 炮六平八　将5平4　**60.** 马二进三　马7退6
61. 帅四平五　士5进6　**62.** 前炮平六　马6进7
63. 帅五平六　马1进2　**64.** 帅六进一　马7退6
65. 炮八平六　将4平5　**66.** 前炮平五　将5平4
67. 炮六进二　马6退5　**68.** 马三退二　马5退7
69. 炮五平六　将4平5　**70.** 前炮进二　马7进6
71. 后炮平五　将5平4　**72.** 炮六退四　士6进5
73. 炮五退二　马6进7　**74.** 仕五进四　马2退1
75. 炮五平八　马7退6　**76.** 炮六平五　马1进2
77. 炮八平六　马6退7　**78.** 马二退三　马7进6
79. 仕四退五　象5进7　**80.** 马三退四　炮6平9

81. 炮六平一　炮 9 进 2
82. 炮一平六　象 3 退 5
83. 炮五退一　将 4 平 5
84. 炮五进一　炮 9 进 5
85. 仕五退六　炮 9 退 4
86. 兵九进一　炮 9 退 1
87. 炮五退一　炮 9 平 5
88. 炮五退三　马 6 退 4
89. 炮六平八　炮 5 进 1
90. 炮八平六　马 4 进 5
91. 炮五进二　马 5 退 6
92. 炮五退二　炮 5 平 1
93. 相七退九　马 2 退 3
94. 帅六平五　马 3 进 1
95. 炮六平九　马 6 退 4
96. 马四进六　马 4 进 3
97. 马六进八　马 1 进 3
98. 炮九进一　后马进 4
99. 帅五平六　马 4 进 2
100. 帅六平五　马 3 退 2
101. 炮九退二　后马退 4
102. 炮五平四　马 2 进 4
103. 炮四进二　前马退 5
104. 马八退六　马 5 退 3
105. 炮九平五　马 3 进 2
106. 炮四平三　炮 1 平 5
107. 炮五平四　马 2 退 3
108. 炮三退二　炮 5 退 1
109. 炮三平五　炮 5 平 9
110. 兵九平八　马 4 进 6
111. 兵八进一　炮 9 平 1
112. 兵八平七　炮 1 进 3
113. 马六进五　马 6 进 4
114. 炮四退一　炮 1 进 3
115. 炮五平六　马 3 退 5
116. 马五退三　炮 1 退 6
117. 炮四进一　炮 1 平 5
118. 炮四平五　马 5 进 3
119. 炮五平四　马 4 退 5
120. 帅五平四　马 3 进 2
121. 炮六进一　马 5 进 7
122. 帅四平五　马 2 退 4
123. 兵七进一　马 4 退 5
124. 马三退五　炮 5 进 3

第 379 局　小辽阔之帅（风魔）胜 promete（无极）

1. 炮二平五　炮 8 平 5
2. 马二进三　马 8 进 7
3. 车一平二　卒 7 进 1
4. 马八进九　马 2 进 3
5. 兵七进一　马 7 进 6
6. 车二进四　马 6 进 5
7. 马三进五　炮 5 进 4
8. 仕六进五　炮 2 退 1
9. 炮八平七　车 9 进 2
10. 车九平八　炮 2 平 5

11. 车二平六　前炮平9　12. 车八进六　炮5进6
13. 相三进五　车1平2　14. 车八平七　车2进7
15. 炮七退一　车2平3　16. 车六退二　车3平4
17. 仕五进六　马3退5　18. 车七平五　象7进5
19. 相五退三　卒9进1　20. 炮七平五　车9平6
21. 车五平九　炮9进3　22. 炮五进五　车6进7
23. 帅五进一　车6退3　24. 车九平六　炮9平8
25. 帅五平六　炮8退1　26. 帅六退一　车6进3
27. 炮五退六　车6退3　28. 马九退七　炮8进1
29. 马七进六　车6平5　30. 炮五平二　马5进7
31. 相三进五　马7进6　32. 炮二平五　车5平7
33. 马六进五　士4进5　34. 车六进二　车7平1
35. 马五进七　士5进6　36. 炮五进七　马6退5
37. 马七进五　士6进5　38. 马五退七　车1平8
39. 车六退三　车8退2　40. 马七进六　卒9进1
41. 兵七进一　卒9进1　42. 车六进一　车8进5
43. 帅六进一　车8退1　44. 帅六退一　车8退2
45. 车六平一　将5平4　46. 马六退七　士5退6
47. 马七退五　士6退5　48. 车一平七　车8进3
49. 帅六进一　象3进1　50. 车七平八　车8退1
51. 帅六退一　将4平5　52. 车八进三　士5退4
53. 马五进四　将5进1　54. 车八退一　将5进1
55. 马四进二　车8平6　56. 马二退三　车6退5
57. 车八退二　车6平7　58. 车八平三　象1进3
59. 车三平五　将5平6　60. 车五平四　将6平5
61. 车四进三　将5退1　62. 车四平六　象3退5
63. 帅六平五　卒9平8　64. 相五进七　卒8平7
65. 车六退二　将5平6　66. 车六平五　前卒平6
67. 车五退一　卒6平5　68. 车五退三　卒7进1
69. 车五平四　卒7平6　70. 车四进一

第380局 龙神行天下（风魔）和 软件下棋（无极）

1. 炮二平五 炮8平5
2. 马二进三 马8进7
3. 车一平二 马2进3
4. 马八进七 卒3进1
5. 车二进五 炮2退1
6. 车二平七 车1进2
7. 炮八进四 炮2平3
8. 炮八平七 炮3进2
9. 车七进一 车9平8
10. 车九平八 车8进6
11. 炮五平六 炮5平6
12. 兵三进一 车8平7
13. 相七进五 卒7进1
14. 车八进四 象3进5
15. 车八平四 士6进5
16. 车四进二 车1平2
17. 车四平三 马7退8
18. 兵三进一 马8进9
19. 车三进一 炮6进1
20. 车七退二 炮6进1
21. 仕四进五 炮6平4
22. 车三平二 车7退2
23. 马三进四 卒9进1
24. 马四进六 马3进4
25. 车七平六 马4进2
26. 马七退八 车7进2
27. 车二退三 马2退3
28. 车六进二 车2进7
29. 车六平七 车7平5
30. 炮六平九 马9进7
31. 车二平六 车2退3
32. 炮九进四 马7进5
33. 车七平五 车2平1
34. 兵七进一 车5平9
35. 炮九平八 车1平2
36. 车六平五 车9平5
37. 炮八退二 车5退1
38. 炮八平五 马5进3
39. 相五进七 车2退2

第381局 紫燕银杉（日帅）胜 别亦难（人王）

1. 炮二平五 炮8平5
2. 马二进三 马8进7
3. 车一平二 卒7进1
4. 马八进七 马2进3
5. 兵七进一 车1进1
6. 炮八进一 车1平6
7. 仕六进五 车9进1
8. 炮八平七 车6进4

9. 兵五进一 车9平4
10. 车九平八 车4进5
11. 炮七进三 象3进1
12. 兵三进一 车6平7
13. 马三进五 车7平6
14. 车八进六 马7进6
15. 炮七平九 车6进1
16. 兵五进一 马6进5
17. 炮九平五 马3进5
18. 兵五进一 炮5退1
19. 车八进一 车4平3
20. 兵五进一 象7进5
21. 炮五进五 炮5平6
22. 相三进五 马5进3
23. 炮五平七 车3平1
24. 炮七退五 炮6平5
25. 炮七平六 车1平4
26. 车八平五 象1退3
27. 车五退一 卒7进1
28. 炮六平九 卒7进1
29. 炮九进四 卒7平8
30. 车二平三 卒8平7
31. 炮九平一 炮5进1
32. 车三平二 卒7平8
33. 兵七进一 士6进5
34. 车二平三 卒8平7
35. 车五退一 车4退3
36. 炮一退二 车4进2
37. 车三平二 卒7平8
38. 仕五退六 将5平6
39. 仕四进五 车4平6
40. 炮一进二 后车退2
41. 炮一退一 炮5平1
42. 车二平三 卒8平7
43. 车五平二 炮1进4
44. 车二进四 将6进1
45. 炮一平六 炮1平5
46. 车二退九 卒7进1
47. 炮六退四 象3进5
48. 兵七平六 卒7平8
49. 兵六平五 后车进2
50. 兵一进一 士5退6
51. 兵五进一 象5进3
52. 兵一进一 卒8平7
53. 炮六平八 后车退1
54. 兵一平二 后车进1
55. 兵二平三 将6平5
56. 车三进二 将5平4
57. 炮八平六 将4平5
58. 炮六进一 将5退1
59. 兵三进一 士4进5
60. 车二平三 后车平5
61. 兵三平四 车5平4
62. 前车平四 车6平8
63. 帅五平四 车4退1
64. 车四进二 炮5平6
65. 车三进七 炮6平1
66. 相五退三 车8退2
67. 车三平八 车4平6
68. 车四进一 车8平6

69. 炮六平四　炮 1 平 5　　70. 车八进二　士 5 退 4
71. 车八退六　炮 5 退 1　　72. 相三进五　士 6 进 5
73. 车八平五　炮 5 平 4　　74. 帅四平五　炮 4 退 1
75. 炮四平三　车 6 平 8　　76. 相五退三　车 8 平 7
77. 炮三平八　士 5 退 6

第 382 局　华山一枝花（日帅）胜 豫东棋人（人王）

1. 炮二平五　炮 8 平 5　　2. 车一进一　马 8 进 7
3. 马二进三　车 9 平 8　　4. 车一平六　车 8 进 5
5. 马八进九　士 6 进 5　　6. 炮八平七　马 2 进 1
7. 车九平八　车 1 平 2　　8. 车八进六　炮 2 平 4
9. 车八进三　马 1 退 2　　10. 车六进五　马 2 进 1
11. 兵七进一　车 8 平 6　　12. 兵九进一　卒 7 进 1
13. 车六退一　炮 4 平 3　　14. 马九进八　炮 5 平 4
15. 车六平三　象 7 进 5　　16. 车三退一　车 6 平 3
17. 相七进九　车 3 进 1　　18. 炮七退二　车 3 进 2
19. 仕六进五　卒 3 进 1　　20. 炮七平六　炮 3 退 1
21. 马八进六　炮 4 进 7　　22. 帅五平六　马 7 退 6
23. 炮五进四　车 3 平 2　　24. 相三进五　车 2 退 5
25. 马六退四　卒 3 进 1　　26. 帅六平五　卒 3 进 1
27. 车三进二　马 6 进 8　　28. 车三进三　马 8 退 6
29. 车三退三　马 6 进 8　　30. 车三进三　马 8 退 6
31. 车三退三　马 6 进 8　　32. 车三进三　马 8 退 6
33. 车三平一　卒 3 进 1　　34. 车一退三　卒 3 进 1
35. 仕五退六　卒 3 平 4　　36. 仕四进五　马 1 退 2
37. 车一平三　马 6 进 8　　38. 车三进三　马 8 退 6
39. 车三退三　马 6 进 8　　40. 车三进三　马 8 退 6
41. 车三退三　马 6 进 8　　42. 车三进三　马 8 退 6
43. 炮五退二　车 2 进 5　　44. 帅五平四　马 2 进 3

45. 马四进二　马3进5
46. 车三退三　车2退4
47. 车三平五　车2平8
48. 兵三进一　车8平6
49. 帅四平五　炮3进6
50. 马三进二　车6进2
51. 兵三进一　车6平9
52. 马二进四　炮3退3
53. 马四进六　车9进3
54. 相五退三　车9平7
55. 仕五退四　卒4进1
56. 帅五进一　车7退1
57. 帅五进一　车7平4
58. 车五平二　马6进7
59. 帅五平四　车4退1
60. 帅四退一　车4退1
61. 仕四进五　卒4平5
62. 车二平三　炮3平5
63. 马六退七

第383局　新式楼梯炮（风魔）负 大连金波（无极）

1. 炮二平五　炮8平5
2. 马二进三　车9进1
3. 马八进七　马8进7
4. 兵三进一　车9平4
5. 兵七进一　炮2平3
6. 马七进八　车4进4
7. 相七进九　卒3进1
8. 马八进七　马2进1
9. 马七进五　象7进5
10. 炮八进二　车4退1
11. 马三进四　车4平6
12. 炮五平四　车6平5
13. 兵五进一　车5平4
14. 兵七进一　车4平3
15. 车一进一　卒7进1
16. 兵三进一　车1平2
17. 车九平八　车3平7
18. 车一平七　象5进3
19. 车七平六　车7进5
20. 车六进六　炮3退1
21. 炮八进三　车7退4
22. 炮四平八　车2平1
23. 车六进一　车7平6
24. 车六平七　象3进5
25. 仕四进五　士4进5
26. 后炮进二　车6平5
27. 后炮平九　马7进6
28. 炮九进三　象3退1
29. 炮八进二　车5进1
30. 车八进八　车5平9
31. 车七进一　士5退4
32. 车七退三　士4进5
33. 车七平五　马6进8
34. 仕五进四　象1进3

35. 车五平七　车9平4　**36.** 兵九进一　卒9进1
37. 仕六进五　马8进9　**38.** 相九进七　卒9进1
39. 车七进二　卒9进1　**40.** 车七进一　士5退4
41. 车七退三　士4进5　**42.** 相七退九　马9进7
43. 帅五平四　马7进9　**44.** 帅四平五　卒9平8
45. 车七进二　卒8平7　**46.** 车七进一　士5退4
47. 车七退三　士4进5　**48.** 相九退七　马9退7
49. 帅五平四　马7退8　**50.** 车七进三　士5退4
51. 车七退一　士4进5　**52.** 车七退二　卒7进1
53. 兵九进一　卒1进1　**54.** 车七进三　士5退4
55. 车七退一　士4进5　**56.** 相七进五　卒1进1
57. 车七进一　士5退4　**58.** 车七退二　士4进5
59. 车八退二　车4平6　**60.** 车七进二　士5退4
61. 车七退一　士4进5　**62.** 相五退七　卒7平6
63. 仕五进四　车6进1　**64.** 帅四平五　车6平9
65. 车七进一　士5退4　**66.** 车七退三　士4进5
67. 车七平六　车9进2　**68.** 帅五进一　车9退1
69. 帅五退一　马8进6　**70.** 帅五平四　车9平5
71. 车六平三　卒1平2　**72.** 炮八退五　车1平4
73. 车八进三　车4平2　**74.** 炮八平一　马6进8
75. 车三退五　车2进6　**76.** 炮一进五　象5退7

第384局　申城王一鹏（9星）胜 炮火（风魔）

1. 炮二平五　炮8平5　**2.** 马二进三　车9进1
3. 马八进七　车9平4　**4.** 车一平二　马8进7
5. 兵三进一　马2进3　**6.** 兵七进一　车1进1
7. 相七进九　车4进5　**8.** 仕六进五　卒3进1
9. 兵七进一　车4平3　**10.** 车九平七　车3退2
11. 炮八进二　卒7进1　**12.** 车二进四　卒7进1

13. 车二平三 马3进4
14. 炮八平七 炮2平4
15. 马七进六 象3进1
16. 炮七退二 车1平2
17. 炮七平六 车2进4
18. 车七进五 象1进3
19. 炮六进三 象7进9
20. 车三平四 车2平4
21. 车四平六 炮4进3
22. 炮六进二 炮5退1
23. 炮六平一 炮5平7
24. 马三退一 炮4进3
25. 仕五退六 炮4平8
26. 炮一进二 士6进5
27. 炮一平三 象3退5
28. 炮三退二 炮7进8
29. 帅五进一 炮7退1
30. 帅五退一 炮7平9
31. 炮五进四 炮9进1
32. 帅五进一 炮9退1
33. 帅五退一 卒1进1
34. 炮三退五 炮9进1
35. 帅五进一 炮8平7
36. 相九退七 将5平6
37. 兵五进一 炮9退1
38. 帅五退一 炮7平8
39. 炮三平二 炮8平7
40. 炮二平九 炮7平1
41. 炮九平四 炮1平7
42. 兵五进一 炮7退7
43. 兵五平四 炮7平6
44. 炮四平九 士5进6
45. 炮五平四 炮6进2
46. 兵四进一 士6退5
47. 炮九进三 卒9进1
48. 兵九进一 炮9平8
49. 炮九平二 炮8退3
50. 兵九进一 炮8平7
51. 兵四平五 象5退3
52. 兵九平八 炮7退3
53. 炮二进二 炮7退1
54. 炮二进一 炮7进1
55. 炮二退六

第385局 天山飞鹰（月将）胜 太扬州会馆（日帅）

1. 炮二平五 炮8平5
2. 马二进三 马8进7
3. 车一平二 卒7进1
4. 马八进七 马2进3
5. 兵七进一 车1进1
6. 炮八进一 车1平6
7. 仕六进五 车9进1
8. 炮五平六 马7进6
9. 相七进五 炮2平1
10. 车九平八 马6进5

11. 马三进五 炮5进4
12. 车二进四 车6平2
13. 车二平六 车9平8
14. 车六进二 卒5进1
15. 炮六进三 炮5平3
16. 炮八进二 卒3进1
17. 兵七进一 马3进4
18. 兵七平六 车8平4
19. 车六平五 士4进5
20. 车五平七 车4平3
21. 炮八平五 象7进5
22. 车七进二 车2平3
23. 兵一进一 炮3平6
24. 马七进五 车3进5
25. 马五进七 将5平4
26. 车八平六 炮6平1
27. 兵六平七 后炮平4
28. 兵七进一 炮1平7
29. 兵七进一 炮4退1
30. 车六进六 炮7平4
31. 马七进八 车3平2
32. 兵七进一 后炮进1
33. 仕五退六 车2退2
34. 炮五退二 前炮退1
35. 炮五平二 前炮平8
36. 马八进六 士5进4
37. 车六进一 将4平5
38. 兵七平六 士6进5
39. 车六平五 将5平6
40. 车五平二 炮8平5
41. 炮二平五 炮5进2
42. 相三进五 将6进1
43. 车二进一 将6进1
44. 车二平五 卒7进1
45. 相五进三 车2平6
46. 炮五平八 车6进5
47. 帅五进一 车6退1
48. 帅五退一 车6进1
49. 帅五进一 车6退1
50. 帅五退一 车6进1
51. 帅五进一 车6退1
52. 帅五退一 车6进1
53. 帅五进一 卒1进1
54. 车五退一 将6退1
55. 炮八进五 将6退1
56. 车五进二

第386局 窗外日迟迟（人王）胜 唯我横刀（天帝）

1. 炮二平五 炮8平5
2. 车一进一 马8进7
3. 马二进三 车9平8
4. 车一平六 车8进4
5. 马八进七 马2进3
6. 炮八进二 卒3进1
7. 车六进五 士4进5
8. 炮八平三 马3进4

9. 车九平八 炮2平3
10. 车六平五 卒7进1
11. 炮三平九 象3进1
12. 车五平九 车8进2
13. 炮九进一 马4进6
14. 车九平四 象1退3
15. 炮九平三 象7进9
16. 炮三平五 马6进4
17. 车四平六 马4退5
18. 炮五进三 车8平7
19. 马三退五 车7退2
20. 兵五进一 象9退7
21. 马五进六 卒3进1
22. 相三进五 炮3进4
23. 仕六进五 卒3平4
24. 马六退四 卒4平5
25. 车八进五 炮3平6
26. 车八平六 象3进1
27. 马七进八 车1平3
28. 帅五平六 卒5平4
29. 前车平九 炮6平5
30. 马四进三 前炮平8
31. 车九平二 车3平2
32. 车六退一 炮8退2
33. 炮五退一 马7进6
34. 车六退一 车2平3
35. 车二退一 车7平8
36. 马三进四

第387局 臭棋勿入（天罡）胜 下山王（天罡）

1. 炮二平五 炮8平5
2. 马二进三 马8进7
3. 兵三进一 车9进1
4. 车一平二 车9平4
5. 马八进七 马2进3
6. 兵七进一 车1进1
7. 相七进九 卒1进1
8. 仕六进五 卒1进1
9. 兵九进一 车1进4
10. 车九平六 车4进8
11. 马七退六 炮2平1
12. 马三进四 卒3进1
13. 车二进五 炮1进5
14. 车二平七 马3进1
15. 车七进四 马1进2
16. 马四进六 炮1进2
17. 后马进八 士6进5
18. 马八进六 炮1平2
19. 车七退二 车1进1
20. 前马进五 象7进5
21. 车七平五 车1平3
22. 帅五平六 马7退6
23. 车五退一 马6进8
24. 车五平四 车3进3
25. 帅六进一 车3退3
26. 相三进一 马8退6

27. 车四平三　车3平4　28. 兵五进一　车4平5
29. 兵五进一　士5进4　30. 兵五平六　士4进5
31. 兵六进一　将5平4　32. 兵六进一　车5平4
33. 兵六平七　炮2平3　34. 车三平八　炮3退7
35. 车八进三　将4进1　36. 车八退五　炮3平4
37. 兵七进一　马6进7　38. 车八进四　将4退1
39. 兵七进一　马7进5　40. 炮五进六　将4平5
41. 车八退三　炮4退2　42. 车八平五　车4退5
43. 炮八进七　炮4进7　44. 仕五进六　马5退7
45. 炮五退一　车4进1　46. 炮五平四　将5平6
47. 炮四退六　车4退1　48. 炮八退六　车4平5
49. 炮八平四

第388局　虹冰（天帝）负 剑之魔（天帝）

1. 炮二平五　炮8平5　2. 马二进三　马8进7
3. 车一平二　卒7进1　4. 马八进七　马2进3
5. 车九进一　炮2平1　6. 车九平六　车1平2
7. 兵七进一　车2进6　8. 炮八退一　车9进1
9. 车二进六　车9平6　10. 仕四进五　车6进3
11. 车二平三　炮5退1　12. 马七进六　车6平4
13. 兵七进一　卒3进1　14. 马六退八　车4进4
15. 炮八平七　车4退2　16. 炮七进六　车4平2
17. 炮七进一　车2退4　18. 车三退一　炮1进4
19. 兵三进一　卒3进1　20. 车三平七　卒3平2
21. 炮七退二　象7进5　22. 车七退二　卒2进1
23. 车七进一　车2进2　24. 炮七平六　炮5平7
25. 炮六退五　士4进5　26. 炮六平七　马7进6
27. 炮五进四　象3进1　28. 马三进四　炮7进8
29. 兵三进一　马6退7　30. 相七进五　炮1进3

31. 炮七退一 炮7平9
32. 兵三进一 马7进5
33. 马四进五 车2平8
34. 帅五平四 炮1退1
35. 炮七进一 车8进5
36. 帅四进一 炮9平4
37. 马五退六 车8退1
38. 帅四退一 车8平5
39. 炮七退一 卒2进1

第389局 冲上云霄（月将）胜 浙江二台（日帅）

1. 炮二平五 炮8平5
2. 马二进三 马8进7
3. 车一平二 马2进3
4. 兵七进一 炮2平1
5. 马八进七 车1平2
6. 车九平八 车2进4
7. 炮八平九 车2进5
8. 马七退八 炮1进4
9. 兵三进一 车9进1
10. 车二进六 车9平2
11. 马八进七 炮1平3
12. 马七退五 车2平4
13. 车二平三 车4进6
14. 炮九退二 马3退5
15. 兵三进一 车4进1
16. 马三进二 炮5进4
17. 马二退三 炮5退1
18. 马三进五 车4退2
19. 炮五进二 车4平5
20. 炮五进四 马7退5
21. 相七进五 车5平9
22. 马五进七 炮3平2
23. 炮九平七 炮2退3
24. 兵七进一 卒3进1
25. 车三平五 炮2退1
26. 马七进五 炮2平5
27. 仕六进五 马5进7
28. 车五退一 士4进5
29. 炮七进三 车9退1
30. 马五进三 卒3进1
31. 炮七进六 卒1进1
32. 炮七平八 士5进4
33. 兵三进一 马7退5
34. 兵三平四 马5进3
35. 炮八平九 士4退5
36. 帅五平六 炮5平9
37. 车五平七 士5进4
38. 兵四进一 士4退5
39. 兵四进一 士5进4
40. 车七退一 士6进5
41. 车七平八 炮9平8
42. 车八进五 士5退4
43. 车八平七 马3退1
44. 车七退一 士4进5

45. 马三进四

第 390 局 醉看红尘（无上）胜 牛皮九段（天帝）

1. 炮二平五 炮 8 平 5
2. 马二进三 马 8 进 7
3. 车一平二 马 2 进 3
4. 兵三进一 炮 2 平 1
5. 马八进九 车 1 平 2
6. 车九平八 车 2 进 5
7. 炮八平七 车 2 平 7
8. 相三进一 车 7 进 1
9. 车八进六 车 9 进 1
10. 车八平七 马 3 退 1
11. 兵九进一 炮 1 平 3
12. 仕六进五 炮 5 退 1
13. 炮七平六 炮 5 平 3
14. 车七平九 前炮平 1
15. 车九平七 炮 1 平 3
16. 车七平九 前炮平 1
17. 车九平七 炮 1 平 3
18. 车七平九 前炮平 1
19. 车九平七 炮 1 平 3
20. 车七平六 前炮进 7
21. 马九进八 马 1 进 3
22. 车二进二 士 4 进 5
23. 车二进五 车 9 平 7
24. 车六进二 后炮进 5
25. 车六退五 后炮进 2
26. 马八退九 后炮平 1
27. 马九退七 马 3 进 2
28. 车六平八 马 2 退 4
29. 车二退五 马 4 进 3
30. 炮六进一 前车退 2
31. 炮六平七 炮 3 退 3
32. 车八平七 马 3 退 2
33. 车七进六 士 5 退 4
34. 马三进四 前车平 6
35. 马四进二 车 6 平 4
36. 马二进三 车 7 进 1
37. 兵五进一 马 2 退 1
38. 兵五进一 车 4 平 5
39. 车七退三 士 6 进 5
40. 马七进六 车 5 进 2
41. 炮五进四 将 5 平 6
42. 炮五平一 车 5 平 9
43. 车七平四 将 6 平 5
44. 炮一平二 车 9 平 4
45. 炮二进三 象 7 进 5
46. 炮二平一 士 5 进 6
47. 车二进七 将 5 进 1
48. 车二退一 将 5 退 1
49. 车四平七 士 4 进 5
50. 车二进一

第391局 大圣觅版（日帅）胜 别亦难（月将）

1. 炮二平五 炮8平5
2. 车一进一 马8进7
3. 马二进三 车9平8
4. 车一平六 车8进4
5. 马八进七 马2进3
6. 炮八进二 卒3进1
7. 车六进五 士4进5
8. 炮八平三 马3进4
9. 车九平八 炮2平4
10. 车六平五 卒7进1
11. 炮三平九 象3进1
12. 车五平九 马4进3
13. 炮五进五 象7进5
14. 车八进三 卒3进1
15. 炮九进三 象5退7
16. 相三进五 马3进5
17. 相七进五 车8进3
18. 相五进七 车8平7
19. 马七进六 车7平4
20. 马六进七 车4退4
21. 车九平八 炮4退2
22. 炮九退一 车4进5
23. 仕四进五 车1进2
24. 兵九进一 车4退5
25. 马七进八 车4进1
26. 前车平三 炮4平3
27. 炮九退一 马7退9
28. 马八退七 车1平3
29. 炮九进四 士5退4
30. 车八进五 士6进5
31. 车三进二 马9进7
32. 车三进一 士5退6
33. 车八平四 车4退1
34. 兵九进一 车3平4
35. 车四平七 炮3平2
36. 相七退五 卒9进1
37. 兵九进一 前车平8
38. 马七进八 车4平6
39. 相五退三 车8进6
40. 仕五退四 车6进4

第392局 浙江二台（日帅）负 华峰论棋（月将）

1. 炮二平五 炮8平5
2. 车一进一 马8进7
3. 马二进三 车9平8
4. 车一平六 车8进4
5. 马八进七 士6进5
6. 兵三进一 马2进3
7. 车六进三 车1进2
8. 马三进四 炮2进2

9. 马四进三　炮5平4　　10. 车九进一　炮2平3
11. 车六平七　车1平2　　12. 炮八进二　炮3平4
13. 车九平三　象3进5　　14. 炮五平三　卒3进1
15. 车七平四　前炮退1　　16. 炮八平五　马3进4
17. 车四退三　前炮平7　　18. 炮三进四　卒5进1
19. 炮五平四　车2进5　　20. 车四平七　车8平6
21. 炮四退三　象7进9　　22. 车三平二　车6进3
23. 车二进四　象9进7　　24. 炮四平六　车2平3
25. 车七进一　车6平3　　26. 炮六进六　士5进4
27. 兵三进一　车3退1　　28. 兵三平四　马4进5
29. 相七进五　马5进7　　30. 车二进二　后马退6
31. 兵四平五　士4进5　　32. 车二退一　马7退6
33. 炮三平一　车3平9　　34. 炮一平九　车9平1
35. 炮九平六　前马进4　　36. 车二退五　马4退5
37. 车二平八　士5退4　　38. 炮六进三　马6进7
39. 炮六退一　马5进6　　40. 炮六平三　士4退5
41. 车八进八　士5退4　　42. 车八退八　车1平4
43. 车八平一　卒3进1　　44. 车一进八　将5进1
45. 仕四进五　马7进5　　46. 车一退八　马5进7
47. 车一进七　卒3进1　　48. 帅五平四　马6退5
49. 帅四平五　马7进8　　50. 炮三退六　将5退1
51. 车一进一　将5进1　　52. 炮三平四　将5平4
53. 车一退一　士4进5　　54. 炮四进六　士5进6
55. 帅五平四　卒3进1　　56. 炮四进一　将4退1
57. 车一平八　将4平5　　58. 炮四退一　马5退7
59. 车八进一　将5进1　　60. 炮四进一　马7进6
61. 炮四退五　车4平6　　62. 仕五进四　车6进1
63. 帅四平五　马8进7　　64. 帅五进一　车6退2
65. 车八退一　将5退1　　66. 车八平三　马7退6
67. 帅五退一　马6进4　　68. 帅五进一　士6退5

69. 车三平一 将5平6
70. 车一进一 将6进1
71. 车一退八 车6进4

第393局 大连金波（无极）负 羽毛球球（北斗）

1. 炮二平五 炮8平5
2. 车一进一 马8进7
3. 马二进三 马2进3
4. 车一平六 车9平8
5. 车六进五 炮5平6
6. 兵三进一 车8进4
7. 车六进二 士4进5
8. 马八进七 卒3进1
9. 炮五退一 炮2进2
10. 兵九进一 卒7进1
11. 相三进一 炮6退1
12. 车六退六 卒7进1
13. 相一进三 象3进5
14. 炮五平三 马7进6
15. 车九进一 炮6进8
16. 帅五平四 车8进5
17. 帅四进一 车8平7
18. 帅四进一 马6进5
19. 相七进五 车7平8
20. 炮三平二 马5进7
21. 炮八退二 马7进6
22. 炮二平五 卒3进1
23. 帅四退一 卒3进1
24. 马七进九 炮2平6
25. 炮五平六 炮6退3
26. 炮八平四 士5进6
27. 帅四平五

第394局 金黎戟（月将）和 doorrr（9段）

1. 炮八平五 炮2平5
2. 马八进七 马2进3
3. 车九平八 卒3进1
4. 马二进三 马8进7
5. 兵三进一 炮8进4
6. 马三进四 炮8平3
7. 车一平二 车1进1
8. 炮五平三 车9平8
9. 相七进五 车1平6
10. 车八进四 车8进6
11. 仕六进五 车8平6
12. 马四进三 炮5进4
13. 马七进五 前车平5
14. 炮二进七 车5平6
15. 炮三平四 后车平3
16. 车八退一 马7退8

17. 车二进九　车3平7　18. 车二退三　象3进5
19. 炮四平二　卒9进1　20. 炮二平一　车6平9
21. 炮一进三　车9退2　22. 车八平七　车9平6
23. 车七平八　车6退1　24. 兵三进一　车7平4
25. 车二退二　车4进3　26. 车八平三　卒1进1
27. 兵三平二　车4平6　28. 兵二进一　士6进5
29. 兵九进一　卒1进1　30. 车三平二　卒3进1

第395局　棋魂二吉（5段）胜 北工大胡欣（月将）

1. 炮二平五　炮8平5　2. 马二进三　马8进7
3. 车一平二　车9进1　4. 马八进七　车9平4
5. 兵三进一　马2进3　6. 兵七进一　车1进1
7. 仕六进五　车1平3　8. 车二进五　卒7进1
9. 车二平三　炮5退1　10. 车三平八　炮2进5
11. 车八退三　炮5平7　12. 炮五平六　炮7进4
13. 相七进五　炮7进1　14. 车九平八　马3退5
15. 马七进八　车4进4　16. 炮六平七　马5进4
17. 相三进一　车4进1　18. 炮七进四　卒5进1
19. 兵七进一　车4平1　20. 马八进六　马4进6
21. 前车进二　象7进5　22. 前车平七　车3平8
23. 马六进七　车8进4　24. 车八平六　士6进5
25. 相一进三　车1平2　26. 兵七平八　车8进2
27. 车七平六　车2平4　28. 后车进三　炮7平4
29. 车六退一　车8平7　30. 车六进五　象3进1
31. 炮七平八　马6进5　32. 炮八进三　象1退3
33. 马七进五　马7进5　34. 马五进三　象5退7
35. 车六进一　将5进1　36. 车六平五　将5平6
37. 车五退三　车7退1　38. 炮八平三　车7平9
39. 车五退一　车9平6　40. 兵八进一　马5进3

41. 车五平七 马3退4
42. 车七进三 将6进1
43. 车七进一 将6退1
44. 兵八进一 车6退4
45. 兵八平七 马4进2
46. 炮三平四 车6平8
47. 炮四平六 卒1进1
48. 炮六退一 马2进3
49. 帅五平六 车8进2
50. 兵七平六 马3退2
51. 兵六平五 车8平4
52. 帅六平五 车4平5
53. 车七退二 马2退4
54. 兵五平四 将6平5
55. 车七进一 卒9进1
56. 炮六退三 将5退1
57. 兵四进一 将5平4
58. 兵四平五

第396局 棋魂开心（天罡）胜 浙江江朗山（地煞）

1. 炮二平五 炮8平5
2. 马二进三 马8进7
3. 车一平二 卒7进1
4. 马八进七 马2进3
5. 兵七进一 炮2进4
6. 马七进八 车9进1
7. 车九进一 车9平4
8. 仕四进五 炮2平7
9. 车九平七 象3进1
10. 兵五进一 士4进5
11. 马八进七 车4进2
12. 兵七进一 车1平2
13. 兵七平六 车4进1
14. 马七进五 象7进5
15. 车七进六 车2进7
16. 车七平九 车2平3
17. 车九平五 炮7平3
18. 相七进九 车4退2
19. 车五平六 士5进4
20. 车二进三 卒7进1
21. 兵五进一 士4退5
22. 兵五进一 马7进6
23. 兵五平四 士5进4
24. 车二进四 车3平1
25. 马三进五

第397局 olympic（人王）和 大师讲棋（日帅）

1. 炮二平五 炮8平5
2. 马二进三 车9进1
3. 马八进七 车9平4
4. 车一平二 马8进7

5. 兵七进一　马2进3　6. 车二进四　车1进1
7. 炮八平九　炮2进4　8. 车二平三　车4进5
9. 车三进二　马3退5　10. 兵九进一　车1平4
11. 兵三进一　前车平3　12. 车九平八　车4进7
13. 车八进二　炮5平4　14. 仕四进五　炮4平2
15. 炮九进一　后炮进5　16. 炮九平七　车4退2
17. 炮七进三　后炮平3　18. 炮七退三　车4平3
19. 马三进四　车3进1　20. 马四进五　炮2平5
21. 相七进五　马7进5　22. 车三平五　车3退1
23. 兵一进一　象7进5　24. 兵五进一　车3平5
25. 车五平九　车5退1　26. 车九平一　车5退1
27. 车一退一　车5平9　28. 兵一进一　马5进3
29. 兵九进一　马3进5　30. 兵九平八　士4进5
31. 兵一平二　马5进4　32. 兵八进一　将5平4
33. 兵二进一　马4退6　34. 兵二平三　马6退4
35. 兵七进一　马4进5　36. 兵七进一　象5退7
37. 前兵进一　象3进5　38. 前兵进一　象7进9
39. 前兵平四　将4进1　40. 兵八进一　象5进3
41. 兵八平七　将4退1　42. 前兵进一　象3退1
43. 仕五进四　象1进3

第398局　风云无影（月将）胜 别亦难（月将）

1. 炮二平五　炮8平5　2. 马二进三　车9进1
3. 马八进七　马8进7　4. 兵三进一　车9平4
5. 车一进一　车4进4　6. 车一平四　车4平7
7. 马三进四　车7进4　8. 车九进一　炮2平4
9. 马四进二　车7退5　10. 马二进三　炮4平7
11. 车四进六　炮7平9　12. 炮五进四　士4进5
13. 车九平四　炮9退2　14. 炮八进六　车1进1

15. 前车平三 车1平2
16. 车三进二 将5平4
17. 车三平一 车7平5
18. 车四进五 卒3进1
19. 炮五平三 车5进2
20. 仕四进五 车5平7
21. 帅五平四 车7进3
22. 帅四进一 车2进6
23. 相七进五 马2进3
24. 车四平六 炮5平4
25. 炮三进三 将4进1
26. 车六平七 车2平3
27. 车七进一 炮4进6
28. 仕五进六 炮4平2
29. 车七进一 将4进1
30. 车一退二 象3进5
31. 炮三退二 士5进6
32. 车七退一 将4退1
33. 车一进一 士6进5
34. 车七进一 将4进1
35. 车一平五 车3进1
36. 仕六退五 车3退2
37. 仕五进六 车3进2
38. 仕六进五 车3进1
39. 仕五退六 车7退1
40. 帅四进一 车7退1
41. 帅四退一

第399局 亭亭（日帅）负 华峰论棋（日帅）

1. 炮二平五 炮8平5
2. 马二进三 车9进1
3. 马八进七 马8进7
4. 兵三进一 车9平4
5. 车一平二 卒3进1
6. 炮八平九 炮2平3
7. 车二进五 卒3进1
8. 车二平七 炮3退1
9. 车九平八 炮5平3
10. 车八进八 后炮进3
11. 车八平六 卒3进1
12. 马七退九 马2进1
13. 马三进四 车1平2
14. 仕六进五 后炮平2
15. 炮九平八 炮2平5
16. 炮八平九 士6进5
17. 马四进五 马7进5
18. 炮五进四 炮3平2
19. 炮九平四 车2进3
20. 炮五平一 炮2进5
21. 相七进五 卒7进1
22. 炮一进三 象7进9
23. 炮四平二 炮5平8
24. 车六退六 卒7进1
25. 车六进二 炮2平1
26. 车六平三 象9进7

27. 炮二退一　卒 1 进 1
28. 车三退一　车 2 平 9
29. 炮一平三　象 3 进 5
30. 炮三平二　车 9 平 2
31. 前炮平一　车 2 进 6
32. 仕五退六　车 2 退 1
33. 仕六进五　车 2 退 1
34. 仕五进四　马 1 进 2
35. 车三平四　车 2 进 2
36. 帅五进一　炮 1 平 6
37. 车四平三　炮 6 平 4
38. 车三平四　炮 4 退 3
39. 车四进五　炮 4 平 9
40. 车四平二　炮 9 进 2
41. 炮二进三　炮 9 平 1
42. 车二进一　象 5 退 7
43. 车二平三　士 5 退 6
44. 车三退四　将 5 进 1
45. 车三进三　将 5 进 1
46. 车三退一　将 5 退 1